Theodor Fontane Denkmal
in Neuruppin

Gordon A. Craig

ÜBER FONTANE

Gordon A. Craig

ÜBER FONTANE

Aus dem Amerikanischen übersetzt von
Jürgen Baron von Koskull

Verlag C. H. Beck München

Die Deutsche Bibliothek - CIP-Einheitsaufnahme

Craig, Gordon A.:
Über Fontane / Gordon A. Craig. Aus dem
Amerikan. übers. von Jürgen Baron von Koskull.
- München: Beck, 1997
ISBN 3-406-42642-5

ISBN 3 406 42642 5

Gesamtherstellung: Freiburger Graphische Betriebe, Freiburg
Gedruckt auf alterungsbeständigem Papier
(hergestellt aus chlorfrei gebleichtem Zellstoff)
Printed in Germany

Zum Gedenken an
Daniel Marcus Davin
Arthur Spring-Rice Pyper
Jerome Blum

Still geht der Mond das Tal entlang
Ernst tönt die mitternächt'ge Stunde
Leer steht das Glas, der heil'ge Klang
Tönt nach in dem krystallnen Grunde.

Justinus Kerner

INHALT

Vorwort
9

Geschichte
15

Schottland
42

Wanderungen
69

Krieg
97

Bismarck
129

Theater
155

Historische Romane
188

Gesellschaftsromane
220

Inhalt

Anhang
255

Anmerkungen
257

Literatur
278

Orts- und Namenregister
283

Abbildungsnachweis
295

VORWORT

In einem seiner außerordentlichen Aufsätze, die er unter dem Titel *The Spirit of the Age* veröffentlicht hat, schreibt William Hazlitt:

«Ein wirklich großer und bedeutender Schriftsteller gleicht keinem anderen als sich selbst. In gewissem Sinne war Sterne kein Mann von Geist und Shakespeare kein Dichter. Es ist leicht, zweitrangige Talente zu beschreiben, denn sie gehören einer bestimmten Klasse an, und lassen sich Kategorien zuordnen; aber Persönlichkeiten mit einmaligen Fähigkeiten entziehen sich jeder Berechnung und jedem Vergleich und sind nur nach ihren eigenen Maßstäben zu beurteilen. Sie sind *sui generis* und bilden ihre eigene Klasse. Ich habe ein halbes Dutzendmal versucht, den Stil von (Edmund) Burke zu beschreiben, aber es ist mir nie gelungen: Seine strenge Extravaganz, seine literarische Kühnheit, seine nüchterne Hyperbolik, seine Art, mit dem Gegenstand los- und zugleich von ihm wegzulaufen – aber man kann ihn nicht fassen, und es gibt dergleichen nirgendwo sonst. Es gibt keinen Maßstab, den wir ihm anlegen können, ja seine Qualitäten widersprechen sogar sich selbst.»[1]

An diese Worte sollten wir uns erinnern, wenn wir an Theodor Fontane denken. Im neunzehnten Jahrhundert hat es auch sehr viel bedeutendere deutsche Schriftsteller gegeben, die wir höher einschätzen: ganz gewiß auch Goethe, der die Fähigkeit hatte, alles, was irgendein anderer tat, ein bißchen besser zu machen, und Heine, der als Prosaschriftsteller seinesgleichen sucht und der als Satiriker an Juvenal erinnert, und eine große Zahl von Lyrikern, deren Begabung überzeugender und reicher war als die Fontanes. Und doch waren die Erzeugnisse seiner Feder so originell und mannigfaltig, daß sich die Bedeutung ihres

Verfassers ebensowenig bestreiten läßt wie die Tatsache, daß er sich jeder Klassifizierung entzieht. Es gibt niemanden, der ihm gleicht. Kein Schriftsteller seiner Zeit hat so viele verschiedene Themen behandelt wie er. Zu seinen Schriften gehören hervorragende politische Aufsätze, Balladen, Lieder, historische und Gelegenheitsdichtungen, Reisebeschreibungen, kriegsgeschichtliche und historische Aufsätze über preußische, englische und schottische Geschichte, umfangreiche Artikel über das Theater, Romane, die zu den besten gehören, die in der Zeit zwischen Goethe und Thomas Mann geschrieben wurden, und eine reiche Korrespondenz, in der er sich als einer der unterhaltsamsten Verfasser von Briefen in der deutschen Literatur erweist.

Diese Aufzählung vermittelt uns jedoch noch keine rechte Vorstellung von der Einzigartigkeit seiner Werke. Wer eines seiner Kriegsbücher oder auch die *Wanderungen durch die Mark Brandenburg* zur Hand nimmt und erwartet, hier das gleiche zu finden wie in der konventionellen militärischen oder Reiseliteratur des neunzehnten Jahrhunderts, wird angenehm überrascht durch die Klarheit und literarische Qualität des Stils, mit dem technische Details und komplexe Manöver beispielsweise dem normalen Leser verständlich gemacht werden, durch die meisterhafte Beschreibung des historischen und politischen Zusammenhangs und des Umfeldes, innerhalb dessen es zu den militärischen Auseinandersetzungen kommt, durch Fontanes scharfen Blick für die entscheidenden Wendepunkte in den Schlachten und seine dramatische Schilderung einzelner Waffengänge (zum Beispiel des Rückzugsgefechtes der österreichischen Kavallerie bei Königgrätz), durch seinen Verzicht auf jede nationale Parteilichkeit und – vor allem – durch sein Eingehen auf die Stimmung und Haltung der Soldaten auf beiden Seiten. Es sind diese Qualitäten, die seine kriegsgeschichtlichen Schriften haben überleben lassen, während die Schriften von Fachleuten jener Zeit, die nicht glauben wollten, daß ein Zivilist in der Lage sei, sich kompetent über ihr Fachgebiet zu äußern, längst in Vergessenheit geraten sind. Auch über die *Wanderungen durch die Mark Brandenburg* kann man sagen, daß sich nirgends etwas Ähnliches findet: eine Art von Reiseliteratur, die den Leser bezaubert mit ihrer Mischung von Beschreibung, historischem Bericht und Anekdoten, voll meisterhafter Schilderungen, wie die Geschichte der Hinrichtung des mit Friedrich befreundeten Katte in Küstrin, und in einem Stil dargestellt, mit dem er zwischen Nebensächlichkeiten und Bedeutendem zu variieren sowie Sachlichkeit und Plauderei harmonisch miteinander zu verbinden vermag.

In seiner bemerkenswerten Fontane-Biographie schreibt Hans-Heinrich Reuter, Fontanes besondere Fähigkeiten seien seine glänzende Beobachtungsgabe, sein kritisches Denken und sein Sinn für historische Zusammenhänge gewesen, die, allmählich sich entwickelnd und einander unterstützend, seine Originalität ausmachten und das Wesen seiner besten Arbeiten bestimmten.[2] In den folgenden Kapiteln wird noch mehr über diese Qualitäten zu sagen sein, aber da der Verfasser selber Historiker ist, wird der Akzent besonders auf die dritte Fähigkeit fallen, Fontanes Sinn für Geschichte, seine natürliche Veranlagung, der er mit größter Leidenschaft folgte.

An dieser Stelle muß ich gestehen, daß ich erst verhältnismäßig spät dazu gekommen bin, Fontane kennenzulernen und zu bewundern. Bis 1938, also bis zu meinem 25. Lebensjahr, hatte ich weder seinen Namen gehört noch eine Seite aus seinen Schriften gelesen. Heute kann ich das kaum verstehen, denn während meines Geschichtsstudiums entwickelte ich ein lebhaftes Interesse an der deutschen Literatur. Ich kann das Versäumnis nur darauf zurückführen, daß an den amerikanischen Universitäten in den 1930er Jahren die deutsche Belletristik des neunzehnten Jahrhunderts kaum Beachtung fand. Jenseits des *Laokoon,* der *Hamburgischen Dramaturgie,* der Schriften der Weimarer Dioskuren und der Romantiker erstreckte sich hier ein weites kulturelles Ödland, dessen einzige Bewohner angeblich Schopenhauer, Wagner und Nietzsche waren, aber das offensichtlich Romanschriftstellern verschlossen blieb; sie mußten nach Rußland, Frankreich oder Großbritannien gehen, wenn sie ihrem Beruf nachgehen wollten. Erst als ich von Oxford nach Princeton zurückkam, um mein Geschichtsstudium abzuschließen, entdeckte ich, daß dies ein Irrtum war. Damals gab mir mein Doktorvater Raymond James Sontag ein Buch von Ernst Kohn-Bramstedt,[3] und ich hörte zum erstenmal die Namen Gustav Freytag, Friedrich Spielhagen, Wilhelm Raabe und Theodor Fontane.

Kohn-Bramstedt war überzeugt von der Bedeutung des Gesellschaftsromans als historische Quelle und hat das wie folgt begründet:

«Wie weit kann man sich darauf verlassen, daß uns die Literatur ein zutreffendes Bild von der Gesellschaft vermittelt? Wie wahrscheinlich ist es, daß der Gesellschaftsroman uns ein besseres Bild von der Gesellschaft zeichnet? Anhand bestimmter Beispiele und Ereignisse kann er die spezifische Art gesellschaftlicher Situationen oder Typen porträtieren und selbst die unbedeutendsten Vorgänge des täglichen Lebens illustrieren. Heute vermittelt uns ein guter Gesellschaftsroman ein ebenso zutreffendes empirisches Wissen über einen Gegenstand wie eine sozialwissenschaftliche Analyse. Obwohl der Roman, anders als die Wissenschaft, nicht mit Hilfe statistischer Methoden zu seinen Erkenntnissen kommt, bedient er sich einer Kombination von Beobachtungen und intuitiven Wahrnehmungen, wobei immer das Risiko der Ungenauigkeit besteht, eine solche Darstellung jedoch dem wirklichen Leben näher kommt.»[4]

Wäre ich in meinen historischen Studien damals schon weiter gewesen, dann hätte ich diese Behauptung vielleicht als übertrieben oder sogar dogmatisch angesehen. Ich stand zu jener Zeit jedoch unter dem Einfluß der großen französischen und englischen Verfasser von Gesellschaftsromanen und neigte dazu, Kohn-Bramstedt recht zu geben. Jedenfalls war ich begierig darauf, die Arbeiten dieser deutschen Schriftsteller kennenzulernen, von denen ich bis dahin noch nie etwas gehört hatte. Was Kohn-Bramstedt über ihre Romane und darüber zu sagen hatte, wie sie die Lebensart und die Moralbegriffe der deutschen Gesellschaft im 19. Jahrhundert porträtierten, war interessant und aufschlußreich, und deshalb machte ich mich mit Begeisterung an die Lektüre von Freytags *Soll und Haben*, Spielhagens *Sturmflut* und Raabes *Pfisters Mühle* und habe daraus viel über den Beginn des Industriezeitalters in Deutschland und die gesellschaftlichen Auswirkungen des neuen Kapitalismus sowie des finanziellen Zusammenbruchs von 1873 gelernt, und zwar mehr als aus irgendwelchen historischen Schriften, die ich bis dahin gelesen hatte.

Von all diesen neuen Entdeckungen waren es jedoch die Romane von Theodor Fontane, die sich nach meinem Gefühl am intensivsten mit den Problemen beschäftigten, die auch Dickens und Trollope fasziniert hatten und später die Vorstellungskraft von Proust herausfordern sollten: mit dem Niedergang der Aristokratie, den schlimmen Auswirkungen der parvenühaften Neigungen bei Teilen des Mittelstandes und dem allgemeinen Verfall der Wertmaßstäbe als Folge all dieser Erscheinungen. Im Rahmen meines historischen Studiums beschäftigte ich mich intensiv mit der Zeit Bismarcks und der Wilhelminischen Periode, und von Anfang an waren die Romane Fontanes für mich eine unverzichtbare Quelle wertvollen Materials. Ich las sie daher mit ausgesprochenem intellektuellen und ästhetischen Vergnügen. Ich war beeindruckt von ihrer Ökonomie, ihrem künstlerischen Aufbau, der Urbanität, dem Humor und der sicheren Phrasierung, mehr jedoch von der Fähigkeit des Verfassers, die gesellschaftliche Wirklichkeit und die Klassenkonflikte im Verhalten der handelnden Personen als gesellschaftliche Typen darzustellen, die in typischer Weise auf die Probleme der Zeit reagierten.

Kurz gesagt, ich bewunderte den Historiker Fontane mehr als den Künstler, über den ich natürlich noch kein zutreffendes Urteil abgeben konnte. Doch als ich begann, mich mit seinen früheren Werken zu beschäftigen, den Balladen, dem Buch über Schottland, den wunderbaren *Wanderungen durch die Mark Brandenburg* und den Kriegsbüchern – alles Werke, in denen seine historischen Talente noch deutlicher sichtbar wurden als in den Romanen, und die ich mit Begeisterung und Dankbarkeit las (und zwar mit Recht, denn was wäre aus meinem eigenen Buch über Königgrätz geworden, wenn ich nicht Fontanes *Der deutsche Krieg von 1866* gelesen hätte) –, begann ich zu begreifen, daß Fontane seine Begabung als Historiker der Tatsache zu verdanken hatte, daß er ein großer Künstler war, oft willkürlich in seiner Behandlung des Materials, zu dessen Beherrschung professionelle Historiker sich bei ihren Bemühungen um Genauigkeit endlos plagen müssen, aber dafür tiefer eindringend und scharfsinniger, mehr darauf aus, *in* die Geschichte zu blicken, als sie abzubilden, manchmal mit der glücklichen Wirkung, daß es ihm – trotz einer Anfälligkeit für kleine sachliche Fehler – gelang, ein getreueres Bild der Vergangenheit zu liefern als seine akademischen Kollegen.

Fontane selbst war sich dieser Tatsache unbewußt. Am Ende eines langweiligen Sonntags in London im Jahr 1856 – damals war er Presseattaché beim preußischen Botschafter Graf von Bernstorff und hatte keine Gelegenheit, seinen künstlerischen Neigungen nachzugehen, hatte Heimweh, litt unter der Trennung von seiner Frau und seinem Sohn und hatte nur Umgang mit wenigen Freunden – schrieb er in sein Tagebuch:

«Drury-Lane-Simpson. Immer Hammel; ich kann es kaum noch aushalten; ich gäbe 1 Rthr. für eine Portion Schoten und Moorrüben oder für eine Satte saurer Milch. Mein Magen ist hin; und bis Weihnachten ist es noch eine Ewigkeit. – Divan (...) Macaulay gelesen (das Immer-näher kommen an den Abgrund, Tyrconnel in Irland, der Sturz der Hydes (Lord Clarendon, des Vizekönigs von Irland, und Lord Rochesters, des ersten Lords des Schatzes) – alles großartig. Vielleicht mehr ein Kunstwerk als ein Geschichtswerk (im gemeinen Verstande) aber eben deshalb so groß.»[5]

Es ist nicht unwahrscheinlich, daß der einsame Schreiber, als er hier seine Alltagspflichten vernachlässigte und sich seiner alten Leidenschaft, der Geschichte, hingab, in Macaulay einen verwandten Geist erkannte und ein Beispiel jener glücklichen Kombination aus Geschichte und Literatur, die für seine eigene künftige Arbeit so kennzeichnend sein sollte.

GESCHICHTE

Theodor Fontanes erste Prosaveröffentlichung war die Erzählung «Geschwisterliebe».[1] In seinen Erinnerungen schreibt er, daß er am 19. Dezember 1839, kurz nach seinem zwanzigsten Geburtstag, bei dem örtlichen Bezirksarzt Dr. Natorp ein mündliches Examen in Botanik und verwandten Fächern abgelegt hatte, worauf Natorp ihn zum Apothekergehilfen ernannte. Auf dem Rückweg zur Rosenapotheke, wo er gelernt hatte, besuchte er noch die d'Heureusesche Konditorei am Fischmarkt von Neukölln, um seine Lieblingszeitung, den *Berliner Figaro*, zu lesen, und er fand dort seine Erzählung abgedruckt. Er hatte in dieser Zeitung bereits einige Gedichte veröffentlicht, deren Erscheinen ihn, wie er schrieb, weniger beeindruckt hatte, «vielleicht weil sie immer kurz waren; aber hier diese vier Spalten mit ‹Fortsetzung folgt›, das war großartig. Ich war von allem, was dieser Nachmittag mir gebracht hatte, wie benommen und mußte es sein; vor wenig mehr als einer halben Stunde war ich bei Natorp zum ‹Herrn› und nun hier bei d'Heureuse zum Novellisten erhoben worden.»[2]

Es ist vielleicht bezeichnend für ihn, daß er nichts über die Erzählung selbst sagt. Jeder, der sie in der Hoffnung liest, hier schon den Stil des späteren großen Romanschriftstellers zu finden, wird enttäuscht sein. Das Thema ist provokativ genug und hat auch andere Schriftsteller gereizt. Zu ihnen gehörte auch Fontanes Bewunderer Thomas Mann mit seiner unerquicklichen Erzählung «Wälsungenblut», aber Fontane schöpft die Möglichkeiten, die ihm der Stoff bietet, nicht aus. Er beschäftigt sich mit dem Schicksal von Clärchen, einer jungen Frau, die in bedrängten

Umständen mit einem blindgeborenen Bruder zusammenlebt, der offenbar bis zum Erreichen des Mannesalters keinerlei Fähigkeiten entwickelt hat mit Ausnahme eines außergewöhnlichen Selbstmitleids und des Talents, melancholische Melodien auf der Harfe zu spielen. Der Prediger in der örtlichen Klosterkirche beginnt sich für das Paar zu interessieren, besucht es häufig, führt lange Gespräche mit dem Bruder und verliebt sich schließlich in Clärchen – und sie in ihn. Als der Bruder erfährt, daß sie heiraten wollen, versucht er, die Liebenden auf jede nur denkbare Art in Bedrängnis zu bringen, und als sie sich von ihren Plänen nicht abbringen lassen, erklärt er, er wolle sie nie wieder sehen. Die Trennung, die er auch wirklich durchsetzt, erweist sich für seine Schwester als unerträglich. Nach einjähriger Ehe kommt sie zu der Überzeugung, es sei Gottes Wille, daß ihre Liebe allein ihrem Bruder gehöre, und wird sterbenskrank... Der Pfarrer überzeugt den Bruder davon, daß er seine Starrheit aufgeben und die Schwester an ihrem Sterbebett besuchen müsse. Hier versöhnen sich die Geschwister. Nach Clärchens Tod schließen die beiden Männer eine lebenslange, enge Freundschaft und sterben sogar am gleichen Tag im Abstand weniger Stunden. «Dort oben haben sie endlich die stets und treu Geliebte wiedergefunden, ihr heißes Sehnen gestillt und jeden Trennungsschmerz in der seligen Vereinigung mit ihrem Clärchen vergessen.»[3] Die Rührseligkeit dieser Geschichte und der sie begleitenden Verse entspricht der Lahmheit der Handlung und des Stils, in dem sie geschrieben ist, und Clärchen und ihr Bruder sind beide so farblos, daß niemand sich hätte vorstellen können, der Verfasser habe eine Zukunft als Schriftsteller vor sich.

«Geschwisterliebe» war gewiß nicht schlechter als Hunderte anderer damals in Deutschland veröffentlichter Erzählungen und darf als charakteristisches Produkt der Zeit bezeichnet werden. Zwei Jahre vor ihrer Veröffentlichung hatte der Führer der Jungdeutschen Bewegung, Karl Gutzkow, in seiner Zeitschrift *Telegraph für Deutschland* geschrieben, daß «die gegenwärtige deutsche Schriftstellerepoche nur dazu bestimmt scheine, einer zukünftigen den Weg zu bahnen; Großes werde aus ihr nicht gedeihen; sie werde den Graben füllen müssen, über welchen ein anderes Geschlecht zu Siege kommt». Er führte das auf die Tatsache zurück, daß die zeitgenössischen Schriftsteller sich mit dem Mißtrauen abfinden mußten, mit dem die Bürokratien der Literatur begegneten, mit dem Fehlen jeder Logik bei den geltenden Pressegesetzen, der groben Anmaßung der öffentlichen Kritik, der Furchtsamkeit der Verlage, dem überall spürbaren Mystizismus und Materialismus und vor allem «der Eiseskälte unserer täglichen Erfahrungen»,[4] das heißt, mit der Tatsache, daß in Wirklichkeit nichts Erregendes geschah. Im täglichen Leben der jungen Schriftsteller gab es zu weniges, was sie förderte, und zu vieles, was sie in Schranken hielt. Die Atmosphäre, in der sie lebten, erstickte jedes Talent, und die Vorbilder, nach denen sie sich hätten richten können, waren veraltet, traditionsgebunden und konnten sie nicht inspirieren.

In Preußen galt das nicht nur für die Provinzen, sondern auch für Berlin, das Ende der 1830er Jahre im Gegensatz zu den Hauptstädten anderer großer Nationen nur eine Residenzstadt war, in der Hof, Bürokratie und Militär den Ton angaben und die Bevölkerung zum größten Teil dem unteren Mittelstand angehörte. Es gab hier weder ein selbstbewußtes Bürgertum noch ein starkes Proletariat, das sich den konventionellen Denkweisen hätte entgegenstellen können. Eine heterogene Klasse von Schauspielern, Schreiberlingen und Pseudointellektuellen bevölkerte die zahlreichen Cafés und las dort die Zeitungen oder bildete literarische Klubs, in denen sie einander ihre jüngsten Arbeiten vortrugen. Auch der junge Gehilfe in der Rosenapotheke, davon träumend, eines Tages ein unabhängiger Schriftsteller zu werden, hatte die vage Ahnung, daß er seine Träume in Berlin wahrscheinlich kaum würde verwirklichen können. In einem der diversen Artikel, die er den Zeitungen zur Veröffentlichung einsandte, schrieb er 1842:

«Berlin schien einst bestimmt, Deutschland zu sein, die Welt zu beherrschen, die Ahnung dieser großen Bestimmung hatte die besten Männer durchdrungen. Diese Zeit ist vorbei, die Mission ist in die Rumpelkammer geworfen, und wer immer noch hofft, der ist ein Kind. (...) Früher übermütig, der deutsche Gaskogner, jetzt bescheiden und verstimmt, früher sich brüstend als Chef der geistigen Macht Deutschlands, jetzt als Herzog des leichtsinnigsten, bodenlosesten Aktienschwindels nackt und schamlos einherrennend. (...) In bezug auf die *Unterhaltung* kann der Fremde, welcher eine kurze Zeit hier gelebt hat, sagen: ‹Berlin ist eine *große Stadt*, eine Residenzstadt; – *als solche* besitzt es eine Masse Unterhaltungen, um die Zeit totzuschlagen.› – Das ist aber auch *alles*, was wir Berlin zugestehen können, von einem rechten *Amüsieren*, und zwar auf *längere* Zeit, kann nicht die Rede sein. Daran ist der gänzliche Mangel am *öffentlichen Leben* schuld; bloßes Zusammen*sein*, Zusammen*reden*, Zusammen*sitzen*, Zusammen*tanzen* aber ist noch lange kein öffentliches Leben. Ein öffentliches, ein *Volks*leben kann nur durch einen die Bevölkerung durchdringenden, entschiedenen Charakter hervorgerufen werden, wie z. B. in Wien, in Paris. Berlin (...) ist kaum etwas anderes als eine Kolonie; (...) alle Neigungen und Ansichten widerstreiten sich, (...) und die *innere* Einheit, welche sich bei dem echten Volksleben auf allen Gesichtern spiegelt, fehlt daher durchgehends. Die herzlose Sucht, über alles, was dem Menschen heilig ist, unbarmherzig verwundende Witze zu reißen, ist größtenteils aus dieser Lage entstanden.»[5]

Der künftige Schriftsteller hatte eine Zeitlang das Gefühl, sein Talent werde sich in einer anderen Stadt als Berlin besser entwickeln können, etwa in Leipzig oder Dresden, wo er, nachdem er die Arbeit in der Rosenapotheke aufgegeben hatte, wieder eine Anstellung in einer Apotheke fand. In beiden Städten gewann er Freunde, aber die Atmosphäre war nach seinen Erfahrungen hier nicht lebendiger als in Berlin, wohin er 1844 zurückkehrte, um seinen Militärdienst abzuleisten. In Leipzig und Dresden interessierte er sich in den letzten Jahren des Vormärz eine Zeitlang für Politik und kritisierte König Friedrich Wilhelm IV. von Preußen und dessen zunehmend konservative Haltung. Doch dahinter stand keine wirkliche Energie. Zu keiner Zeit in seinem Leben hat sich Fontane so sehr für politische Fragen interessiert, daß er sich mehr als oberflächlich mit ihnen beschäftigt hätte, und seine eigene politische Haltung war immer gekennzeichnet von Widersprüchen und einer großen Unsicherheit, da er allen politischen Parteien mißtraute. Abgesehen von wenigen Gedichten im Stile von Herwegh und einigen nicht sehr tiefschürfenden Zeitungsartikeln ergab sich aus seinem Interesse an politischen Fragen kaum etwas Bemerkenswertes. Dabei kam er seinem späteren Ziel, ein wirklich guter Schriftsteller zu werden, dem es gelänge, Kunstwerke zu erschaffen, nicht näher.[6]

Da Fontane in der Gegenwart nichts fand, das ihn hätte herausfordern können, wandte er sich immer mehr der Vergangenheit zu und da die Politik seine Muse nicht inspirieren konnte, suchte er Inspiration in der Geschichte.

I

Das leidenschaftliche Interesse Fontanes für die Geschichte hat sich ganz natürlich entwickelt und niemals aufgehört. In einem Brief von 1854 an Theodor Storm betonte er, schon in seiner Kindheit in Swinemünde sei Geschichte sein Lieblingsthema gewesen. Seine Neigung war durch die geradezu enzyklopädischen Kenntnisse seines Vaters von den Feldzügen Napoleon Bonapartes geweckt worden und durch das Vergnügen, mit dem der Vater Anekdoten über den Kaiser und seine Marschälle Ney und Lannes und «le premier grenadier de la France», Latour d'Auvergne, zum besten gab.[7] Storm erzählte er, als Zehnjähriger habe er auf die Frage, was er werden wolle, wenn er erwachsen sei, stolz geantwortet, «Professor der Geschichte!» Mit zwölf Jahren, fügte er hinzu, sei er bereits

> «ein enthusiastischer Zeitungsleser [gewesen], focht mit Bourmont und Duperré in Algier, machte vier Wochen später die Julirevolution mit und weinte wie ein Kind, als es nach der Schlacht bei Ostrolenka mit Polen vorbei war. (...) Dann kam ich aufs Gymnasium. Als ich ein dreizehnjähriger Tertianer und im übrigen ein mittelmäßiger Schüler war, hatt' ich in der Geschichte solches Renommee, daß die Primaner mit mir spazieren gingen und sich – ich kann's nicht anders ausdrücken – fürs Examen durch mich einpauken ließen.»

Wie er selbst zugab, bestand sein Wissen hauptsächlich aus Namen und Daten, aber bei einer Gelegenheit verblüffte er seine Zuhörer mit einer überaus farbigen Schilderung der Schlachten von Crécy und Poitiers.[8]

Fontane spielte noch bis in die Mitte der 1840er Jahre mit dem Gedanken, Historiker zu werden, aber daraus wurde nichts. Statt dessen schickten ihn die Eltern 1833 nach Berlin, wo er bei einem Onkel lebte und die Kloedensche Gewerbeschule besuchte. Sechs Jahre vorher hatte Bettina von Arnim einen ihrer Söhne auf diese Schule schicken wollen, die, wie sie ihrem Mann mitteilte, in letzter Zeit zunehmend Kinder «von unserm Stande» besuchten, aber Achim von Arnim ließ sich nicht überzeugen und schrieb zurück, daß die Gewerbeschule, in der kein Unterricht im Griechischen und Lateinischen stattfand, keine erstklassige Erziehung garantiere.[9] Der junge Fontane hat, wie er später berichtete, häufig die Schule geschwänzt, und sein Beispiel ist daher nicht geeignet, Arnims Ansicht zu überprüfen. Aus eigenem Bekunden wissen wir nur, daß er die Menschen mit seinem historischen Wissen beeindruckt hat. Um seinen Hausaufgaben zu entgehen, zu denen auch ein «deutscher Aufsatz nach selbstgewähltem Thema» gehörte, ging er an einem Sonntagnachmittag 1833 zu Fuß von Berlin nach Löwenbruch, einem drei Meilen südlich der Stadt gelegenen Dorf, wo eine befreundete Familie wohnte. Auf dem Weg dorthin kam ihm in den Sinn, daß die zum großen Teil aus Landwehrsoldaten bestehende Armee Bülows vor zwanzig Jahren in strömendem Regen den gleichen Weg genommen und auf den Feldern um den Friedhof von Großbeeren in einer blutigen Schlacht die Streitkräfte Oudinots zum Rückzug gezwungen und Napoleon daran gehindert hatte, noch einmal in Berlin einzudringen. Er erinnerte sich auch, daß seine Mutter als junges Mädchen am 14. August 1813 zusammen mit anderen Frauen die auf dem Schlachtfeld liegenden Verwundeten versorgt hatte. Der erste Unglückliche, dem sie sich näherte, sei

«ein blutjunger Franzose gewesen, der – kaum noch einen Atemzug in der Brust – sich, als er sich plötzlich in seiner Sprache angeredet hörte, wie verklärt aufgerichtet hatte. Dann mit der einen Hand den Becher Wein, mit der andren die Hand meiner Mutter haltend, war er, ehe er trinken konnte, gestorben.»

Das war doch ein gutes Thema für seinen Aufsatz, dachte der Schüler Fontane, und er schrieb die Geschichte nach seiner Rückkehr nach Berlin auf. Zum ersten Mal bekam er ein «recht gut» anstelle des üblichen «vidi».[10]

Drei Jahre später schloß Fontane die Gewerbeschule ab und wurde, den Fußstapfen seines Vaters folgend, Lehrling in der Rosenapotheke in der Spandauer Straße in unmittelbarer Nähe der St. Nikolaikirche. Er war noch immer ein leidenschaftlicher Zeitungsleser, und er verbrachte seine Freizeit vornehmlich in den Etablissements, die die verschiedensten Zeitungen und Zeitschriften für ihre Kunden bereithielten. Meistens ging er in die Konditorei Anthieny im Nordosten der Stadt, gelegentlich besuchte er aber auch die vornehmeren Cafés wie das Stehely am Gendarmenmarkt oder Sparnapagni Unter den Linden. Die literarischen und politischen Gespräche, die er dort hörte, waren vermutlich der wahre Grund für seinen Wunsch, Schriftsteller zu werden, und er begann sich in verschiedenen Formen zu versuchen. Allmählich konzentrierte er sich immer mehr auf das, was er für seine Stärke hielt: historische Gedichte. Im Anschluß an die trübsinnige Erzählung «Geschwisterliebe» schrieb er nun, angeregt durch Chamissos «Salas y Gomez», ein episches Gedicht mit dem Titel «Die Erste Liebe Heinrichs IV.» und seine erste Ballade, «Vergeltung», in der es um Schuld, Triumph und das Ende Pizarros ging.

Überaus wichtig für die Entwicklung seiner Dichtkunst war, daß er während seines Militärdienstes im Jahre 1844 enge Freundschaft mit Bernhard von Lepel schloß, einem Offizier im Kaiser-Franz-Regiment in Berlin, der ebenfalls literarische Ambitionen hatte. Lepel war Mitglied der literarischen Vereinigung «Der Tunnel über der Spree», die 1827 von dem Berliner Satiriker M. G. Saphir gegründet worden war. Der Zirkel diente Saphir als eine Art persönlicher Leibwache bei seinen zahlreichen Fehden und als Materiallieferant für seine Zeitung, den *Berlin Courier*. Ursprünglich von einer Gruppe übermütiger junger Jurastudenten und Geschäftsleuten, Journalisten, Schauspielern und Leutnants mit Interesse für die Kunst dominiert, war der Verein im Laufe der Jahre respektabler und konservativer geworden. Zu Zeiten Fontanes gehörten ihm so angesehene Persönlichkeiten an wie der epische Dichter Christian Friedrich Scherenberg, der Vorleser des Königs, Louis Schneider, der Anwalt Wilhelm von Merckel, der Maler Adolph Menzel, der Kunsthistoriker Franz Kugler, Rudolf Löwenstein, der Herausgeber der neuen satirischen Zeitschrift Kladderadatsch, der Militärschriftsteller Max Jähns, der Maler und Illustrator Theodor Hosemann, der Schweizer Philosoph Max Orelli und die Schriftsteller Felix Dahn, Paul Heyse und Theodor Storm, die regelmäßig zusammenkamen, um neue Verse und Prosastücke der Mitglieder zu lesen und zu diskutieren.[11]

Dem «Tunnel» gehörten viele Dilettanten an, und nur weniges von dem, was sie geschrieben haben, hat die Zeit überdauert – mit Ausnahme der Balladen von Fontane und des in viele Anthologien aufgenommenen Gedichts «Das Herz von Douglas» von Moritz Graf von Strachwitz, einem schlesischen Dichter, der 1847 starb. Die Mitglieder nahmen sich sehr ernst und übten ihre Kritik mit einer Leidenschaft, die nicht selten an Härte grenzte. Alexander von Ungern-Sternberg, ein hochangesehener Verfasser sozialkritischer Romane und Erzählungen, empfand ihre Ansprüche als ziemlich komisch und weigerte sich, Mitglied zu werden, denn er war nicht bereit, wie er sagte, sich von «Studenten oder Kommis (...) mit bewährter deutscher Biedermannsmiene versichern zu lassen, daß meine Novellen nichts taugten», eine Beurteilung, die, wäre sie nach außen gedrungen, die Buchhändler veranlaßt hätte, ihm die Honorare zu kürzen.[12] Doch das war die Übertreibung eines Schriftstellers, dessen Romane vielleicht durch Kritik nur gewonnen hätten; im allgemeinen beurteilte der «Tunnel» neue literarische Arbeiten fair und gab oft hilfreiche Hinweise.

Das traf mit Sicherheit auch im Falle von Fontane zu. Lepel hatte 1844 vorgeschlagen, ihn als Mitglied aufzunehmen, und nach Abschluß seines Militärdienstes nahm er regelmäßig an ihren Zusammenkünften teil. Seine ersten Elaborate vermochten die Zuhörer offensichtlich kaum zu beeindrucken, seine späteren weckten hin und wieder in ihnen das Gefühl, sie seien zu frivol oder verletzten das Übereinkommen, auf politische Themen zu verzichten. Das traf ganz sicher auf das anmutige Gedicht zu, mit dem er seine Verlobte Emilie Rouanet 1848 drängte, die deprimierende politische Atmosphäre von Berlin zu verlassen und in die Kordilleren zu fliehen, wo

> Ohne Wühler dort und Agitator
> Frißt uns höchstens mal ein Alligator. (...)
> Und dem Kreischen nur des Kakadu
> Hören wir am Titicaca zu.

Aber als Fontane 1846 im «Tunnel» seine Ballade «Der alte Derffling» vorlas, muß sein Vortrag ähnlich aufgenommen worden sein wie der des Dichters Hansen-Grell im Kastalia-Kapitel seines Romans *Vor dem Sturm*: Die Begeisterung seiner Zuhörer überwog bei weitem ihre Kritik;[13] und als er am 18. April 1847 «Der alte Zieten» vortrug und zwei weitere Balladen über Seydlitz und Schwerin, war auch das ein überwältigender Erfolg.[14]

Solchermaßen ermutigt, beschloß Fontane, an dieser Form der Dichtung festzuhalten und sie weiterzuentwickeln, ein Vorhaben, in dem er noch bestärkt wurde, als ihm 1848 (jetzt gingen ihm die friderizianischen Marschälle aus, über die er noch hätte schreiben können) eine Sammlung von Balladen, Sonetten, historischen Liedern und Romanzen mit dem Titel *Reliques of Ancient English Poetry* in die Hände fiel, die 1765 von dem späteren Bischof von Dromore, Thomas Percy, veröffentlicht worden war. Eine weitere Entdeckung waren die drei von Walter Scott zusammengestellten Balladenbände, *Minstrelsy of the Scottish Border*, die nach umfangreichem editorischem Aufwand 1802–1803 erschienen waren. Fontane stürzte sich mit Begeisterung auf diese Balladen, sie wurden zu seiner Lieblingslektüre und lieferten ihm eine Fülle von Anregungen. Sie bestimmten seinen Geschmack und die Richtung seiner schriftstellerischen Laufbahn und waren ihm eine Quelle ungetrübter Freude zeit seines Lebens, wie er später einmal schrieb.[15]

Dank seines künstlerischen Geschicks in der Ausbeutung dieser Quellen gewann sein Werk bald die Aufmerksamkeit eines Leserkreises, der weit über den «Tunnel» hinausging. Seine Gedichte wurden gedruckt und von einer breiten Öffentlichkeit wahrgenommen. Das hat dazu geführt, daß Fontane, obwohl er seinen Nachruhm vor allem den Romanen verdankt, in vielen volkstümlichen Anthologien vertreten ist. Ludwig Reiners' *Der ewige Brunnen*[16] zum Beispiel enthält allein vierzig Gedichte von Fontane, darunter die Balladen «Der alte Derffling», «Archibald Douglas», «John Maynard», «Jan Bart» und «Herr von Ribbeck auf Ribbeck im Havelland».

Vielleicht sollten wir an dieser Stelle fragen, weshalb Fontane mit seinen Balladen einen so großen Erfolg hatte. Die Methode, ein dramatisches Ereignis in kurzen Strophen mit einem erregenden oder dramatischen Ausgang zu erzählen, war in Deutschland schon seit dem 18. Jahrhundert beliebt; sie war zu allererst angeregt worden durch Herders Interesse an Volksliedern und hatte dann zur Zeit des Sturm und Drang Dichter wie Goethe («Der Erlkönig») und Bürger («Lenore») sowie in der Periode der Romantik Chamisso, Brentano, Eichendorff und Uhland angezogen. Zu Fontanes Zeiten, und zwar vor und besonders auch nach der Revolution von 1848, belebte sich das Interesse an der Ballade neu, weil die Menschen in einer offenbar trägen Gesellschaft und ohne große Zukunftserwartungen ihre Zuflucht zu Schilderungen früherer Ruhmestaten nahmen oder, wenn es daran mangelte, auf die dramatischen Ereignisse der weit zurückliegenden Geschichte der germanischen Völker, der Dänen, Norweger, Engländer und Schotten auswichen. In dieser Atmosphäre kam Fontane sein schier unstillbares Interesse für historische Themen ebenso gut zustatten wie sein Sinn für das Volkstümliche; das erklärt auch die Authentizität und dichterische Wahrheit so wunderbarer Balladen wie «Gorm Grymme» mit dem schauerlichen Ende, worin erzählt wird, wie nach dem Tode des einzigen Sohnes von König Gorm seine Frau, die Königin

(...) gab ihm um einen Mantel dicht,
Der war nicht golden, nicht rot,
Gorm Grymme sprach: «Was niemand spricht,
Ich sprech' es: er ist tot.»
Er setzte sich nieder, wo er stand,
Ein Windstoß fuhr durchs Haus,
Die Königin hielt des Königs Hand,
Die Lichter loschen aus.[17]

In einem Brief an einen Freund schrieb Fontane im April 1850: «Die Ferne hat den Reiz, und gerade vom Pillenmörser aus ist das sich Anklammern an die Percies und Douglasse psychologisch richtig.»[18]

Nicht nur er dachte so. Sein Freund Christian Friedrich Scherenberg schrieb volkstümliche Gedichte über die Schlachten von Ligny und Waterloo, und ihm wurde die Ehre zuteil, daß Louis Schneider bei einem der regelmäßig im königlichen Schloß stattfindenden literarischen Tees das zweite Gedicht dem König vorlas; und sogar im «Tunnel» war Fontane nicht der einzige Balladendichter. Daß er größeren Erfolg in diesem Genre hatte, war weniger seinem überragenden poetischen Talent zu verdanken als vielmehr seinem gründlichen Nachdenken über die Forderungen der Gattung. Vor allem kannte er sehr genau die Werke seiner deutschen Vorgänger und ebenso den reichen Vorrat mittelalterlicher Volksballaden, der, wie er einmal sagte, die notwendige Grundlage für jedes Verständnis dessen bildete, was eine Ballade war und wie sie aufgebaut werden mußte. Seiner Ansicht nach mußten Balladen komponiert werden, das heißt, sie mußten einem logischen Plan folgen, sollten aber zugleich natürlich und literarisch ungekünstelt erscheinen. Der Erfolg hing zudem von der geschickten Verwendung von Andeutungen, Auslassungen und Sprüngen ab, von der Beherrschung der Kunst der Wiederholung, der Refrains, des Leitmotivs und von der Fähigkeit, mit den kleinsten Mitteln Wirkungen zu erzielen, vor allem aber vom Ton.[19] Wie sehr er selbst diese Forderungen beachtet hat, zeigt sich schon deutlich in seinen frühesten Balladen. Sie zeugen nicht nur von einem souveränen Umgang mit Sprache und Vers, sondern auch von einer bemerkenswerten Fähigkeit, eine höchst raffinierte symbolische Technik mit einer natürlichen Diktion in Einklang zu bringen.

Schon in einer seiner ersten Balladen, «Der alte Derffling», die vom Leben und Tod des Siegers von Fehrbellin handelt, wählte er als Leitmotiv die Tatsache – wenn es denn eine Tatsache war und nicht nur die Erfindung eines begeisterten Biographen –, daß Derfflinger in seiner Jugend Schneider gewesen war, ein Handwerker, der diesen Beruf aufgegeben hatte, um im Dreißigjährigen Krieg in der schwedischen Armee zu dienen. Durchgängig streut Fontane in die Ballade Bilder aus dem Schneidergewerbe ein, so, als wollte er inneren Zusammenhang und Konsequenz im Leben dieses alten Helden und die bewundernswerte Einfachheit seines Charakters noch unterstreichen.[20] Als Soldat wird er so geschildert:

Es war der flinke Schneider
Zum Stechen wohl geschickt,
Oft hat er an die Kleider
Dem Feinde was geflickt.

Und als er im hohen Alter schon dem Tod ins Auge sieht:

Er sprach: «Als alter Schneider
Weiß ich seit langer Zeit,
Man wechselt seine Kleider –
Auch hab' ich des nicht Leid.

Es fehlt der alten Hülle
In Breite schon und Läng',
Der Geist tritt in die Fülle,
Der Leib wird ihm zu eng; (...).»[21]

Eine ähnliche Technik verwendet Fontane in seiner Ballade «Keith», die von Jacob Keith erzählt, einem Anhänger der Stuarts, der nach dem Scheitern des Aufstandes von 1715 ins Exil gegangen war und dann in der spanischen und der russischen Armee sowie im russischen diplomatischen Dienst gestanden hatte, bevor er einer von Friedrichs Feldmarschällen wurde. Fontane hatte die glückliche Idee, Keith als Schauspieler zu porträtieren, den die Umstände gezwungen hatten, von Bühne zu Bühne zu wandern.

Feldmarschall Jacob Keith.
Holzstich 1851
(nach einer Zeichnung von Adolph Menzel)

Ein Kunst- und Wanderleben
Hob an, von Land zu Land:
Gastrollen tätst du geben,
Den Degen in der Hand.

Du spieltest alle Rollen,
Den Höfling selbst, mit Glück,
Doch schöpfen aus dem vollen
Ließ dich das Ritterstück;
Das war dein Fach, das Kühne,
Der Mut bis in den Tod,
Und mancher schlechten Bühne
Halfst du aus arger Not. –

Das ging so weiter, bis Keith schließlich die Bühne des Schauspieldirektors Friedrich betrat und seine größten Rollen bei Roßbach und bei Hochkirch spielte, wo er fiel.[22]

Diese kraftvollen Äußerungen schöpferischer Phantasie unterscheiden die Balladen Fontanes von denen anderer Künstler jener Zeit, und sie erklären auch, was er meinte, wenn er die Dichter, die mittelalterliche Balladen zu ihren Vorbildern nahmen, warnte, sie sollten etwas Eigenes mit ihren Dichtungen aussagen und nicht versuchen, die ältere Form möglichst perfekt zu kopieren. In einem Briefwechsel mit Pol de Mont, einem Professor in Antwerpen, Fachmann für alte nordische Dichtung, schrieb Fontane 1887, daß die Ballade ihre Entwicklung noch nicht abgeschlossen habe und man nicht eine ihrer verschiedenen Formen als musterhaft nachahmen dürfe. Man könne zwar «Anleihen» bei den alten Volksballaden machen, fügte er hinzu, aber das wichtigste sei der eigene Beitrag. Wir müssen den Ton der alten Balladen auf die Stoffe unserer eigenen Welt anwenden und wiederum den Stoff der alten Balladen in einem neuen oder zumindest wesentlich geänderten Balladenton behandeln. Das beste, fuhr er fort, sei es, «wenn wir *Beide* auffrischen und die alte Ballade nur als einen Erinnerungsklang im Ohr behalten».[23]

Fontanes unerschütterliche Treue zu diesen Prinzipien verschaffte ihm nachhaltige Anerkennung als Balladendichter und erklärt den außerordentlichen Erfolg, den er mit Balladen wie «Archibald Douglas» (die im Dezember 1854 zum Jahrestag des «Tunnel» vor der Mitgliederversammlung vorgelesen wurde), aber auch mit «John Maynard», «Jan Bart» und anderen hatte, die dreißig Jahre später verfaßt wurden, als sich Interessen und Geschmack des Publikums wesentlich verändert hatten. In der Bismarck-Ära, in der sich dramatische Deklamationen großer Beliebtheit erfreuten, war es nicht ungewöhnlich, daß Berufsschauspieler eine neue Ballade von Fontane als Teil einer Theaterveranstaltung vortrugen. Im Januar 1880 schrieb er an seine alte Freundin Mathilde von Rohr:

«Letzte Woche hab ich in No 2 der ‹Gegenwart› ein Gedicht publicirt: ‹Die Brück' am Tay›, in dem ich den furchtbaren Eisenbahnunfall bei Dundee balladesk behandelt habe. Vielleicht ist es Ihnen zu Gesicht gekommen; entgegengesetzten Falls schick' ich es Ihnen. (...) Es hat hier eine Art Sensation gemacht, vielleicht mehr als irgend 'was, was ich geschrieben habe. Sonntag über 14 Tage wird es Kahle in einem Singakademie-Concert vortragen.»[24]

Fontanes Dichterfreunde im «Tunnel» der 1840er Jahre hätten vielleicht einige Schwierigkeiten gehabt, «Die Brücke am Tay» als Ballade zu erkennen, doch obwohl sich die Form wesentlich geändert hatte, war der «Erinnerungsklang», von dem Fontane gesprochen hatte, unverkennbar.

Das hohe Ansehen Fontanes als Dichter macht den Wunsch verständlich, der Fontane wohl seit den 1840er Jahren bewegte, sich hauptsächlich mit historischen Dichtungen zu beschäftigen. Allerdings gab es schon in jener Zeit einen großen Nachteil: Der Beruf des Dichters eignete sich generell kaum als Brotberuf; es war schwer, damit Geld zu verdienen. Später, als die Verlage ganze Gedichtbände von Fontane herausbrachten, flossen auch die Honorare. Ende der 1840er Jahre jedoch war das noch nicht so. Er rechnete nicht einmal damit, selbst für eine seiner besten Balladen «mehr als 2 Reichstaler, 7½ Silbergroschen» erlösen zu können.[25] Als seine sechs patriotischen Balladen über Derfflinger und die friederizianischen Marschälle in Louis Schneiders *Der Soldatenfreund* erschienen, bekam er ein Honorar von einem halben Groschen pro Zeile. Das waren insgesamt 4 Taler und 20 Groschen.[26] Verlage und Buchhändler wie A. W. Hayn schienen dem Grundsatz zu folgen, daß die Dichtkunst nur dann blühen konnte, wenn der Dichter nicht genug zu essen hatte.[27]

Das alles war sehr enttäuschend für den jungen Dichter; die Schriftstellerei bot ihm, der doch heiraten wollte, so wenig wie der Beruf des Apothekers ohne eigenes Geschäft die nötigen materiellen Grundlagen für sein privates Glück. Zwar bestand immer die Möglichkeit, in einer Regierungsbehörde eine Anstellung als Sekretär zu bekommen, aber seine Chancen in dieser Richtung waren gering angesichts des extremen Konservatismus der Regierung nach dem Scheitern der Revolution von 1848 und der Tatsache, daß Fontane als ein Mann mit liberalen Ideen galt, obwohl er während der Revolution nichts wirklich Aufregendes getan hatte. Seine Sympathien waren zweifellos auf seiten des Volkes in Berlin; da er jedoch dazu neigte, alles durch die historische Brille zu sehen, scheint er geglaubt zu haben, es am besten damit zu unterstützen, daß er ein historisches Drama mit dem Titel «Charles Stuart» schrieb, das die englische Revolution behandelte und sich auf die Schwäche des Königs und Cromwells Schuldbewußtsein konzentrierte.[28] Am Ende erwies sich das Material als zu umfangreich, und die Notwendigkeit, Ursachen und Verantwortlichkeiten nachzuzeichnen, war zu kompliziert für ihn. Deshalb gab er dieses Vorhaben auf und begann, politische Artikel für die Dresdner Zeitung zu schreiben, in denen er sich kritisch über die Politik des Königs und die Zeichen der zunehmenden Reaktion äußerte.[29] Das waren zum größten Teil gemäßigte und wohldurchdachte Beiträge, die jedoch höheren Orts ungünstig aufgenommen wurden. Das entmutigte Fontane so sehr, daß er daran dachte, Berlin zu verlassen und seine Dienste den von den Dänen arg bedrängten und von ihren deutschen Verbündeten im Stich gelassenen Truppen Schleswig-Holsteins anzubieten.[30]

Weshalb er glaubte, dieses Abenteuer könne seine Lage erleichtern, läßt sich heute nicht mehr sagen. Jedenfalls gelang es ihm mit Hilfe von Freunden im «Tunnel», eine Beschäftigung als Schreiber von Beiträgen für das Feuilleton der gemäßigten und der Regierung nahestehenden Zeitung *Deutsche Reform* zu finden, die von Werner Hahn herausgegeben wurde; außerdem arbeitete er einige Zeit für das Literarische Kabinett. Das ermöglichte es ihm, im August 1850 seine Verlobte zu heiraten. Aber im folgenden Januar wurde Otto von Manteuffel Ministerpräsident, und die preußische Politik nahm einen strenger konservativen Kurs. Fontane verlor seine Stelle und hatte wieder einmal kein regelmäßiges Einkommen. Verzweifelt, aber erfolglos suchte er nach einer neuen Beschäftigung und kam schließlich im Oktober 1851 zu der Überzeugung, daß ihm seine Familie wichtiger war als seine liberalen Grundsätze, und er schrieb einen Brief an die der Regierung nahestehende *Adler-Zeitung* mit dem Angebot, ihr ein Gedicht zum Geburtstag des Königs zu schicken. Gleichzeitig machte er den Vorschlag, im Feuilleton der Zeitung über englische Angelegenheiten zu berichten.[31] Als sein Angebot angenommen wurde, schrieb er an seinen Freund Lepel:

> «Ich habe mich heut der Reaction für monatlich 30 Silberlinge verkauft und bin wiederum angestellter Scriblifax (in Versen und Prosa) bei der seligen ‹Deutschen Reform› auferstandenen ‹Adler-Zeitung›. Man kann nun 'mal als anständiger Mensch nicht durchkommen. Ich debütire mit Ottaven zu Ehren Manteuffels. Inhalt: der Ministerpräsident zertritt den (unvermeidlichen) Drachen der Revolution. Sehr nett!»[32]

II

So schmerzlich das auch für seine Selbstachtung war, gab diese kleine Geste der Bereitschaft zur Anpassung Fontane die finanzielle Sicherheit, die er brauchte, um seine Familie versorgen und an seinen eigenen Schriften arbeiten zu können, auch wenn er für etwas bezahlt wurde, das er mit dem Ausfüllen von Rezepten in einer Apotheke verglich.[33] Aber ob Brotarbeit oder nicht, der Journalismus bot ihm die Gelegenheit zu Reisen. Im Sommer 1852 ging Fontane mit finanzieller Unterstützung des Königs als Korrespondent der *Adler-Zeitung* nach London, wobei es ihm freigestellt wurde, die Themen seiner Berichte selbst zu wählen.

Drei Jahre später, während des Krimkriegs, waren die Beziehungen zwischen der britischen und der preußischen Regierung wegen der preußischen Neutralität in diesem Konflikt gespannt, und Fontane wurde wieder nach London geschickt, um über die englische Politik und die von der britischen Presse vertretenen Auffassungen zu berichten. Dieser Auftrag war nicht ganz nach seinem Geschmack, denn er war zu objektiv und er hegte zu viele Sympathien für seine englischen Gastgeber, als daß er Berichte hätte liefern können, wie sie die Regierung Manteuffel wünschte. Deshalb gab es ständig Schwierigkeiten zwischen ihm und den Bürokraten in der Presseabteilung in Berlin.[34] Er war deshalb froh, als er im März 1856 seine Tätigkeit als offizieller Berichterstatter aufgeben konnte und zum Attaché für literarische und kulturelle Fragen und halboffiziellen Korrespondenten der preußischen Presse ernannt wurde. Die Bedeutung seines England-Aufenthalts, der bis 1858 dauerte, lag darin, daß Fontane nicht nur sein Wissen über ein Land, das nicht sein eigenes war, vertiefen konnte, sondern daß er ihn von der Überzeugung abbrachte, die Versdichtung sei die höchste Form der Literatur, einer Überzeugung, die zum Teil das Ergebnis seiner Mitgliedschaft im «Tunnel» gewesen war. Der Aufenthalt machte ihn zum Prosaschriftsteller; das war ein Wendepunkt in seiner Laufbahn, der sich ankündigte durch das Erscheinen seines Buches *Ein Sommer in London* im Jahr 1858.

Die in England gemachten Erfahrungen vertieften auch Fontanes Sinn für Geschichte und erweiterten sein historisches Interesse, aber das ging zugleich zu Lasten seines Erfolges als politischer Berichterstatter. Charlotte Jolles hat darauf hingewiesen, welche günstigen Gelegenheiten sich Fontane im Ursprungsland moderner Politik boten, seine Fähigkeiten als politischer Journalist weiterzuentwickeln, besonders angesichts der Tatsache, daß in England damals ein Meister dieser Kunst in Gestalt von Lothar Bucher lebte, der später in Bismarcks Pressebüro die brillanteste Persönlichkeit war. Bucher, der wegen seiner politischen Aktivitäten im Jahr 1848 ins Exil geflüchtet war, schrieb zu der Zeit Artikel für dic liberale *National-Zeitung*. Wenn die beiden Schriftsteller auch in gewissem Sinne Konkurrenten waren, erreichte Fontane niemals auch nur annähernd Buchers Fähigkeit, seinen Stil und seine Argumentation den Bedürfnissen und Interessen seiner Leser anzugleichen und die Wertvorstellungen, die seine politischen Auftraggeber durchsetzen wollten, für sie verständlich und wünschenswert zu machen. Das lag daran, daß Fontane mehr für sich selbst als für seine Leser schrieb und immer daran dachte, was er von den Ereignissen, über die er berichtete, lernen konnte. Auch interessierte er sich nicht für Vermutungen oder für Möglichkeiten und Eventualitäten, die noch nicht eingetreten waren. Wichtig für ihn waren Tatsachen, die sich belegen und deren Ursprünge und Auswirkungen sich nachweisen ließen. Er war eher ein begabter Analytiker als ein überzeugender Anwalt bestimmter Auffassungen. Kurz gesagt, er dachte eher wie ein Historiker als wie ein Politiker. Das erklärt, weshalb seine Auftraggeber in Berlin sich stets über die Irrelevanz oder die Abstraktheit seiner politischen Artikel und die Weitschweifigkeit seiner Feuilletons sowie die Tatsache beschwerten, daß er dem öffentlichen Interesse keine Zugeständnisse machte.[35]

In seinem innersten Herzen gab Fontane wahrscheinlich zu, daß diese Kritik berechtigt war. Er war nun einmal glücklicher, wenn er sich mit historischen Themen auseinandersetzen konnte, wie in seinen Studien über die englische Presse,[36] als wenn er Beschreibungen des Alltagslebens in Großbritannien oder der parteipolitischen Krisen lieferte. In diesem Sinne waren die letzten Jahre seines Aufenthalts in England enttäuschend für ihn. Er wurde zusehends kritischer in seiner Beurteilung des englischen Lebens und der englischen Kultur. Besonders haßte er das englische Essen, das er langweilig fand, selten – um den deutschen Ausdruck zu benutzen – «mit Liebe gekocht», und vielleicht sogar schädlich für seine Gesundheit. Obwohl er viele Freunde gefunden hatte und die Abende in ihren Häusern genoß und obwohl er in ihre Clubs aufgenommen worden war – einer hatte sogar eine gewisse Ähnlichkeit mit dem «Tunnel» –, empfand er die englische Kultur zunehmend als oberflächlich und hatte das Gefühl, daß sich hier nur selten die Gelegenheit für tiefgründige und ausführliche Gespräche über wichtige historische, philosophische und künstlerische Themen ergab.

Vor allem aber boten ihm das Leben in England und die wachsenden Anforderungen, die ihm seine Stellung dort aufzwangen, keine Möglichkeit, sich als Künstler auszudrücken. Sein Tagebuch aus den Londoner Jahren spiegelt all diese Gefühle wider. Neben den zum größten Teil sachlichen, ja sogar lakonischen Eintragungen über sein tägliches Leben sind die interessantesten Seiten darin diejenigen, auf denen er sich zu den Themen äußert, die ihm wirklich am Herzen liegen – zum Beispiel die Geschichte der englischen Bühne und die Unterschiede zwischen dem Volkstheater in Deutschland und in England[37] – oder wo er über historische Projekte schreibt, die er sich für die Zeit nach seiner Heimkehr vorgenommen hat. Am 18. August 1856 zum Beispiel notiert er:

«Einen Plan gemacht. ‹*Die Marken*, ihre Männer u. ihre Geschichte. Um Vaterlands- u. künftiger Dichtung willen gesammelt u. herausgegeben von Th. Fontane.› – Die Dinge selbst geb' ich alphabetisch. Wenn ich noch dazu komme *das* Buch zu schreiben, so hab' ich nicht umsonst gelebt u. kann meine Gebeine ruhig schlafen legen.»[38]

Und am 4. Juni 1857 heißt es:

«Ein Buch intendirt, unter dem Titel: ‹*Brandenburgische Geschichten*› (z. B. also: der falsche Waldemar, die Hussiten vor Bernau. Die schöne Gießerin. Die weiße Frau. Die alten adligen Geschlechter u. ihre Sagen. Derflinger. Sidonie von Borck. (...) Die kurfürstl: Schlösser. Rheinsberg. Kohlhaas. Prinz v. Hessen Homburg etc.).»[39]

Charlotte Jolles hat geschrieben, er habe in seinen letzten Londoner Jahren in ständiger Sehnsucht nach der Freiheit des künstlerischen Ausdrucks gelebt und darunter gelitten, daß ihm diese nicht vergönnt war. «Erst seine Reise nach Schottland gewährte dem Dichter eine gewisse Befriedigung.»[40] Und zwar nicht nur deshalb, weil ihm die Reise erlaubte, sich kurze Zeit und ohne störende Ablenkung mit geschichtlichen Themen zu beschäftigen, sondern weil sie ihn in seinem Entschluß bestärkte, sich nach seiner Rückkehr in Deutschland den Vorhaben zuzuwenden, die in den Jahren seiner journalistischen Tätigkeit in den Seitengängen seines Gehirns rumort hatten.

Auch wenn es Fontane nicht gelang, sich während der Jahre in England als Publizist zu etablieren, so kann diese Zeit gleichwohl als nützlicher und notwendiger Auftakt zu jener längeren Periode angesehen werden, während der Fontane sich hauptsächlich mit historischen Themen beschäftigte. Als er im Januar 1859 nach Berlin zurückkehrte, bestand sein dringendstes Problem darin, eine Stellung zu finden, die ihn und seine Familie ernähren konnte. Für kurze Zeit war er fasziniert von der Idee seines Freundes Paul Heyse, er könnte sich, wenn er seine Karten richtig ausspielte, eine Stellung am Hof Maximilians II. von Bayern sichern, die es ihm erlauben würde, als unabhängiger Schriftsteller zu leben.[41] Eine amüsante Vorstellung: Wie wäre Fontanes Leben wohl verlaufen, wenn etwas aus dem Plan geworden wäre?! Vielleicht wäre er sogar ein ‹Kollege› Richard Wagners geworden, der Mitte der 1860er Jahre auf Einladung Ludwigs nach München kam; bedenkt man, wie wenig Fontane von der Musik Wagners hielt, dann hätte das leicht katastrophale Folgen haben können. Aber obwohl Fontane im März 1859 nach München reiste und auch zweimal von Maximilian in Audienz empfangen wurde, wobei sich ihm die Gelegenheit bot, einige seiner Gedichte vorzulesen, und Maximilian ihm zu diesen Arbeiten und über Schottland und England einige Fragen stellte, führte der Besuch zu keinem positiven Ergebnis, möglicherweise weil man in München zu sehr mit dem Beginn des italienischen Krieges beschäftigt war.[42] Bei Fontane selbst hatten sich inzwischen erhebliche Bedenken im Hinblick auf einen Umzug nach Bayern eingestellt, dessen ausgesprochen katholische Atmosphäre weder seinem Geschmack noch seinem Temperament entsprochen hätte.[43]

Statt dessen nahm er eine Stelle bei der *Kreuzzeitung* an, dem Organ des streng konservativen preußischen Adels, deren Redaktion jedoch ihren Mitarbeitern sehr viele Freiheiten ließ und damit ein bemerkenswertes Maß an

Weltoffenheit bewies. Seine Hauptverantwortlichkeit als Redakteur bestand in der Berichterstattung über Großbritannien,[44] aber es blieb ihm ebenso wie zehn Jahre später, als er Theaterkritiker für die *Vossische Zeitung* war, genügend Zeit, die Dinge zu tun, die ihm am Herzen lagen. Dazu gehörten insbesondere weite Ausflüge, die schließlich ihren Niederschlag in den vier Bänden seiner *Wanderungen durch die Mark Brandenburg* fanden. Sie erschienen zum ersten Mal 1860 als Artikel unter dem Serientitel «Bilder und Geschichten aus der Mark Brandenburg» in Cottas *Morgenblatt*.[45] Als dann in den Jahren nach 1864 sich Bismarcks Politik entwickelte, folgten die drei bemerkenswerten Kriegsbücher und danach die berühmten Essays über die großen Reiterführer in der preußischen Geschichte[46], über die Beziehungen zwischen der Mark und Berlin sowie über die Entwicklung des «Berlinertums».[47] Von 1878 an erschienen dann die historischen Romane und Erzählungen *Vor dem Sturm, Schach von Wuthenow, Grete Minde* und *Ellernklipp*. Erst als er sich später den Gesellschaftsromanen zuwandte, spielten historische Themen keine so große Rolle mehr für ihn, obwohl es in keinem dieser Werke an Entlehnungen aus der Geschichte und an historischen Anspielungen fehlt. Das war so, weil Fontanes innere Verwandtschaft mit den dargestellten Charakteren so ausgeprägt war und sie auf die gleiche natürliche Art mit der Geschichte verbunden waren wie er selbst.

Ein Zeugnis ist die bezaubernde Szene in dem Roman *Der Stechlin*, in der Dubslav nach Rheinsberg reist, um seine Stimme in der Reichstagswahl abzugeben, bei der er selbst der konservative Kandidat für den Parlamentssitz seines Bezirks ist, und sich weigert, herumzusitzen und auf die Wahlergebnisse zu warten. Er überredet daher einige Freunde, die im gleichen Alter sind und auch die gleichen politischen Überzeugungen vertreten, ein Boot zu nehmen und auf die andere Seite des Sees hinüberzufahren, wo sie die Statue des Prinzen August Wilhelm, des zweiten Sohnes von König Friedrich Wilhelm I., besichtigen und die französische Inschrift auf dem Sockel lesen können, die an die preußischen Helden des Siebenjährigen Krieges erinnert. «Solche Rekapitulation», sagt Dubslav, «stärkt einen immer historisch und patriotisch, und unser Etappenfranzösisch kommt auch wieder zu Kräften.»[48] Wie sein Schöpfer glaubt auch Dubslav, daß die Geschichte, unter welchen Umständen auch immer, stets erhebend wirkt.

III

Fontane lebte in einem Zeitalter, in dem die Kunst der Geschichtsschreibung zunehmend wissenschaftlicher und professioneller gehandhabt wurde. Unter der geistigen Führung von Gelehrten wie Niebuhr, Gregorovius und Ranke lernten die Historiker, das Wesen der Quellen historischer Erkenntnis besser zu begreifen, und waren weniger bereit, die Autorität von Traditionen und altüberlieferten Geschichten zu akzeptieren. Verallgemeinerungen und Aussagen über Kausalzusammenhänge, wie sie bisher von den Schriftstellern so leichthändig geäußert worden waren, wurden jetzt zum Gegenstand gewissenhafter Überprüfung; eine neue historische Methode wurde ersonnen, um eine zutreffendere Interpretation und ein besseres Verstehen der Vergangenheit zu fördern. Das schriftliche Dokument, wissenschaftlich interpretiert, wurde zum entscheidenden Instrument der Wahrheitsfindung. Die Methoden von Historikern wie Schlosser und Gervinus, die sich unbekümmert mehr mit der Zukunft als mit der Vergangenheit beschäftigt hatten, gerieten nunmehr in Verruf.

Für die Verbreitung der neuen wissenschaftlichen Methodologie sorgten die Universitäten, die ihre Studenten nach den neuen Grundsätzen unterrichteten und sie dann mit der Zeit auf Lehrstühle für Geschichte beförderten. Sehr bald war das die allgemein akzeptierte und normale Methode, Historiker zu werden, was nichts anderes bedeutete als eine Professionalisierung dieser Disziplin. Jeder, der eine Universität besuchte und die erforderliche Zahl von Kursen und Prüfungen absolvierte, die für Doktorprüfung und Habilitation notwendigen Arbeiten verfaßte und die übliche Zahl von Jahren als Assistent eines Professors ableistete, um dann selbst Professor zu werden, wurde als Berufshistoriker angesehen und hielt sich auch selber dafür. Schriftsteller ohne akademische Ausbildung, die historische Themen behandelten, wurden als Dilettanten abgetan.

Dieses System hat sich in Deutschland ebenso wie in den angelsächsischen Ländern bis zum heutigen Tage erhalten. Über wirkliche Begabung sagt es selbstverständlich wenig aus. Ohne weiteres könnte man jederzeit ein halbes Dutzend sogenannter Amateurhistoriker aufzählen, die die gleichen Fähigkeiten besitzen und ebenso gute Leistungen vorweisen können wie die angesehensten akademischen Lehrer, und es besteht nicht der geringste Zweifel daran, daß die meisten akademischen Positionen im Fach Geschichte mit ausgesprochenen Langweilern besetzt waren und sind. Eine ausgleichende Gerechtigkeit sorgt jedoch dafür, daß die einen sich des hohen Ansehens erfreuen dürfen, das noch mit dem Professorentitel verbunden ist, während die anderen durch die Honorare entschädigt werden, die ihnen aus den höheren Verkaufsauflagen ihrer Bücher zufließen. Im 19. Jahrhundert gab es nur wenige akademische Historiker, die den Mut hatten, auf den schwer verständlichen und fußnotenüberladenen Stil, den ihre Zunft pflegte, zu verzichten, und die sich im Wettbewerb mit den Amateuren um die Gunst der Öffentlichkeit bemühten. Dazu gehören Mommsen mit seiner großen *Römischen Geschichte,* Droysen mit seinem *Alexander der Große* und auch Burckhardt, der, als er 1847/48 mit Kugler in Berlin zusammenarbeitete, schrieb:

> «Auf die Gefahr hin von dem Volk der Oxer als ungründlich verrufen zu werden, bin ich fest entschlossen, inskünftig *lesbar* zu schreiben (...) Gegen das Nasenrümpfen der jetzigen Gelehrsamkeit muß man sich mit etwas Gleichgültigkeit panzern und sich damit zufrieden geben, daß man vielleicht gekauft und gelesen, nicht bloß in Bibliotheken mit saurem Schweiß excerpiert wird.»[49]

Nach den obwaltenden Maßstäben war Theodor Fontane zweifellos ein Amateur, und das wurde ihm hin und wieder auch unter die Nase gerieben. Seine Bemerkung, daß zwei Anekdoten über Friedrich den Großen mehr wert seien als alle offiziellen Dokumente seiner Regierungszeit, sollte denn auch nicht wörtlich genommen, sondern als eine Art Notwehrreflex gesehen werden, desgleichen seine häufigen scharfen Ausfälle gegen die akademischen Historiker. Im Februar 1862 schrieb ein Professor mit Namen J. A. E. Preuß an die *Vossische Zeitung* und wies darauf hin, daß Fontane in einem Artikel ein Irrtum unterlaufen sei: Johann Christoph Schadow sei nicht in Saalow geboren. Fontane bedankte sich schriftlich beim Briefschreiber und berichtete dem Herausgeber, Wilhelm Hertz:

«Preuß hat meinen Brief gleich beantwortet und fast 4 Seiten voll geschrieben. Das ist immer schon alles Mögliche. Der Brief enthält eine Menge Wahrheiten – einzelne mit einem bittren Beigeschmack – und hält die Mitte zwischen Freundlichkeit und Wohlwollen auf der einen Seite und superiorem Bewußtsein auf der andern. Persönlich fühl ich mich nicht im Geringsten verletzt; nur allgemein und prinzipiell beklag ich es, daß mit diesen ‹Männern der Forschung› kein Compromiß, keine Anerkennung *gegenseitiger* Rechte möglich scheint. Während unsereins jeden Moment bereit ist Gerechtigkeit zu üben und der ‹Forschung› (die doch mitunter trocken und ledern genug ist und in ihren Resultaten ebenfalls jeden Tag widerlegt werden kann) allen möglichen Respekt zu bezeugen, kann sich der alte Zopf-Professor nicht zu der Vorstellung erheben, daß die freie, *künstlerische* Behandlung eines Stoffs, um des Künstlerischen willen ein Recht der Existenz hat, auch wenn die strikte historische Wahrheit dabei in die Brüche geht.»[50]

Hier darf man vielleicht fragen, wie weit der Künstler von der Wahrheit abweichen darf. Fontane, der zuallererst als Balladendichter bekannt geworden war, wurde manchmal beschuldigt, er schriebe seine historischen Aufsätze, als wären es Balladen, und das ist nicht ganz falsch. Was für die Ballade galt, so glaubte er, gelte auch für den Historiker, der nicht nur die Vergangenheit darzustellen versuchen sollte, sondern dabei auch etwas über sich selbst aussagen müsse. Das wird er, wie wir zugeben müssen, tatsächlich auch tun, aber wenn er es bewußt tut, dann läuft er Gefahr, die Wahrheit zu korrigieren und die Wirklichkeit schöner darzustellen um einer guten Geschichte willen. Die Kunst,

Balladen zu schreiben, verlangt, wie Fontane an Pol de Mont schrieb, die geschickte Verwendung von Leitmotiven und Auslassungen. Für die Geschichtsschreibung ist das fragwürdig. Man könnte sagen, Fontane habe in seinem brillanten Aufsatz «Der *Märker* und der Berliner und wie das *Berlinertum* sich entwickelte» das märkische Motiv etwas unbeholfen eingesetzt, und auch seine Behauptung, das Berliner Temperament und der Berliner Dialekt seien das Resultat des Stils, der im *Tabakskollegium* Friedrich Wilhelms I. gepflegt, dann am Hof Friedrichs des Großen verfeinert und von den Kriegsveteranen nach Berlin gebracht worden sei, ist etwas plump. Wenn Fontane es versäumt, auf die Bedeutung der französischen, slawischen und jüdischen Einflüsse hinzuweisen, nimmt das dem Artikel insgesamt seine Überzeugungskraft.

Doch solche Mängel – wenn man sie denn als solche werten will – kamen nur gelegentlich vor, wogen niemals schwer, und sie wurden durch die hohe Kunst seiner historischen Schriften wettgemacht. Fontane war ein passionierter Leser von Geschichtswerken. Er kannte die klassischen Historiker gut genug, um sie jederzeit zitieren zu können. In England verbrachte er manchen einsamen Abend im Café Divan bei der Lektüre von Macaulay und Lecky.[51] Mit Ranke verband ihn ein freundschaftliches Verhältnis, und mit Droysen wechselte er Briefe. Er achtete ihre Arbeiten, wenn er auch gelegentlich ihren Stil kritisierte, und er bemühte sich, in seinen eigenen größeren Werken ihnen nachzueifern und peinlichst die Gesetze der Wahrscheinlichkeit zu beachten. Sein eigenes Werk beweist, wie phantasievoll er war, wie ausdauernd und gründlich er bei der Suche nach Quellen und bei deren Auswertung vorging. Pierre-Paul Sagave hat geschildert, wie gewissenhaft Fontane beispielsweise an seinem Roman *Schach von Wuthenow* arbeitete, um ein getreues Abbild der geographischen Wirklichkeit und der gesellschaftlichen Beziehungen im Berlin des Jahres 1806 zu geben, die gegenseitige Beeinflussung des Hofs und der oberen Klassen aufzuzeigen, den Zustand und die geistige Atmosphäre des Offizierkorps einzufangen und die Eigenarten und persönlichen Schwächen der historischen Persönlichkeiten in seinem Roman hervortreten zu lassen; und in wie hohem Maß dieser Roman ein Niederschlag seiner Studien der zeitgenössischen historischen Literatur war und auf Artikeln, Flugblättern, juristischen Beurteilungen und Augenzeugenberichten beruhte, die mit Blick auf die Affäre Schach geschrieben worden waren.[52]

Mit der Zeit lernte Fontane, die Kritik der «Zopf-Professoren» zu ertragen und sogar davon zu profitieren, so wie er später, als er sich seinen militärischen Studien zuwandte, lernte, die herablassende Art der Historiker des Generalstabs hinzunehmen. Er erkannte, daß er es in beiden Fällen mit einem *«Ressortpatriotismus»* zu tun hatte, dem Versuch von Eingeweihten, ihren Zuständigkeitsbereich gegen unerwünschte Eindringlinge abzuschirmen. Ihm selbst machte es nichts aus, als Eindringling angesehen zu werden, denn er wußte nur zu genau, daß er etwas tat, was kein anderer, am wenigsten seine Kritiker, zustande brachten. Anstatt sich auf wissenschaftliche Kontroversen einzulassen, eine Herzensangelegenheit der Deutschen, konzentrierte er sich auf das, was wichtig für ihn war: seine Arbeit an den *Wanderungen durch die Mark Brandenburg* und, später, an den beeindruckenden Kriegsbüchern, mit denen wir uns an anderer Stelle beschäftigen wollen.

SCHOTTLAND

Schottland hat auf die Deutschen seit jeher geistig und gefühlsmäßig eine große Faszination ausgeübt. Vielleicht läßt sich das auf das Bewußtsein ihrer gemeinsamen Wurzeln zurückführen: Schotten wie Deutsche sind ihrem Wesen nach Völker des Nordens, und vom 6. bis zum 8. Jahrhundert rangen germanische Völker – Angeln aus England (die ursprünglich aus Holstein und den daran angrenzenden Ländern stammten) und Friesen – mit den eingesessenen Briten, Picten und Schotten um die Beherrschung von Galloway und Midlothian und wurden schließlich durch Bündnisse und Heiraten von ihren zahlreicheren Gegnern absorbiert.[1] Man könnte auch sagen, selbst auf die Gefahr einer zu gewagten Verallgemeinerung, daß es zwischen Schotten und Deutschen Ähnlichkeiten im Naturell gibt, ja es ist sogar möglich, beide als in sich gespaltene Völker zu beschreiben, die danach trachten, die Tugenden der Frömmigkeit, der Sparsamkeit, des moralischen Gewissens und des gesunden Menschenverstandes mit ihren romantischen Vorstellungen und ihrer Unduldsamkeit in Einklang zu bringen, und die darüber hinaus die Neigung haben, die Vergangenheit auf Kosten der Gegenwart zu verherrlichen, wobei beides mit einem Hang zu Zwiespältigkeit und Widersprüchlichkeit im Denken einhergeht. (Die Übereinstimmung der sogenannten kaledonischen Antysyzygy mit dem Phänomen der ‹Zerrissenheit› ist ein weites Feld für Untersuchungen.)[2] Schließlich scheinen beide Völker ständig unter Zweifeln im Hinblick auf ihre eigene Identität zu leiden.[3]

Zudem weckt die schottische Landschaft mit ihren dramatischen Kontrasten aus Bergen und Tälern, Klippen und Meer, grauen Himmeln und mageren Heiden eine starke emotionale Reaktion in den Herzen der Deutschen. Das zeigt sich sowohl in der Hebriden-Ouvertüre von Felix Mendelssohn-Bartholdy und in seiner Schottischen Sinfonie als auch – in einer früheren Periode – in der Beliebtheit Ossians, der, wie Goethe schrieb, uns

«(...) bis ans letzte Thule gelockt, wo wir denn auf grauer, unendlicher Heide, unter vorstarrenden bemoosten Grabsteinen wandelnd, das durch einen schauerlichen Wind bewegte Gras um uns, und einen schwer bewölkten Himmel über uns erblickten. Bei Mondenschein ward dann erst diese kaledonische Nacht zum Tage; untergegangene Helden, verblühte Mädchen umschwebten uns, bis wir zuletzt den Geist von Loda wirklich in seiner furchtbaren Gestalt zu erblicken glaubten.»[4]

Deutsche, die tatsächlich durch diese Moorlandschaft wanderten, waren entzückt, wenn sie manchmal auf Kolonien einer Heidekrautart stießen, die zu Hause, etwa in Holstein, als *Edelheide* oder Erika bekannt war, und solche Erlebnisse vertieften noch das Gefühl der Verwandtschaft.[5]

Schließlich gab es noch die von Gewalt und Unruhen bestimmte schottische Geschichte: Berichte über Heldenmut und Niederlagen, in denen die Bannockburns stets den Floddens und Cullodens zahlenmäßig unterlegen gewesen waren. Diese düstere Chronik von Untreue und Verrat, von Verschwörung und Betrug, von Machtgier und brutalem Mord – Duncan wird im Schloß seines Gastgebers und Vasallen Macbeth heimtückisch ermordet; der Rote Comyn vor dem Altar in Dumfries von Robert Bruce erstochen; James III., der «Fiddler King», nach seiner Niederlage bei Sauchieburn von einem unbekannten Geistlichen getötet; Darnley entkommt zwar der Explosion in Kirk o'Field, wird jedoch von den Douglas gefangengenommen und erwürgt; Moray, Maria Stuarts ehrgeiziger Halbbruder, wird in den Straßen von Linlithgow von einem Hamilton aus dem Hinterhalt erschossen – solche Geschichten fanden natürlich Anklang bei den Deutschen, deren eigene Überlieferung reich war an ehrgeizigen Fürsten und verzweifelten Männern – man denke nur an die Quitzows und Götz von Berlichingen.

Das alles hätte ohne Walter Scott kaum einen solchen Reiz entfalten können, der über alle diese blutigen Fehden und Brutalitäten der schottischen Clans einen romantischen Schleier breitete und sie zum Hintergrund für eine Reihe von erzählenden Gedichten, Erzählungen und Romanen wählte, die Europa in den ersten Jahrzehnten des 19. Jahrhunderts wie ein Sturm eroberten und kaum einen Angehörigen der gebildeten Schichten unberührt ließen. In einem Zeitalter, in dem Staatsmänner sich noch für Literatur interessierten, zeigte sich Metternich gleichermaßen tief beeindruckt von Scotts erstem Roman, *Waverley*, einer Erzählung um den Aufstand von 1745, wie von den *Leiden des jungen Werther.* In Frankreich, wo die Romane von Scott in den 20er Jahren des 19. Jahrhunderts in Übersetzungen herauskamen, verfaßte der junge Hector Berlioz 1827 sein Op. 2, die Konzertouvertüre «Waverley», und auf schrieb das Manuskript den Zweizeiler:

> While dreams of love and lady's charms
> Give place to honour and to arms!

Von dieser Begeisterung blieb auch Deutschland nicht verschont, und Goethes Loblied auf Scott («Ich entdecke in ihm eine ganz neue Kunst, die ihre eigenen Gesetze hat»[6]) wurde noch übertroffen von der emotionalen Intensität, mit der das Lesepublikum sich dem Charme von Flora MacIver und dem Bericht vom Schicksal ihres naiven Liebhabers hingab. Ludwig Tieck brüstete sich gegenüber Eckermann damit, daß er das erste Exemplar des *Waverley* 1818 nach Deutschland gebracht habe.[7] Keine zehn Jahre später schrieb Wilhelm Hauff, in Deutschland seien mehr als sechzigtausend Exemplare der Romane von Scott im Umlauf. Sie stammten «aus einer auf team-work basierenden Übersetzungs-Fabrik» in Scheerau; sehr viele von ihnen standen in Leihbibliotheken, so etwa in Bremen, wo 1829 zweiundzwanzig Titel von Scott zu haben waren.[8]

Wenn das, was Tieck sagt, richtig ist, hat er dem deutschen Leser diese Texte ein Jahr vor der Geburt Theodor Fontanes zugänglich gemacht, eine erwähnenswerte Tatsache, denn Fontane war in seiner Kindheit und als junger

Mann einer der begeistertsten Leser von Scotts Romanen; 1868, nachdem er *The Tales of a Grandfather* gelesen hatte, notierte er über den Verfasser:

«Er schrieb diese Erzählungen, die eine poetische Darstellung der Geschichte Schottlands sind, vor 50 Jahren für seinen siebenjährigen Enkel. (...) Der Enkel wird sich wohl damals und vielleicht auch später nicht viel daraus gemacht haben. Aber der große Waverley-Dichter schrieb es, noch weit tiefer hinunter, für ein Wickelkind, das damals eben geboren in der Löwenapotheke zu Neu-Ruppin in einer Wiege lag.»[9]

Unter den deutschen Schriftstellern war Fontane derjenige, der sich dem von Scott inspirierten romantischen Mythos von Schottland am tiefsten verbunden fühlte. Wir sagen nicht zu viel, wenn wir behaupten, diese Leidenschaft für Schottland habe nicht nur alle seine frühen Werke als Schriftsteller beeinflußt, sondern auch dazu beigetragen, seine literarische Karriere zu gestalten, die ohne diese Einflüsse vielleicht in eine ganz andere Richtung gegangen wäre.

I

Die ersten schottischen Gedichte Fontanes wurden 1846 geschrieben und im «Tunnel» vorgelesen. Sie hatten ihren Ursprung in einer Erfahrung, die Fontane während seines Jahres im Militärdienst machte. Er war von einem Freund zu einer kurzen Reise nach England eingeladen worden, beantragte bei seinem Oberst die Genehmigung zu einem Urlaub und bekam ihn zu seiner Überraschung sogar bewilligt. Nach ein paar Tagen fiel ihm in dem großen Tudor-Museum in Hampton Court ein kleines Porträt Maria Stuarts von einem unbekannten Künstler auf, der schönen und unglücklichen Königin der Schotten, die hier als Nonne mit einem charakteristisch melancholischen und ungewöhnlich anrührenden Ausdruck gezeigt wurde. Daß es wirklich ein Porträt der Königin war, läßt sich nur vermuten, Fontane zweifelte aber nicht daran. Viele Jahre später schrieb er: Ich nahm

«(...) in meiner Schwärmerei für die schöne Königin – eine Schwärmerei, von der ich übrigens, wie von mancher anderen, etwas zurückgekommen bin – alles begierig auf Treu und Glauben hin und war ganz wie benommen davon, diese ‹Holdselige› wenigstens im Bilde gesehen zu haben.»[10]

Fontane kannte natürlich die Lebensgeschichte Maria Stuarts und ihr tragisches Ende, zumindest in der Version, die Schiller der Welt mit seinem Drama hinterlassen hat, und wie die meisten gebildeten Deutschen hatte er – und das war Walter Scott zu verdanken – bereits ein romantisches Interesse an Schottland.[11] Die Begegnung in Hampton Court mit der so lebendigen Darstellung der Königin muß für ihn ein Schock der Erkenntnis gewesen sein, zugleich aber – war er doch ein Dichter *in spe* – auch eine Herausforderung, die Geschichte Marias in seinen eigenen Worten zu erzählen. Nach Beendigung seines Militärdienstes begann er, Friedrich von Raumers *Beiträge zur neueren Geschichte* zu lesen, deren erster Band 1836 unter dem Titel *Die Königinnen Elisabeth und Maria Stuart* veröffentlicht worden war.[12] Zur gleichen Zeit begann er eine Reihe von Gedichten zu schreiben, zu denen ihn sein Besuch in England im Jahr 1844 angeregt hatte.

Dazu gehörten vor allem vier Gedichte über Maria Stuart und eines über ihren Enkel Charles I., die Fontane 1846 und 1847 im «Tunnel» vorlas. Dort trug er auch im Oktober 1846 das zuletzt genannte zusammen mit einigen Versen über Oliver Cromwell, betitelt «Zwei letzte Nächte», vor. Das ist nicht nur deshalb interessant, weil der Dichter versuchte sich vorzustellen, was Charles in den letzten Stunden vor seiner Hinrichtung dachte, sondern weil er damit indirekt die Vereinbarung verletzte, daß im «Tunnel» keine Gedichte über gegenwärtige politische Ereignisse vorgelesen werden durften. Nur ein phantasieloser Zuhörer hätte nicht bemerkt, daß Fontane bei der Beschreibung der Selbstvorwürfe Charles I. auf die politische Unsicherheit Friedrich Wilhelms IV. von Preußen anspielte, der bei Übernahme seines Regierungsamts 1840 in einer beredten Ansprache an sein Volk zunächst Fortschritte in Richtung auf die Gewährung von Bürgerrechten und die Errichtung einer parlamentarischen Regierung anzukündigen schien, sich dann aber auf den Standpunkt zurückzog, daß das Gottesgnadentum einem König nicht erlaube, verfassungsmäßige Zugeständnisse zu machen.[13] Die verdeckte Anspielung wird besonders deutlich, wenn der zum Tode verurteilte Stuart-König sich selbst beschreibt:

(...) schwankend zwischen Sucht zu herrschen
Und zwischen Lust, dem Volke zu gewähren,
Ich hieß Tyrann, wenn ich den Zügel straffte,
Und Schwächling nur, wenn ich ihn nachgelassen.
Der Mensch in mir befehdete den König;
Der eine riet: den Strom zurückzudrängen,
Der andre: sich ihm mutig zu vertrauen;
Und dieser Streit bringt mich um Kron' und Leben.
Die Halbheit bahnt den Weg mir zum Schafott.[14]

Die anderen vier Gedichte behandelten die Periode zwischen der Rückkehr Maria Stuarts 1561 als Witwe aus Frankreich und ihrer Flucht nach England sieben Jahre später. In aller Ausführlichkeit gehen sie auf die 1565 erfolgte Verheiratung Maria Stuarts mit Henry Stuart, Lord Darnley, ein – mit all ihren verhängnisvollen Folgen –, auf den Tod David Rizzios, ihres Sekretärs und Musikers, und die Mittäterschaft ihres Gatten an dessen Tod, auf Darnleys Ermordung und ihre Ehe mit James Hepburn, dem vierten Earl of Bothwell, der, wie man allgemein glaubte, für Darnleys Tod verantwortlich war; auf ihre Gefangensetzung in Lochleven Castle durch die Feinde Bothwells und ihre Flucht sowie die anschließende Niederlage ihrer Streitkräfte bei Langside, die wiederum zu ihrer Vertreibung aus Schottland führte.[15]

Fontanes Wiedergabe dieser Geschichte – sie beweist, zu welcher Meisterschaft er es in der Balladendichtung gebracht hatte – war besonders eindrucksvoll, weil er die Erzählung in einzelne Episoden gliederte. Sein erstes Gedicht, das er im Mai 1846 geschrieben hatte und das vom «Tunnel» begeistert aufgenommen worden war, trug die Überschrift «Der sterbende Douglas». Es zeigte Maria Stuart in ihrer schwärzesten Stunde: Von der Burg ihrer Verbündeten, der Hamiltons, beobachtet sie, wie die von ihrem tapferen jungen Captain Willy Douglas ausgehobenen Truppen bei Langside geschlagen werden und Douglas getötet wird.[16] Fontane schildert die Szene, in der Willy Douglas in den Armen Marias stirbt, so ergreifend, daß man nur zögernd darauf hinweist, daß der Dichter seine Quellen mißverstanden hat. Weder Willy Douglas noch sein Vetter George Douglas, der ebenfalls auf Seiten Marias stand, starben bei Langside. Beide gingen mit Mary Stuart ins englische Exil. George entkam später nach Frankreich, und Willy blieb im Dienste Maria Stuarts bis zu ihrem Tod und wird in ihrem in Fotheringhay verfaßten Testament erwähnt.[17]

Einen Monat später las Fontane eine noch anspruchsvollere Arbeit vor – diesmal über die Ermordung Rizzios –, in der das dramatische Geschehen zusätzlich durch subtile Variationen in der Metrik und durch die Verschiebung des Blickpunktes wirkungsvoll erhöht wird: Von dem verräterischen Earl of Ruthven, der Darnley zuträgt, Rizzio sei der Liebhaber seiner Frau, wird die Aufmerksamkeit auf den Traum Rizzios gelenkt, in dem dieser seinen Tod vorausahnt, von dort auf Darnley, der den verängstigten Sekretär von der Seite der Königin wegzieht und ihn mit seinem *claymore*, dem zweischneidigen Schwert der Hochlandschotten, erschlägt, und schließlich auf Maria Stuart selbst, die neben der Leiche Rizzios sitzt.

Es hält, die lange Nacht hindurch, Maria Totenwache,
Zum ersten Mal durchzieht ihr Herz der heiße Wunsch nach Rache;
Die Morgensonne sah den Schwur auf ihrer Lippe beben –
Herr Darnley hat des Sängers Tod bezahlt mit seinem Leben.[18]

Auch hier war Fontane ein besserer Dichter als Historiker, wenngleich das Publikum die Geschichte, die er erzählte, über die Jahrhunderte hinweg so hatte sehen wollen. Aber Rizzio war kein «blonder Edelknabe», wie Fontane uns glauben machen will, sondern ein nach damaligem Geschmack häßlicher, buckliger und unbeliebter Mann, und Marias Beziehungen zu ihm beschränkten sich darauf, daß sie, von ihm musikalisch begleitet, sang und bis spät in die Nacht mit ihm Karten spielte. Zudem hat Darnley, obwohl er von der Verschwörung gegen Rizzio wußte, diesen nicht ermordet. Dieser Mord war das Werk einer Gruppe von Anhängern Ruthvens, die den Sekretär mit mehr als fünfzig Dolchstößen umbrachte.[19]

Ein drittes, ebenfalls 1846 verfaßtes Gedicht, war angeregt von den Legenden um die Person Bothwells, der nach der Kapitulation Marias vor den verbündeten Lords in Carberry Hill und ihrer Gefangensetzung in der Burg von Lochleven verschwunden war. In Fontanes Ballade wird Bothwell wie ein zweiter fliegender Holländer in der Welt umhergetrieben, das Opfer seiner eigenen Schuld und der Tatsache, daß

> (...) der Klabautermann
> Läßt keinen Mörder schlafen.

Angeblich wurde er letztmals «tief in Finnmarken an den Seen» gesichtet, aber niemand weiß wirklich, was schließlich aus ihm geworden ist.[20] Nach diesen düsteren Versen kehrte Fontane zu Maria Stuart zurück. In dem Gedicht «Maria Stuarts Weihe» sieht er sie als Kind; er beschreibt die Weihezeremonie, in deren Verlauf das Kind von der Muse der Geschichte gesegnet wird. Die Handlung wird jäh unterbrochen durch das Auftreten von drei gespenstischen Gestalten, der Dame Eitelkeit, der Hure Lüsternheit und einem dritten, ganz in Rot gekleideten Geist, der das Kind einer blutigen und mörderischen Zukunft weiht.[21]

Als Fontane seine Gedichte für die Veröffentlichung bearbeitete, beschloß er, aus den Maria Stuart betreffenden einen Zyklus von Romanzen zu machen und ihnen als Epigraph Verse aus dem dritten Akt von Schillers Drama voranzustellen:

> Ich habe menschlich, jugendlich gefehlt,
> Die Macht verführte mich, ich hab es nicht
> Verheimlicht und verborgen, falschen Schein
> Hab ich verschmäht mit königlichem Freimut.
> Das Ärgste weist die Welt von mir und ich
> Kann sagen, ich bin besser als mein Ruf.[22]

An die Stelle von «Der irrende Bothwell» setzte er jedoch ein 1851 geschriebenes Gedicht, «Maria und Bothwell», in dem die Königin den Mörder ihres Gatten mit ihrer Liebe belohnt:

> Dem Lande kleidet die Trauer,
> Der Königin kleidet die Lust,
> Kalt-heiße Wonneschauer
> Durchrieseln ihre Brust.

Anschließend schlafen beide ein und träumen, Maria vom Niedergang ihrer Familie und der Hinrichtung ihres Enkels Charles, Bothwell von Marias Ende im Tower.[23] Der Ton dieser Verse, der mit dem des Schiller-Zitats nicht eben harmoniert, stieß bei einigen Mitgliedern des «Tunnels» auf Mißfallen, und als sie auf der Sitzung vom 26. Oktober 1851 vorgelesen wurden, beschwerte sich unter anderen Paul Heyse über ihre Sinnlichkeit. Zu seiner Verteidigung zitierte Fontane den Historiker Friedrich von Raumer,[24] aber die dramatische Unbedingtheit seines Gedichts verstärkte das, was bei Raumer bloße Hypothesen und Andeutungen gewesen waren. Die moderne Geschichtswissenschaft hat nachgewiesen, daß Maria Stuart keine von ihrer Sinnlichkeit beherrschte Frau gewesen ist. Wenn physische Leidenschaft Ausschlag für die Ehe mit Darnley gegeben hatte, dann war ihre Beziehung zu Bothwell eher vom Gegenteil diktiert: Sie war aus Gründen der Staatsräson und politischer Notwendigkeiten dazu gezwungen worden.[25]

Fontanes Interesse an der schottischen Geschichte war schon lange vor dieser Sitzung durch die Entdeckung von Percys *Reliques of Ancient English Poetry* und Scotts *Minstrelsy of the Scottish Border* vertieft und intensiviert worden. Beide Bücher nahm er 1890 in eine Liste der «besten Bücher» auf[26] und bezeichnete sie als die Werke, die auf sein Leben und seine schriftstellerische Tätigkeit den stärksten Einfluß ausgeübt hatten. Sie wurden neben Shakespeare seine Lieblingslektüre, und man darf vielleicht behaupten, daß er, ebenso wie sein Held Lewin in dem Roman *Vor dem Sturm*, die englische Sprache erlernte, um diese Bücher lesen zu können.[27] Offensichtlich hat er es jedoch nie für notwendig erachtet, sich mit der frühen schottischen Dichtung zu beschäftigen, beispielsweise mit den großen Dichtern des 15. Jahrhunderts, Robert Henrysoun, dessen *Testament of Cresseid* als das größte Gedicht in der schottischen Sprache bezeichnet worden ist, oder auch mit William Dunbar, der *The Lament for the Makaris* (Wehklage für die Schöpfer) geschrieben hat:

I that in heill wes and gladnes
Am trublit now with gret seiknes
And feblit with infermite:
Timor mortis conturbat me.

Der einst ich war in Lust und Freud',
Bin nun in tiefer Traurigkeit,
Geschwächt von Krankheit und schwerem Weh;
Timor mortis conturbat me.

Our plesance heir is all vane glory,
This fals warld is bot transitory,
The flesche is brukle, the Fend is sle:
Timor mortis conturbat me.

Unsre Freuden hier sind nichts als eitler Glanz
Die falsche Welt nur ein flücht'ger Tanz
Das Fleisch ist schwach, der Teufel zäh
Timor mortis conturbat me.

The stait of man dois change and vary,
Now sound, now seik, now blith, now sary,
Now dansand mery, now like to dee:
Timor mortis conturbat me,

Des Menschen Stand wechselt wundersam
Bald wohl, bald siech, bald heiter, bald gram
Bald tanzend vor Glück, bald in Todes Näh'
Timor mortis conturbat me.

(Deutsch von Martina Dervis)

Auch scheint ihm Gawin Douglas, der die *Aeneis* ins Schottische übersetzt hat, und Mark Alexander Boyd unbekannt geblieben zu sein. Von Boyd stammt das entzückende Sonett:

Fra banc to banc, fra wod to wod. I rin
Ourhailit with my feble fantasie,
Lyk til a leif that fallis from a trie
Or til a reid outblawin with the wind.

Von Baum zu Baum, von Tal zu Tal, Treibt mich
Der düsteren Gedanken Pein
Wie ein Blatt, das vom Baume fällt
Wie ein Schilfrohr, das im Winde bricht.
(Deutsch von Martina Dervis)

Das ist eine seltsame Lücke, die die Grenzen seiner Schottland-Kenntnis zeigt. Selbst Robert Burns, dessen Gedichtbände in seiner Liste der besten Bücher auftauchen, findet in Fontanes Schriften über Schottland nur gelegentlich Erwähnung, und nur zwei seiner Gedichte sind von ihm übersetzt worden. Eines davon,

Scots, wha hae wi' Wallace bled,
Scots, wham Bruce has aften led,
Welcome to your gory bed
Or to Victory.

Schotten, schwört und tretet her.
Wallace führt euch nimmermehr,
Aber *ich* zu Ruhm und Ehr',
Oder auch zum Tode.

wurde geschrieben zum Preis des Sieges von Robert Bruce bei Bannockburn im Jahr 1314 und ist inzwischen zu einer Art Nationalhymne geworden,[28] das andere, «The Lovely Lass o' Inverness», ist ein Klagelied über den Ausgang der Schlacht von Culloden im Jahr 1745, in der die Aussichten des jungen Thronerben auf eine glückliche Zukunft zerstört werden.

The lovely lass o' Inverness
Nae joy nor pleasure can she see;
For e'en and morn she cries, «Alas!«
And aye the saut tear blin's her e'e:
«Drumossie moor – Drumossie day -
A waefu' day it was to me!
For there I lost my father dear,
My father dear, and brethren three.[29]

Die schöne Maid von Inverneß
Wie freudlos ihr der Tag vergeht,
Sie schafft und spinnt und webt, indes
Ihr dunkles Aug' in Tränen steht:

'Drummossie-Moor – Drummossie-Tag.
Oh bitterer Tag, oh blut'ges Moor,
Wo kalt und starr mein Vater lag
Und ich der Brüder drei verlor.[30]

Percy und Scott blieben seine wichtigsten Quellen und bestimmten, wie er später schrieb, seinen Geschmack und seine Richtung; zeit seines Lebens waren sie ihm eine Quelle großen geistigen Vergnügens.[31]

II

Auch im Jahr der Revolution in Deutschland hörte Fontane nicht auf, sich mit Schottland zu beschäftigen, und wie bereits oben erwähnt, kündigte er im November 1848 seinem Freund Lepel an, er habe beschlossen, ein Drama über die englische Revolution des 17. Jahrhunderts zu schreiben. Die erste Hälfte dieses Werks hätte sich mit der Regierungszeit von Charles Stuart und die zweite mit der von Oliver Cromwell beschäftigen sollen. Als zentrale Figur war der loyale Anhänger von Charles, der Earl von Strafford, vorgesehen, der für seine rücksichtslose Durchsetzung der Politik des Königs vor Gericht gestellt und hingerichtet wurde, ohne daß der König ihn zu retten vermochte. Dies war, wie Fontane schrieb, ein Stoff, der sein «Republikanerherz» höher schlagen ließ. Er fügte hinzu, er habe sich bereits darangemacht, «3 dicke Scott'sche Romane» zu lesen, aus denen er hoffte, genug über die Independents und die Covenanters zu erfahren, um sachkundig über die Sache der Stuart-Gegner schreiben zu können.[32]

Dieses Projekt bereitete ihm größere Schwierigkeiten, als er ursprünglich geglaubt hatte, und obwohl er in seinen Briefen an Lepel im Sommer 1849 immer noch davon sprach,[33] gab er es allmählich auf, vielleicht auch deswegen, weil im Oktober der erste Akt vom «Tunnel» alles andere als begeistert aufgenommen worden war.[34] Zudem hatte er aber auch noch manche andere Sorgen, verlor er doch unmittelbar nach seiner Hochzeit 1850 seine Stellung als Korrespondent für die *Deutsche Reform* und das Literarische Kabinett.[35] An diesem Tiefpunkt in seinem Leben, als er verzweifelt darum kämpfen mußte, sich seinen Lebensunterhalt zu sichern, überrascht es vielleicht nicht, daß er die Möglichkeit in Erwägung zog, im Ausland, ja in Schottland zu arbeiten. Im August 1851, nach monatelangen Enttäuschungen, schrieb er an seinen Freund Lepel:

«Der letzte Grund, warum es mir schlecht geht, liegt immer in mir selbst; es fehlt mir das Positive, worauf ich bauen und allenfalls – pochen könnte. Ich will nach Edinburg um *etwas wenigstens* ganz u. völlig in der Gewalt zu haben, um mich im Englischen sicher zu fühlen. Ein Aufenthalt von 6 Monaten muß dazu hinreichend sein. Kehr' ich dann zurück, so kann ich mein Heil als Sprachmeister mit *gutem Gewissen* und deshalb mit Nachdrücklichkeit versuchen. – Das Vorstehende ist das Minimum was ich erwarte; im Allgemeinen hoffe ich mehr: ich denke sowohl an die Möglichkeit in Edinburg Geld zu verdienen (sei es als Lehrer im Deutschen, sei's als Mitarbeiter an verschiedenen *Reviews und Magazine's)* als auch daran, nach meiner Rückkehr hieher, Schottland und meinen Aufenthalt daselbst zur Milchkuh für mich zu machen.»[36]

Die Hindernisse waren, wie er zugab, der Mangel an Geld für die Reisekosten und Spesen sowie die verständliche Opposition seiner jungen Frau gegen seine lange Abwesenheit. Es waren diese Umstände, die Fontane lange Zeit von einer Reise nach Schottland abhielten, und erst im Oktober 1851 überwand er, wie wir gesehen haben, seinen Stolz und fing an, für die Regierungspresse zu arbeiten. Diese Entscheidung führte ihn dann unerwartet als preußischen Presseattaché zum ersten Mal 1852 und dann wieder 1855 für drei Jahre nach England und schließlich nach Schottland. Im August 1858, vor seiner Rückkehr nach Berlin, reiste er mit Bernhard von Lepel nach Edinburgh, das sieben Jahre zuvor am Tiefpunkt seines persönlichen Schicksals das Eldorado seiner Hoffnungen gewesen war.

III

Fontanes Wanderungen durch Schottland im Jahr 1858 schufen die Voraussetzung für seine zweite längere Prosaarbeit, das Buch *Jenseit des Tweed*, das 1860 veröffentlicht wurde. Hier hat er nach drei Jahren angestrengter journalistischer Tätigkeit, in denen er fast täglich über Dinge berichten mußte, die ihn oft nur wenig interessierten, endlich eine literarische Form gefunden, die seinem Wesen entsprach, und einen ihr entsprechenden Stil entwickelt. *Jenseit des Tweed* ist noch heute so lebendig und lesbar wie zu der Zeit, als das Buch geschrieben wurde, und zwar nicht nur wegen der Frische und Kraft seiner Prosa und des anekdotischen Reichtums, sondern auch weil sich der Leser ständig der freundlichen Gegenwart des Verfassers bewußt ist und dessen Bereitschaft spürt zuzugeben, daß seine Ansichten nicht unbedingt die richtigen sein müssen.

Gleich am Anfang des Buches wird dies überzeugend illustriert. Während ihres Aufenthalts in Edinburgh besuchten Fontane und sein Begleiter auch Calton Hill, um die dortigen Monumente zu besichtigen. Dabei stießen sie auf die unvollendeten Reste einer tempelartigen Anlage, die zum Andenken an die Tapferkeit der schottischen Regimenter in der Schlacht von Waterloo errichtet worden war; unmittelbar daneben standen drei weitere Denkmale, eines war Robert Burns gewidmet, die beiden anderen dem Gedenken an Dugald Stewart und Professor Playfair. Fontane gibt unumwunden zu, er habe, obwohl er bisher überzeugt gewesen sei, aus seiner Lektüre schottischer Gedichte und Geschichtswerke alles über die Schotten, die ein so ehrendes Andenken verdient hatten, zu wissen, nur sehr unbestimmte Vorstellungen davon gehabt, wer Stewart und Playfair waren. Er fuhr fort:

«Die Sache ist die, daß wir im Auslande nur die romantische Hälfte Schottlands kennen und wenig oder nichts von der Kehrseite derselben. Dichtung und Romane lesend, sind wir mit unsern Sympathien in der Vergangenheit Schottlands stecken geblieben, während die Schotten selbst nichts Ernstlicheres zu tun hatten, als mit dieser Vergangenheit zu brechen und völlig neue, völlig abweichende Berühmtheiten zu etablieren.»

Während seines Aufenthalts in Oban an der Westküste habe er, so fügt er hinzu, in einem Gästehaus ein Buch mit dem Titel *Worthies of Our People* gefunden. Beim Durchblättern sei er auf Märtyrer und Reformer, Entdecker und Philanthropen, Künstler, Dichter und Gelehrte gestoßen, jedoch auf keinen der Helden, über die er gerne las und schrieb, die rebellischen Douglases und Hamiltons, die Parteigänger und die Feinde von Maria Stuart.

«Dies Auftreten zwei ganz entgegengesetzter Elemente, die nur darin zusammenfallen, daß jedes *nach seiner* Art zur nationalen Kraft und Bedeutung des Landes beigesteuert hat, läßt sich vielleicht nirgends so gut beobachten wie in Schottland, weil der Kontrast selten so schlagend hervortritt wie gerade hier.»[37]

Daß er dieses Zugeständnis macht, will nicht heißen, Fontane habe irgendwelche Zweifel an seiner eigenen besonderen Beziehung zu dem Schottland des Archibald «Bell-the-Cat» und der kriegerischen Clans gehegt, noch daß er sich um ausgewogenere Ansichten bemüht habe. Nach ihrer Ankunft in Edinburgh stiegen Lepel und er im Johnston's Hotel am Waterloo Place ab. Von dort gingen sie zur Princess Street hinüber, blieben vor dem Scott-Denkmal stehen und blickten über die Schlucht, die die Stadt in zwei Hälften teilt, hinüber zu den Salisbury Crags, Canongate, zur High Street in der Altstadt und zur hochragenden Masse der Burg mit ihren Geschützen und Befestigungen. Später schrieb Fontane:

«Jeder ehrliche Schotte hält diesen Punkt für den schönsten in der Welt, eine Ansicht, worüber er sich mit den Bewohnern von Neapel und Palermo und noch mehr mit jenen auseinandersetzen mag, die aus tristeren Gegenden nach dem Süden pilgernd, jene schönen Punkte unter dem Vorteil des Kontrastes und mit verklärendem, feiertäglichem Auge sehen.»[38]

Diese Feststellung fordert eine Wortmeldung des Verfassers heraus. Selbst Schotte, allerdings in Glasgow geboren, muß ich dagegen Einspruch erheben, daß ich aus dem Kreis meiner «ehrlichen» Landsleute ausgeschlossen sein soll, weil ich die eher touristische Begeisterung Fontanes nicht teile. Es scheint mir notwendig darauf hinzuweisen, daß Fontane, während er die Schönheiten von Auld Reekie auf sich wirken ließ, der New Town den Rücken zukehrte, dem Teil von Edinburgh, in dem die Bankiers, Kaufleute, Anwälte und Ingenieure zu Hause sind. Fontane richtete seine Augen auf die Vergangenheit und nicht auf die Zukunft. Das moderne Schottland hatte so wenig Reize für ihn, daß er am Ende der Schottlandreise, als er und Lepel auf dem Zentralbahnhof von Glasgow ankamen und sein Begleiter den Wunsch äußerte, eine Zeitlang in der Stadt zu verweilen, auf ein paar in einiger Entfernung sichtbare Fabrikschornsteine hinwies und sagte, «der Schornstein ist das Wahrzeichen Glasgows». Mit diesen Worten bugsierte er Lepel zu dem Zug nach Edinburgh.[39] In diesem Verhalten liegt etwas Paradoxes, denn Fontane war niemals ein Reaktionär im politischen oder ästhetischen Sinn. In seinem letzten Lebensjahr schrieb er: «Mein Haß gegen alles, was die neue Zeit aufhält, ist in einem beständigen Wachsen und die Möglichkeit, ja die Wahrscheinlichkeit, daß dem Sieg des Neuen eine furchtbare Schlacht voraufgehen muß, kann mich nicht abhalten, diesen Sieg des Neuen zu wünschen.»[40] Man muß wohl annehmen, daß seine Leidenschaft für die schottische Geschichte eine Liebhaberei war, die dem gesunden Menschenverstand widersprach, und man darf nicht vergessen, daß Fontane – gerade aufgrund seines Wissens – wohl auch spürte, daß dies seine erste und letzte Chance war, dieser Leidenschaft zu frönen.

Fontanes Rundreise durch Schottland dauerte einen knappen Monat und führte ihn und Lepel von Edinburgh nach Stirling, Perth, Inverness, Oban, Loch Lomond und wieder zurück nach Edinburgh mit Ausflügen nach Linlithgow und Floddenfield, Loch Katrine, dem Schauplatz von Scotts *Lady of the Lake*, zum Schlachtfeld von Culloden und zu den Inseln Staffa und Iona.

Mehr als ein Drittel von Fontanes Buch beschäftigt sich mit Edinburgh. Es schildert eine Reihe von Spaziergängen durch die Stadt und beschreibt die bemerkenswertesten historischen Schauplätze; eingestreut sind historische Anekdoten und Betrachtungen etwa über die Ähnlichkeit des Straßenlebens in Edinburgh mit dem in südeuropäischen Städten oder die Rolle, die Gespenstergeschichten in der Kultur nördlicher Völker spielen, und über den Beitrag Edinburghs zu dieser Gattung: die Geschichten von den

Spukhäusern in der Altstadt. Fontanes Methode zeigt bereits jene der *Wanderungen durch die Mark Brandenburg* an, und wie jenes Werk ist auch das Buch über Schottland voll von bemerkenswerten Einzelschilderungen, die dem Leser unvergeßlich bleiben werden.

So lenkt er in der Beschreibung eines Spaziergangs vom Holyrood Castle hinauf zum Canongate unsere Aufmerksamkeit auf die immer noch beeindruckenden Häuser des schottischen Adels, die diese Straßen säumen, und bemerkt, daß die meisten von ihnen bereits stark zerfallen sind und an alte Wanduhren erinnern, die meistbietend verkauft werden – mit Ausnahme des Moray House, das vergleichsweise aussehe wie «die Rokokopendüle im Zimmer des Sammlers». In die Beschreibung des Hauses flicht er gleich zu Beginn die Schilderung der Ereignisse ein, die sich am 11. Mai 1650 hier zugetragen hatten. Anläßlich der Hochzeit der Tochter des Grafen von Moray mit dem ältesten Sohn des Grafen von Argyle hatten sich zahlreiche Gäste versammelt. Beide Familien hatten im Bürgerkrieg führende Positionen bei den Puritanern eingenommen. Auf dem Höhepunkt der Festlichkeiten traf die Nachricht ein, der Führer der Streitkräfte der Stuarts, Montrose, sei in Gefangenschaft geraten und werde in die Stadt gebracht, und fast unmittelbar darauf erfuhr man, daß er sich unterhalb des Canongate befand und eine aufgebrachte Volksmenge ihn zur Burg hinauftrieb, während sie den einst unbesiegbaren Befehlshaber verhöhnte und verspottete. Fontane fährt fort:

> «Als der Zug sich Moray-House näherte, das noch in hochzeitlichem Schmucke stand, erschienen die Morays und die Argyles auf den Balkonen ihrer Fenster, um sich am Unglück des gefallenen Feindes zu weiden. Argyle murmelte Verwünschungen. Ruhig, beinahe heiter blickte Montrose zu den dichtbesetzten Balkonen auf; dem alten Argyle starb die Verwünschung auf der Lippe, seine Lady aber bog sich weit hinaus über die Brüstung und spie hinunter nach dem verhaßten Feind.»[41]

Fontanes Romantizismus war nicht immer immun gegen seinen kritischen Verstand. Auch wenn er mit dem Herzen auf der Seite der Douglases stand, war er doch nicht blind gegenüber dem kulturellen Niveau der Hochlandclans, und auf seiner Reise den Caledoniankanal entlang zum westlichen Schottland veranlaßte ihn der Anblick von Fort Augustus zu einem Vergleich mit Amerika. (Fontanes Aussagen über Amerika sind stets interessant. Einmal hat er gesagt, eine Locke vom Haar Maria Stuarts sei interessanter als Buffalo und Milwaukee zusammen.)[42] Er schrieb, Fort Augustus gleiche einem der in der ersten Hälfte des 18. Jahrhunderts in Amerika gebauten Blockhäuser, die als Festungen gegen die Angriffe der Chippewas und der Sioux errichtet worden waren, und auch die Hochländer aus dieser Zeit seien den Indianern irgendwie ähnlich, sie seien «gleich arm, gleich roh, gleich kriegerisch, der Jagd und dem Whisky mit gleicher Ausschließlichkeit ergeben und voll gleichen Hasses gegen den Sachsen, ‹den weißen Mann›.»[43]

So fiel es Fontane denn auch schwer – trotz seiner Verehrung für Maria Stuart –, seine Bewunderung für ihren unversöhnlichen protestantischen Gegner John Knox zu unterdrücken. Anerkennend zitiert er die Szene, in der Maria Stuart zornig fragt: «Was kümmert euch meine Heirat? (...) Wer und was seid Ihr in diesem Lande?» worauf der störrische Evangelist unwiderleglich antwortet: «Ich bin ein Untertan dieses Landes, geboren darin.»[44] Und in seiner Schilderung des Gefängnisses Old Tolbooth, das im Mittelpunkt von Scotts Erzählung *The Heart of Midlothian* steht, weist Fontane schließlich trotz seiner Vorliebe für Abenteuergeschichten darauf hin, daß die Erzählungen von haarsträubenden Fluchten aus dieser Festung sich nicht wesentlich von Gefangenenerzählungen in anderen Ländern und Literaturen unterschieden.

> «Was in einem Fall die Horcher an der Tür, die Wandschränke, die Briefverwechselungen sind, das sind im andern Fall die betrunken gemachten Schließer, die Frauenkleider, die ausgestopften Puppen und vor allem die Särge, die Waschkörbe und Bücherkisten, in denen der Held der Geschichte, womöglich von seinen eignen Schergen, hinausgetragen wird.»

In Wirklichkeit war das Old-Tolbooth ein besonders «löcheriges» Gefängnis, aus dem jeder, wenn er energisch und intelligent genug war, entfliehen konnte, besonders wenn er über etwas Geld verfügte. «Nur eines scheint mir eine wirkliche Eigentümlichkeit des Platzes gewesen zu sein, der *Schutz* nämlich, den er zu verschiedenen Zeiten politisch Verfolgten gewährt hat. Old Tolbooth wurde wider Wissen und Willen zu einem Sanktuarium.»[45]

Die Interessen, die Fontane später zu einem berühmten Schlachtenbummler machten, kommen bereits deutlich in *Jenseit des Tweed* zum Ausdruck. Darin findet sich nicht nur eine beeindruckende Darstellung der Schlacht von Flodden im Jahr 1513, sondern auch eine bewegende Beschreibung des Schlachtfeldes von Culloden, auf dem die dem jungen Stuart-Thronerben loyal verbundenen Clans 1746 abgeschlachtet wurden. Zu Flodden war es gekommen, weil der eitle und ehrgeizige James IV. die Ratschläge seines klügsten Ratgebers, Archibald «Bell-the-Cat» Douglas, Herzog von Angus, und die Mahnungen von Geistererscheinungen in den Wind geschlagen hatte, die Blüte der schottischen Ritterschaft zu mobilisieren und in England einzufallen. Fontanes Bericht über die Schlacht ist mit der Sachkenntnis und dem Verständnis für militärische Zusammenhänge geschrieben, die später seine geschichtlichen Darstellungen der Einigungskriege auszeichneten. Seinen Bericht leitet er mit folgender Beobachtung ein:

«Am Morgen des 9. September begann die Schlacht. Jegliche Art geschickten Manövrierens, jede Benutzung von Terrainvorteilen schien man für diesen Tag als unwürdige Fechterstückchen außer Spiel gelassen zu haben; es war, als ob beide Nationen übereingekommen seien, wie bei einem bloßen Faustkampfe feststellen zu wollen, wer den besten Schlag zu tun verstände.»[46]

Fontane skizziert dann den Verlauf der Schlacht vom ersten Angriff der schottischen Clans an der linken Flanke, bei dem die englischen Truppen, die an die Wildheit der schottischen Sturmtaktik nicht gewöhnt waren, ins Wanken gebracht und fast niedergerungen wurden, und beschreibt dann das fünf Stunden dauernde Gefecht – Mann gegen Mann – bis zu der verhängnisvollen Gefechtspause, in der die Schotten, die augenscheinlich schon den Sieg in den Händen hatten, sich umsahen und feststellen mußten, daß sie vernichtend geschlagen worden waren. Von den Tausenden ihrer Männer waren nur noch Hunderte am Leben. Alle ihre Führer waren gefallen, und der König lag irgendwo unter einem Leichenhaufen. Es war, wie Fontane schreibt, die wirkliche Todesstunde Schottlands, von der es sich nicht mehr erholen sollte und deren einzige zutreffende Schilderung das von Jean Elliot gedichtete Lied ist:

> I've heard the lilting at our yowe-milking,
> Lasses a-lilting before the dawn o' day;
> But now they are moaning on ilka green loaning:
> ‹The Flowers of the Forest are a' wede away›[47]

> Ich hörte sie singen, wenn morgens sie gingen
> Die Herde zu melken, die draußen steht;
> Nun hör' ich ihr Wehe, wo immer ich gehe –
> Die Blumen des Waldes sind abgemäht.[48]

Im Fall von Culloden hat Fontane nicht die Schlacht, sondern das Schlachtfeld beschrieben, und seine Schilderung ist um so beeindruckender, als es im Grunde nichts zu schildern gab. Fontane schrieb, kein von ihm besuchtes Schlachtfeld habe auf ihn einen so starken Eindruck gemacht, und es wird deutlich, daß dieser Eindruck von der vollkommenen Trostlosigkeit ausging: Es war ein Ort, der zu klein schien, als daß er je Schauplatz einer Schlacht hätte gewesen sein können; jetzt ein verfallener Friedhof, auf dem die in der Schlacht gefallenen Frazers und MacIntoshes und MacPhersons und MacDonalds begraben lagen, ein Steinhaufen, der ein Denkmal hätte werden sollen, es aber nicht wurde, weil die Überlebenden mit dem Geld davongelaufen waren, und wo in der Nähe eines vorbeifließenden Bachs ein kleiner Turm stand, bei dem sich die nördlichen Clans zum letzten verzweifelten Widerstand versammelt hatten. Und rundum das graue Heideland, sichtlich zu nichts geeignet, außer dazu, die Kulisse für verlorene Schlachten und frühzeitigen Tod abzugeben. Ein Ort des Verderbens. Fontane beschließt diesen Bericht mit einer makabren Geschichte, die der Atmosphäre dieses Ortes entspricht.

Im Mai 1823 hatte das englische Oberhaus über einen verwickelten Prozeß zu urteilen, in dem es um die Verfügung über den Besitz von Lord Glenmore ging, der angeblich bei Culloden gefallen war, wenngleich sich das nicht einwandfrei nachweisen ließ. Da sehr viel von dem Urteilsspruch abhing, war die Erregung groß, als ein Augenzeuge gefunden wurde, Adam Graystone, ein ehemaliger Captain der Enniskillen Dragoner und fünfundneunzig Jahre alt. Der Lord Oberrichter fragte ihn, ob er Lord Glenmore gekannt habe und seinen Tod bestätigen könne. Der Zeuge bejahte beide Fragen. «Wann und wo ist er gestorben?» fragte der Lord Oberrichter. «1746, bei Culloden», antwortete Graystone. «Woher wissen Sie es?» fragte der Lord Oberrichter. «Weil ich ihn selbst erstochen habe», antwortete der Zeuge.[49]

Während seiner Reise durch Schottland mußte Fontane sehr oft an sein eigenes Land denken, vielleicht weil er nach drei Jahren in Großbritannien sehnsüchtig die Zeit seiner Rückkehr erwartete. Schon zu Beginn dieser Rundreise, als Lepel und Fontane von Edinburgh nach Stirling aufbrechen wollten, stellten sie fest, daß sie, anstatt die Eisenbahn zu benutzen, von Leith, dem Hafen von Edinburgh aus einen Dampfer nehmen konnten, der sie entlang des Firth of Forth zu ihrem Bestimmungsort bringen würde. Sie beschlossen, das zu tun, und fuhren stromaufwärts vorbei an Dörfern, Städten und Burgen, deren Namen berühmt sind in der Geschichte Schottlands. Fontane schrieb:

«(...) in lebhaftem Gespräch mit einem jungen Schotten, der leuchtenden Auges um sich sah, die Namen Morton und Moray, Bruce und Stuart, Keith und Dundas, Abercromby und Elgin vernahmen. Mehr denn fünf Jahrhunderte umfaßten diese Namen, von jenem Tage von Bannockburn an, wo der Name Bruce das Fundament zu seinem Ruhme legte, bis zu jenem Tage von Abukir, wo Sir Ralph Abercromby siegte und fiel.»

Aber es waren nicht so sehr die schottischen Ruhmestaten vergangener Zeiten, mit denen sich Fontanes Gedanken auf dieser Reise beschäftigten, sondern die Geschichte seines eigenen Landes. Ihm schien es, als sei der Forth der Havel vergleichbar, und er dachte an «das beinah inselförmige Stück Land, um das die Havel ihr blaues Band zieht. (...) der gesunde Kern, daraus Preußen erwuchs, jenes Adlerland, das die linke Schwinge in den Rhein und die rechte in den Njemen taucht», das Land um Fehrbellin, die Wiege der Größe der Hohenzollern, die Heimat all der Familien, so der Quitzows, die Charakter höher schätzten als besondere Begabung und am Ufer der Havel lebten, der Zietens, der Knesebecks und der Humboldts in ihren Herrenhäusern, und er erinnerte sich der Orte, an denen Winckelmann, Schadow und Schinkel lebten, der aus einer «Kasernenstadt» eine «Stadt der Schönheit» gemacht hatte.[50]

Solche Gedanken waren Fontane schon früher auf der Reise gekommen. Bevor er Edinburgh verließ, hatte er einen Ausflug mit der Eisenbahn und der Fähre nach Kinross und dann mit dem Schiff zur Burg Linlithgow unternommen, wo Maria, die Königin der Schotten, von den rebellischen Lords nach der Schlacht von Carberry Hill gefangengehalten wurde und von wo aus sie mit Hilfe von Willy Douglas eine trügerische Freiheit wiedergewonnen hatte, die mit der Niederlage ihrer Anhänger bei Langside und ihrem Exil und Tod in England geendet hatte.[51]

Der Blick über das Wasser auf die Ruinen dieses Douglasschlosses erinnerte ihn an einen Tag, als er einst in einem Ruderboot auf dem See vor Schloß Rheinsberg, dem Domizil Friedrichs des Großen in dessen Zeit als Kronprinz gesessen hatte. Diese Erinnerung wie auch die Gedanken, denen er nachhing, als er den Firth of Forth entlangsegelte, hatten Folgen: Drei Jahre nach seiner Schottlandreise schrieb Fontane in der Einleitung zu einem Werk, das eine wichtige neue Stufe in seiner Karriere als Schriftsteller markieren sollte:

«‹Erst die Fremde lehrt uns, was wir an der Heimat besitzen›. Das habe ich an mir selber erfahren und die ersten Anregungen zu diesen ‹Wanderungen durch die Mark› sind mir auf Streifereien in der Fremde gekommen. Die Anregungen wurden Wunsch, der Wunsch wurde Entschluß.»[52]

IV

In den Jahren, die seiner Rückkehr nach Preußen folgten, nahm Fontanes leidenschaftliches Interesse an Schottland ab. Nun gab es keine Gedichte mehr mit schottischen Themen, und nur noch selten tauchten kaledonische Anspielungen in seinen Werken auf, und wenn, dann als wenig bedeutende Randbemerkungen. Im ersten Band seines Buches *Der Krieg gegen Frankreich*, das 1873 erschien, beschreibt er die Gesellschaft, die sich Ende Juni 1870 in Ems, nachdem König Wilhelm von Preußen in dem beliebten Kurort angekommen war, dort zusammenfand, und er erwähnt unter den dort anwesenden illustren Persönlichkeiten «eine schottische Dame», die dreiundfünfzigste Übersetzerin des ‹Faust›, die dem Prinzen G. auf Schritt und Tritt folgte. Charlotte Jolles hat darauf hingewiesen, daß eine solche schottische Übersetzerin unbekannt ist, wenngleich Fontane vielleicht an Anna Swanwick gedacht hat, eine Engländerin, die 1850 eine englische Ausgabe des ersten Teils von Goethes Werk herausgebracht hatte.[53] Wahrscheinlicher jedoch ist es, daß Fontane glaubte, der schottische Farbtupfer würde seiner Beschreibung einer Gesellschaft, die kurz darauf durch Gerüchte über einen bevorstehenden Krieg beunruhigt werden sollte, einen exotischen Reiz verleihen.

Nachdem er 1874 im Königlichen Schauspielhaus zu Berlin den ersten Teil des Dramas *Heinrich IV.* gesehen hatte, bemängelte er in seiner Besprechung, daß die Douglases in den Schlachtszenen McGregor-Strümpfe getragen hatten.[54] Das war ein historischer Irrtum, der uns beinahe vermuten läßt, daß Fontane für jene «Scotchiness» anfällig war, die Schottland mit Whisky, Hammelfleisch, der schottischen Tracht und dem Dudelsack gleichsetzt. Vor einigen Jahren habe ich den Führer der schottischen Nationalpartei, Willie Wolf, interviewt, der gerne einräumte, daß seine Partei zwar für eine Art schottischer Autonomie einträte, in Wirklichkeit aber für die Unabhängigkeit Schottlands arbeitete. Er hatte gerade den Sitz der Vereinten Nationen in New York besucht und dabei festgestellt, daß die schottische Flagge zwischen der von Saudi-Arabien und Senegal wehen würde. Ich hielt das für eine großartige Idee, und ich fragte ihn, ob er den Kilt tragen würde, wenn er die erste schottische Delegation in den Sitzungssaal der Vereinten Nationen führte. «Natürlich», erwiderte er. «In welchem Tartan?» fragte ich. «In meinem eigenen», antwortete er. «Ich wußte nicht, daß es einen Wolf-Tartan gibt», sagte ich. «Ich habe ihn selbst entworfen!» sagte er stolz und fügte lachend hinzu, «dieses ganze Getue mit den Clan-Tartans ist reiner Blödsinn! Sie sind ohnedies erst in der ersten Hälfte des 19. Jahrhunderts von irgendwelchen Flickschneidern an der Princess Street in Edinburgh entworfen worden.» Er hatte mit dieser Ansicht durchaus recht, und mit Sicherheit haben die Clans zur Zeit von Maria Stuart und schon gar zur Zeit Heinrichs IV. noch keine eigenen Tartans getragen.[55] Man muß es Fontane aber vielleicht verzeihen, daß er sie sich in der farbigen Tracht der Hochländer seines eigenen Zeitalters vorstellte.

In den Romanen, die Fontane in den 1870er Jahren zu schreiben begann, wird Schottland nur selten erwähnt, die auffallende Ausnahme ist das 1887 erschienene Buch *Cécile*. Es ist ein frühes Beispiel seiner geglückten und bewegenden Frauenporträts und erzählt die Geschichte der ehemaligen Mätresse eines herrschenden Fürsten, die jetzt mit einem pensionierten Soldaten verheiratet ist, dem Oberst a.D. von St. Arnaud, der beträchtlich älter ist als sie. In dem Kurort Thale im Harz lernt sie den jungen Ingenieur Gordon kennen und ist fasziniert von seinen kosmopolitischen Interessen und dem Charme seiner Konversation. Bei einem Abendessen im Hotel unterhalten sich die Gäste über Forellen, und sie fragt ihn, welche nach seiner Meinung die besten gewesen seien, die er je gegessen habe. In Deutschland, erwidert er, die Felchen aus dem Bodensee, zu denen man einen Markgräfler Wein trinken sollte, und in Italien seien es die Maränen aus dem Bolsenasee. Die besten Forellen gebe es jedoch in seiner Heimat in Schottland, und das seien die Seeforellen im Loch Kinross. Dann fährt er fort:

«Maria Stuart saß da gefangen, in einem alten Douglas-Schlosse mitten im See, und wenn sie während dieser Gefangenschaftstage, neben der Liebe von Willy Douglas, eines beiläufig illegitimen, also doppelt verführerischen Sohnes des Hauses, irgendetwas getröstet haben kann, so müssen es die Lachsforellen gewesen sein.»

Später leiht Gordon seiner attraktiven Begleiterin auf einer Landpartie, einer typischen Szene in Fontanes Romanen, ein Plaid, und der Anblick, den sie darin bietet, erinnert ihn an ein Porträt der Königin Maria Stuart, das er in Hampton Court oder in Edinburgh Castle gesehen zu haben glaubt. Jetzt fällt ihm auch auf, daß der alte Oberst ganz ähnlich aussieht, wie Bothwell ausgesehen haben muß. Anschließend spielen alle handelnden Personen in diesem Drama ihre vorbestimmten Rollen. Saint Arnaud erschießt Gordon in einem Duell, und Cécile nimmt sich das Leben.[56]

Auch wenn *Cécile* eine Ausnahme ist, müssen wir hier anfügen, daß alle Romane Fontanes, wenn nicht von Schottland, so doch zumindest von einem der bedeutendsten Söhne Schottlands, Sir Walter Scott, beeinflußt worden sind. An Fontanes Bewunderung für Scott als Persönlichkeit ebenso wie als Schriftsteller hat nie ein Zweifel bestanden. In seinem berühmten Aufsatz über Willibald Alexis, einen anderen Schriftsteller, der ihn beeinflußt hat,[57] schreibt er:

«Scott war unzweifelhaft die *sehr* viel reicher beanlagte Natur. Er hat ganz den Stempel des Genies, und zwar nicht in dem einen oder andern, sondern in *allem*. Immer jung, bis zu dem Momente, wo Unglück und Krankheit ihn niederwarfen, von immer gleicher Kraft und Frische. Ein Sonnenschein war um ihn her. (...) Sein ganzes Leben war ein unausgesetztes Wohltun; er trug ein Füllhorn, unerschöpflich, weil seine Liebe, seine reiche Begabung und das Glück, das mit den Guten und Heiteren ist, es immer aufs neue füllten. (...) Arglos, neidlos, loyal und pietätvoll. Sein Herz für Schottland und seine Werke für die Welt, so ist er durch die Zeitlichkeit gegangen, wie ein großer Beglücker, Segen auf allen seinen Spuren.»[58]

Fontane verdankte Scott zum einen die Anregung, Romane zu schreiben, und zum anderen den Hinweis, wie sie zu schreiben waren. *Waverley* war die Kraft, die *Vor dem Sturm* inspirierte, und der Untertitel von Waverley: «*Es ist sechzig Jahre her*» lieferte die Prinzipien, nach denen sowohl *Vor dem Sturm* als auch später *Schach von Wuthenow* komponiert wurden.[59] Fontane erläuterte das 1875 in einem Artikel über Gustav Freytags *Die Ahnen*: «Der Roman soll ein Bild der Zeit sein, der wir selber angehören, mindestens die Widerspiegelung eines Lebens, an dessen Grenze wir selbst noch standen oder von dem uns unsere Eltern noch erzählten.»[60] Indem der Verfasser die historische Tiefe eines Romans auf sechzig Jahre beschränkt, gewinnt er die notwendige Distanz zu seinem Stoff, um ihm die erforderliche Perspektive zu verleihen, während er zugleich auf die Erinnerungen der handelnden Personen in jener früheren Zeit zurückgreifen und sogar mit ihnen korrespondieren kann. So pflegte Fontane in den 1860er Jahren einen intensiven Kontakt mit dem damals fünfundsiebzig Jahre alten Fräulein von Crayn, die das Modell des Fräulein von Carayon in *Schach von Wuthenow* war oder werden sollte. Und er kannte auch die Familie des verstorbenen Schach, des Helden dieses Buches.[61]

Als Fontane seine historischen Romane schrieb, war er sich der Scottschen Regeln bewußt, die für bedeutende historische Persönlichkeiten galten, die in Romanen auftreten sollten, etwa ein Cromwell oder ein Napoleon. Balzac, ein großer Bewunderer Scotts, hat einmal geschrieben, er lasse solche Persönlichkeiten nur auftreten, wenn die Handlung es verlange, und auch dann nur kurz und, was noch wichtiger war, erst nachdem der Leser die Bekanntschaft mit Dutzenden weniger bedeutenden Personen gemacht und daraus gelernt habe, welches Verhalten diese gegenüber den berühmten Männern an den Tag legten. Wenn dann diese historische Persönlichkeit auftrete, sehe der Leser sie durch die Augen solcher Nebenfiguren. Balzac fügte hinzu:

> «Scott hat niemals seine Feder benutzt, um über große Ereignisse zu schreiben, sondern stets sorgfältig die Ursachen untersucht, die zu ihnen führten, indem er den Geist und die Moral des Zeitalters darstellte und ein ganzes gesellschaftliches Milieu zeichnete, anstatt sich in der undurchsichtigen Atmosphäre großer politischer Ereignisse zu bewegen.»[62]

Das war das Prinzip, dem auch Fontane folgte. In *Vor dem Sturm* konzentriert er sich auf die Landschaft und das Dorf, darauf, wie einfache Menschen auf Ereignisse reagierten, und nicht so sehr auf die Machtzentren, in denen die politischen Entscheidungen getroffen wurden. In *Vor dem Sturm* gibt es keine bedeutenden Persönlichkeiten, und selbst der Auftritt König Friedrich Wilhelms III. in *Schach von Wuthenow* geschieht nur, um das Problem zu verdeutlichen, das die Hauptpersonen in dem Roman verursacht haben – und wir sehen ihn mit ihren Augen. Auch über Otto von Bismarck wird viel in Fontanes späteren Werken geredet, aber Bismarck selbst tritt niemals auf.

Als Romanschriftsteller war Fontane einer der großen Realisten des 19. Jahrhunderts, und wir werden noch darauf zurückkommen, mit welchem Geschick er die gesellschaftlichen Übelstände und Widersprüchlichkeiten seiner Zeit darzustellen lernte. Er hat stets geglaubt und oft gesagt, die Aufgabe des Romans sei es, «ein Leben, eine Gesellschaft, einen Kreis von Menschen zu schildern, der ein unverzerrtes Widerspiel *des* Lebens ist, das wir führen».[63] Es war also kein Zufall, daß er zeit seines Lebens ein Bewunderer Walter Scotts geblieben ist. Im September 1868 schrieb er aus Erdmannsdorf an seine Frau, er habe *The Heart of Midlothian* gelesen.

«An einzelnen Stellen nicht viel 'was andres als ein höhrer Räuber-Roman, ist doch das Ganze von einer so kolossalen Schönheit, daß ich – von meinen leicht fließenden Tränen (ich habe sie glasweise vergossen) gar nicht zu reden – viele Male aufgesprungen bin und in Bewunderungs-Adressen an den Todten mein Zimmer durchmessen habe. Durch das Ganze, hundert andrer Vorzüge zu geschweigen, zieht sich eine Gabe, Menschen das Natürliche, immer Richtige sagen zu lassen, die, wenn wir Shakespeare und Goethe aus dem Spiel lassen, kein andrer hat. Ich finde dies das Größte.»[64]

Es war eine Gabe, der er nachzueifern versuchte, und das mit einem nicht unbeachtlichen Erfolg.

WANDERUNGEN

Boswell erzählt, als er an einem Nachmittag im April 1778 mit Dr. Samuel Johnson aus der Kirche kam, seien sie auf der Butcherrow von einem Mr. Edwards angesprochen worden, «einem vertrauenswürdig aussehenden älteren Mann im grauen Anzug, der eine Perücke mit vielen Locken trug». Edwards erinnerte Johnson daran, daß sie beide 1729 am Pembroke College in Oxford studiert, aber einander seither nicht mehr gesehen hätten. Er begleitete sie bis zu Johnsons Haus in Boltcourt; dort setzten sie sich in die Bibliothek und unterhielten sich über die verschiedensten Dinge, bis Edwards plötzlich sagte: «Sie sind ein Philosoph, Dr. Johnson. Auch ich habe zu meiner Zeit versucht, ein Philosoph zu sein; aber immer kam mir irgendwie der Frohsinn dazwischen.»[1]

Diese Geschichte ist nicht so belanglos, wie sie scheinen mag. Als der erste Band der *Wanderungen* (sie waren zunächst in Fortsetzungen in der *Kreuzzeitung* und in *Cottas Morgenblatt* erschienen und von den Lesern positiv aufgenommen worden) in Buchform erscheinen sollte und Fontane daran dachte, einen zweiten Band zu schreiben, begann er sich den Kopf darüber zu zerbrechen, daß er sein Thema womöglich zu frivol behandelt haben könnte und ihm daher nicht ganz gerecht geworden sei. Er fragte seinen Verleger Wilhelm Hertz, ob er nicht seinen «gemütlichen Wandrer-Ton» aufgeben und statt dessen in einem Erzählstil schreiben sollte, der Distanz zum Verfasser schaffen würde, einem Verfasser, der ohnedies, wenn er zu häufig selbst in Erscheinung trat, dem Leser auf die Nerven fallen könnte. Sollte er sich nicht stärker auf die Geschichte der Mark Brandenburg konzentrieren und weniger auf die trivialen Nebensächlichkeiten, die ihm auf seinen Reisen begegneten?[2]

Er nahm einige Korrekturen vor und hielt dabei sicher der historischen Muse besser die Treue als Mr. Edwards der philosophischen. Es ist unmöglich, nicht von dem ungeheuren Fleiß beeindruckt zu sein, mit dem er Familienarchive, Kirchenbücher, alte Chroniken und vergessene regionale Aufzeichnungen durchforschte oder seine Gespräche mit den Nachkommen alteingesessener Familien führte, bevor er sich hinsetzte und die Aufsätze schrieb, die am Ende in den vier dicken Bänden der *Wanderungen* aufgingen. Dennoch brach während des Schreibens sein Frohsinn immer wieder durch. «Daß ich im *Prinzip* das ‹plaudern› nicht aufgegeben habe», schrieb er an Hertz, «und nicht aufgeben werde, versteht sich von selbst.»[3]

Der humorvolle Ton von Fontanes Prosa steht im scharfen Gegensatz zu der Schwerfälligkeit und Trockenheit der meisten Bücher zur Regionalgeschichte. Fontanes Reisebeschreibungen waren für seine Leser etwas ganz Neues. Er führte sie in die Geschichte seiner Heimat ein und machte sie mit den alten Familien und einfachen Menschen, mit den wirtschaftlichen Verhältnissen und der Fauna und Flora in allen Einzelheiten genau bekannt, aber vor allem die Art und Weise, wie er zu ihnen sprach – in einem ungezwungen freundlichen, amüsanten Ton, zuweilen etwas ironisch, dann wieder innerlich zutiefst beteiligt, immer ebenso unterhaltend wie belehrend – das war das Besondere daran. Wäre Fontane seinem momentanen Zweifel gefolgt und hätte sich selbst stärker zurückgenommen, dann würden die *Wanderungen* heute höchstwahrscheinlich nicht mehr sehr viele Leser finden.

Aber ebenso wichtig wie der persönliche Ton war noch etwas anderes: die Gabe, die Dinge in ihrer Vielfalt und ihrer Einzigartigkeit zu sehen. Seine Absicht war, wie er einmal gesagt hat, die «Belebung des Örtlichen», die Entdeckung dessen, was an einem bestimmten Ort einzigartig war und ihm seine besondere Kraft und Lebendigkeit verlieh.[4] Er schrieb an einen Freund:

«(...) auch im märkischen Sande flossen und fließen überall die Quellen des Lebens, und jeder Fuß breit Erde hat seine Geschichte und erzählt sie auch – man muß nur willig sein, auf die oft leisen Stimmen zu lauschen.»

Fontane war stets bereit und auch fähig, das Poetische zu sehen, das in diesen Geschichten lag. Und das alles gab er weiter, so daß auch andere es sehen konnten:

«Die zwei Bände, die bis jetzt erschienen sind, lassen das, worauf es mir ankommt, erst erraten: die Belebung des Lokalen, die Poetisierung des Geschehenen, so daß (ganz wie es am Rhein, in der Schweiz, in Schottland und an vielen Orten ist) in Zukunft jeder Märker, wenn er einen märkischen Orts- oder Geschlechtsnamen hört, sofort ein *bestimmtes Bild* mit diesem Namen verknüpft, was jetzt gar nicht oder doch nur in einer prosaisch-häßlichen Weise der Fall ist.»[5]

Daß zwischen Fontanes didaktischer und seiner wissenschaftlichen Absicht eine gewisse Spannung besteht, trifft vielleicht zu, aber er hat zweifellos sein Vorhaben ausgeführt. Denn was war die Mark Brandenburg vor ihm? Ein lange unbeachtet gebliebenes Land, von dem Wolf Jobst Siedler geschrieben hat, «Preußen mußte es werden, damit Faszination von ihm ausging, zum Guten oder zum Bösen. Aber Preußen war der König, war die Armee, war die Beamtenschaft und dann natürlich die Idee, die alles zusammenhielt. Das Territorium selber war ziemlich unergiebig, nicht nur in ästhetischer, sondern auch in ökonomischer Hinsicht; Rüben, Gerste und Roggen, das war alles.»[6] Es war nie ein Land gewesen, von dem sich Touristen angezogen fühlten. Es gab dort praktisch keine Übernachtungsmöglichkeiten für sie. Wäre wohl angesichts dieser Tatsache «jemand auf den Gedanken gekommen, etwa aus München zum Rheinsberger See zu reisen, nur weil da der junge Friedrich mit Gondelfahrn zum Flötenspiel seine watteauschen Träume in die Wirklichkeit geholt hatte?»[7]

Die Mark Brandenburg mußte aus der Geschichte herausgeholt werden, um zu einem Begriff werden zu können, zu etwas, das interessant und attraktiv war. Das war die Leistung Fontanes: der Mark ihre Individualität zurückzugeben, aus ihr wieder das zu machen, was sie gewesen war, bevor Preußen aus ihr wurde, sie im Bewußtsein und im Gefühl der Bevölkerung wieder aufleben zu lassen.

I

Im Frühjahr 1962, als ich zum ersten Mal als Gastprofessor an die Freie Universität Berlin kam, fand ich in der Buchhandlung Elwert und Meurer an der Hauptstraße in der Nähe des Innsbrucker Platzes eine schöne einbändige Ausgabe von Fontanes *Wanderungen durch die Mark Brandenburg*, gekürzt und illustriert von Martin Hürlimann unter Mitarbeit von Dr. Walther Meier und Horst Hank-Jentsch.[8] Ich hatte damals nur eine vage Vorstellung vom Inhalt des Werkes, da ich mich nach dem Ende des Krieges überwiegend mit diplomatischen und militärpolitischen Themen beschäftigt hatte, aber mein Fund erwies sich als ideales Mittel, um meiner Unwissenheit abzuhelfen. Die Ausgabe umfaßte an die fünfzig der charakteristischsten und von allen Lesern bewunderten Abschnitte der *Wanderungen* (jedenfalls wurde mir das gesagt – ich selbst war ja nicht in der Lage, es zu beurteilen). Sie reichte von den großartigen Passagen über die Katte-Tragödie und das Leben des Kronprinzen Friedrich und seines Bruders, des Prinzen Heinrich, in Rheinsberg bis zu Essays über Ausflüge in den Spreewald und an den Müggelsee, über Friedrich Wilhelm Schinkel und sein Denkmal der Königin Luise in Gransee, über die Zisterzienser und ihre Arbeit, über Paretz und die Pfaueninsel und über Fontanes Geburtsort Neuruppin. Die Fotos, die den Text illustrierten, zeigten eine Landschaft von irgendwie düsterer, karger Schönheit mit geraden Straßen, manchmal von Bäumen gesäumt, die das flache öde Land in Richtung auf eine einsame Windmühle hin durchquerten. Hin und wieder stieß man auf Seen, die im Schatten der sie umgebenden Kiefernwälder dunkel und geheimnisvoll erschienen. Die kleinen Städte lagen zum Teil noch innerhalb der mittelalterlichen Wälle und Tore und beherbergten große, aus Ziegel gebaute Kirchen. Es war ein Land der bodenständigen Treue, der schweren Arbeit und der Disziplin sowie der Erinnerung an große Zeiten – wie die von Fehrbellin und Großbeeren –, in denen diese Tugenden sich bewährt hatten.

Es fiel mir nicht ganz leicht, dieses Buch zu lesen, denn vieles darin war für mich noch unbekanntes Terrain. Ich begann mit den Kapiteln, in denen Persönlichkeiten geschildert wurden, über die ich schon etwas wußte – Friedrich der Große, Zieten, Schinkel, die Humboldts. Dann ließ ich mich auf das Abenteuer ein, mich in die Kapitel über das Oderbruch, den Spreewald, Quilitz und das Kloster Lehnin zu vertiefen. Bei mehr als einer Gelegenheit war ich versucht, diese Lektüre aufzugeben, aber dann wurde ich doch wieder durch Fontanes Begeisterung mitgerissen. Schließlich las ich mit zunehmendem Vergnügen und dem Wunsch nach mehr, so daß ich, nachdem ich Hürlimanns gekürzte Ausgabe gelesen hatte, mir die Nymphenburger Ausgabe des Gesamtwerks bestellte – für einen Schotten ein kühnes Unternehmen – und in ihr alles fand, was dort fehlte.

Eine Folge meiner lustvollen Abende – denn das genau waren sie – war, daß ich sehr bald all das sehen wollte, worüber ich gelesen hatte. Die politischen Verhältnisse erschwerten das, denn die meisten Orte, die Fontane aufgesucht und geschildert hatte, lagen in der Deutschen Demokratischen Republik, die ich nicht ohne weiteres bereisen durfte. Aber es gab Ausnahmen. Fontane hatte interessante Kapitel über Kleists Grab, über Schloß Tegel und die Pfaueninsel geschrieben, und sie alle lagen innerhalb Westberlins. Wenn es meine Arbeit an der Universität erlaubte, unternahm ich kleine Ausflüge dorthin.

Fontanes Schilderungen seines Besuchs am Grabe Kleists, der in dem Band *Fünf Schlösser* enthalten ist, einer Art Fortsetzung der *Wanderungen*, zeigt, weshalb wir dankbar dafür sein sollten, daß er es sich versagt hat, die eigene Person zurückzunehmen. Er schildert, wie er auf einem Waldweg, der zum Grabe führte, eine aus vier Personen bestehende Gruppe einholte, ein Ehepaar aus einem Berliner Vorort, dessen Tochter Anna und einen jungen Mann, vermutlich ihr Verlobter. Die Tochter machte ein paar sentimentale Bemerkungen über Kleists Armut, denn sie glaubte, diese sei die Ursache für den vorzeitigen Tod des Dichters gewesen. Ihr Vater hielt dem eine eher verworren begründete These entgegen, die zu besagen schien, der Adel sei schuld – alle Adeligen seien arm, aber arrogant, und das habe zu dieser Art von «*Kladderadatsch*» und dieser «*Schlappe*» geführt. Dem Himmel sei Dank, fügte er hinzu, daß wir mit solchen Dingen nichts mehr zu tun haben, und das haben wir Bismarck zu verdanken. Die Mutter, der es offensichtlich nicht gefiel, daß die Landpartie mit Politik angereichert wurde, wies darauf hin, daß eine kranke Frau eine Rolle gespielt habe, in die Kleist hoffnungslos verliebt gewesen sei. «I, Gott bewahre», murmelte der Ehemann. Inzwischen hatten sie das Ufer des Kleinen Wannsees an der Stelle erreicht, wo das Kleist-Denkmal stand, und als Anna die Inschrift auf dem Stein vorlas

Er lebte, sang und litt in trüber, schwerer Zeit,
Er suchte hier den Tod und fand
U n s t e r b l i c h k e i t,

hörten die anderen ruhig zu, vielleicht sogar in der leicht peinlichen Berührtheit, in die Leute gerne verfallen, wenn Lyrik erklingt.

Als sie sich nun auf den Rückweg machten, sah der junge Mann sich durch die Umstände ermutigt, von den Dichtungen Kleists zu sprechen, besonders vom *Käthchen von Heilbronn*, das er als ein «holdseliges Geschöpf» bezeichnete. Dieser Ausdruck schien der von ihm verehrten jungen Dame durchaus unpassend zu sein, und sie wies ihn streng zurecht und folgte damit, wie Fontane vermutete, dem Grundsatz, man müsse möglichst früh mit der Erziehung eines künftigen Ehemannes beginnen. Ihre Mutter unterstützte sie energisch und sagte: «Ja, Herr Behm. Anna hat recht.» In diesem Augenblick lüftete Fontane seinen Hut und verabschiedete sich und bemerkte, als er zurückblickte, daß seine bisherigen Begleiter geteilter Meinung über ihn waren und nur die Mutter ihn günstig beurteilte. Er blieb einen Augenblick stehen, schaute nach Westen hinüber und bewunderte die Schönheit des Waldes und des Wassers in der Abendsonne und die Villendächer am Horizont. Alles, was er sah, schien ihm reich an Leben und Reichtum und Glück. Und er dachte an das Grab des Dichters, einsam trotz der vielen Besucher, die sich dort einfanden, und an den kleinen Erdhügel vor dem Grabstein, in den irgend jemand einen Strauß Wiesenblumen eingepflanzt hatte.[9]

Dieses kleine Drama weckte in mir die lebhaftesten Erwartungen, und ich fragte mich, in welcher Gesellschaft ich die Rolle des sanften Ironikers würde spielen dürfen? Aber ach, als ich am Grabe ankam, nachdem ich von Wannsee aus zur Bismarckstraße und dann durch die Öffnung zwischen den Bäumen an den See gelangte, lag das Grab ganz einsam da und wirkte etwas vernachlässigt, als seien schon lange keine Besucher mehr dort gewesen. Anna würde es jetzt nicht gefallen, dachte ich. An der Stelle des Gedenksteins aus der Zeit Fontanes stand jetzt ein neuer, dessen Inschrift lautete:

Nun, oh Unsterblichkeit, bist du ganz mein![10]

Diese Worte hätte Anna sicherlich nicht mit der gleichen Inbrunst gelesen wie die alte Inschrift, und sie hätte auf jeden Fall gegen das endlose Fahrgeräusch der Automobile auf der Bismarckstraße ankämpfen müssen, und erst recht gegen den noch lauteren Lärm von der Brücke, über welche der Verkehr von Neu-Glienecke, den Flaschenhals zwischen den beiden Seen querend, in Richtung Berlin rollte.

«Ich kann es mir einfach nicht vorstellen!» hatte Anna auf dem Wege zu Kleists Grab gesagt. Doch zur Zeit von Fontane war es in Wirklichkeit gar nicht so schwierig sich vorzustellen, daß der Dichter und seine Freundin an diesen stillen, abgelegenen ruhigen und schönen Ort kamen, um hier zu sterben. Heute wäre das sehr viel schwieriger; zwei große Segelclubs versperren die Aussicht, und die Luft ist erfüllt von allen möglichen geräuschvollen Tätigkeiten. Hätte Kleist die Gabe gehabt, in die Zukunft zu schauen, dann hätte er sich hier nicht lange aufgehalten und beim Verlassen dieses Orts wahrscheinlich das gleiche gesagt wie Annas Vater: «I, Gott bewahre!»

Mein erster Besuch des Humboldtschlosses in Tegel verlief glücklicher. War doch in mir auf dem Weg dorthin die Befürchtung aufgestiegen, daß auch hier der Fortschritt seine Vistenkarte hinterlassen habe, denn die Fahrt mit der U-Bahn führte an den hohen Palisaden der Siemensstadt entlang und, bevor wir das Dorf Tegel erreichten, mußten wir die weitläufigen Borsig-Werke in Reinickendorf passieren. Doch als ich an der U-Bahnstation Tegel angekommen war, lag die Welt der Großindustrie hinter mir, und es winkte wieder ein Hauch von Wäldern und Seen. In ihre Richtung wanderte ich weiter und war schon bald im Tegeler Forst und nach wenigen Minuten am Schloß selbst.

Es war kleiner, als ich erwartet hatte. Für uns Amerikaner ist das Wort *Schloß* der Inbegriff von Großartigkeit und Romantik schlechthin, und man erwartet irgendwie ein Gebäude mit zahlreichen Türmen und dann und wann eine goldene Kuppel. Schloß Tegel war zur Zeit Joachims II. als Landhaus gebaut worden und diente, wie Fontane berichtet, dem großen Kurfürsten als Jagdschloß. Es war ein einfaches Gebäude, im klassischen Stil gebaut, mit zwei Stockwerken und vier quadratischen Türmen an den Ecken. 1765 hatte die Familie Humboldt es gekauft und, bis Schinkel die Neugestaltung der Anlage übernahm, kaum etwas verändert; Schinkel führte einen weitreichenden Umbau entsprechend den Bedürfnissen Wilhelm von Humboldts durch. Nach seinem Ausscheiden aus dem öffentlichen Dienst lebte Humboldt hier zurückgezogen und hatte seine Sammlung klassischer Antiquitäten in dem Schloß untergebracht.

Der Zauber von Tegel liegt in dem Zusammenspiel zwischen der geistigen Atmosphäre des Hauses und den es umgebenden Wäldern, zum größten Teil Fichten und Linden, und dem kleinen Friedhof an dem einen Ende des Parks, dem letzten Ruheplatz der Brüder Wilhelm und Alexander von Humboldt und ihrer nächsten Verwandten. Darüber erhebt sich eine dreißig Fuß hohe Granitsäule, von deren ionischem Kapitell eine Marmorstatue der Hoffnung auf die Gräber hinunterblickt. Am Ende seines Kapitels über Tegel schrieb Fontane:

«Aber ich durfte den einen Punkt nicht unberührt und ungenannt lassen, der, unter allen märkischen Edelsitzen, dieses Schloß und diesen Friedhof zu einem Unikum macht. Die märkischen Schlösser, wenn nicht ausschließlich feste Burgen altlutherischer Konfession, haben abwechselnd den Glauben und den Unglauben in ihren Mauern gesehen; straffe Kirchlichkeit und laxe Freigeisterei haben sich innerhalb derselben abgelöst. Nur Schloß Tegel hat ein drittes Element in seinen Mauern beherbergt, jenen Geist, der, gleich weit entfernt von Orthodoxie wie von Frivolität, sich inmitten der klassischen Antike langsam, aber sicher auszubilden pflegt, und lächelnd über die Kämpfe und Befehdungen beider Extreme, das Diesseits genießt und auf das rätselvolle Jenseits hofft.»[11]

Der Park lud ein zum Verweilen, und so verschob ich meinen Aufbruch und setzte mich eine Zeitlang unter einen Baum, um zu lesen. Das Buch, das ich an diesem Morgen in die Tasche gesteckt hatte, ohne auf seinen Titel zu achten, hätte kaum besser zu meiner gegenwärtigen Stimmung passen können. Es war ein einzelner Band der *Ansichten vom Niederrhein*, der Bericht einer Reise durch Brabant, Flandern, Holland, England und Frankreich, die Georg Forster und Alexander von Humboldt, beide ebenso leidenschaftliche Wanderer wie Fontane, 1790 unternommen hatten. Allerdings hatten sie größere Strecken zurückgelegt als Fontane. Einer von ihnen lag nun wenige Meter von mir entfernt in seinem Grab. Goethe hatte nach der Lektüre von Forsters Buch gesagt, er wünschte, er hätte mit einem so guten und sachkundigen Führer reisen können. Während ich Fontanes Bücher las, kam mir diese Bemerkung immer wieder in den Sinn.

Einige Wochen später kam ich wieder nach Tegel, diesmal mit meinem Freund und Kollegen Wolfgang Baumgart, Professor der Theaterwissenschaften an der Freien Universität. Man hatte uns zur Feier des 200. Geburtstages von Wilhelm von Humboldt eingeladen. Ich freute mich ungemein über die Möglichkeit, jetzt auch das Innere und die Einrichtung des Hauses besichtigen zu können, die Fontane recht ausführlich beschreibt. Aber leider gab es ein großes Gedränge, und das machte es nicht leicht. Nach einem Blick in Humboldts Arbeitszimmer wurden wir die bewundernswerte Treppe Schinkels hinaufgeführt (bewundernswert für das, was der Architekt in diesem beengten Raum geleistet hatte). Im oberen Stockwerk machten wir der Hausherrin, Frau von Hentze, unsere Aufwartung. Da die Anzahl der klassischen Statuen in dem Raum noch von der Anzahl der Besucher übertroffen wurde, war es unmöglich, die ersteren zu identifizieren und genauer zu betrachten; wir ließen uns deshalb einen Drink geben, gesellten uns zu Caroline von Sydow und Bertrand von Humboldt und seiner Frau und waren bald in ein lebhaftes Gespräch vertieft, da Herr von Humboldt ein Mann war, der ganz eigene Ansichten vertrat und zu verteidigen wußte. Seine Frau, die sehr nervös schien, lehnte sich mit dem Rücken gegen eine große, jedoch nicht besonders beeindruckende Gipskopie einer antiken Hermesstatue, die Arme hinter dem Rücken verschränkt. Während unsere Unterhaltung lebhafter wurde, stieß sie plötzlich einen leisen Schrei aus, und ihr Mann fragte sie ein wenig ungehalten, was geschehen sei. Schamrot zog sie ihre Hand hinter ihrem Rücken hervor, in der sie den großen Zeh des Hermes hielt. Ihr Mann schien das nicht allzu tragisch zu nehmen, und wir nutzten die Gelegenheit, uns zu empfehlen und zu dem blumengeschmückten Friedhof hinüberzugehen. All die Jahre über habe ich immer wieder an den geraubten Zeh denken müssen, und ich war froh, bei meinem nächsten Besuch im Schloß Tegel im Mai 1992 feststellen zu können, daß er wieder an der richtigen Stelle festgegipst worden war.

Die Pfaueninsel, Gegenstand einer der reizvollsten Passagen in dem Band der *Wanderungen*, der sich mit dem Havelland beschäftigt, ist eine kleine Insel (etwas weniger als 2000 Schritt lang und an der breitesten Stelle über 500 Schritt breit), liegt in der Havel zwischen dem Großen Wannsee und der Öffnung zum Jungfernsee und wird vom Blockhaus und der Kirche von Nikolskoe überragt. Viele Jahrhunderte lang trug diese Insel keinen Namen und war auf keiner Karte verzeichnet,[12] bis Friedrich Wilhelm II., ein leidenschaftlicher Jäger, durch die Schnepfen und Enten, die in dem die Insel säumenden Schilf lebten, und durch die unverdorbenen Schönheiten der Insel selbst von diesem Kleinod angezogen wurde. Er ließ sich immer wieder vom Marmorpalais am Heiligensee mit den Herren und Damen seines Hofes und mit Musikern, Köchen und Kellermeistern hinüberrudern, um in den auf dem Rasen aufgestellten Zelten kunstvoll arrangierte Picknicks zu veranstalten. Diese waren so erfolgreich, daß die Mätresse des Königs, die Gräfin Lichtenau, die «schöne Wilhelmine», an der Südwestecke der Insel ein Lustschlößchen erbauen ließ, später wurden noch andere Gebäude errichtet und ein Park angelegt. König Friedrich Wilhelm III. hatte ebensoviel Freude an der Pfaueninsel, wie sie inzwischen hieß, und gegen Ende seiner Regierungszeit gestaltete der Direktor der königlichen Gärten, Peter Joseph Lenné, die ganze Insel um. Er legte verschlungene Pfade an, die durch die Heidelandschaft und den Wald führten, der plötzlich bezaubernde Ausblicke über die Havel und eindrucksvolle Plätze für solche Schöpfungen Schinkels bot wie das spätgotische Kavalierhaus, das einem Haus in Danzig nachgebildet war.[13] Es wurden Fasanen auf die Insel gebracht und ein großer Rosengarten angelegt, ein Gebäude für Palmen und Kakteen sowie andere ungewöhnliche Pflanzen errichtet und eine Menagerie gebaut mit allen möglichen exotischen Tieren in einem von Lenné entworfenen zoologischen Garten.

«Pfaueninsel!» schreibt Fontane, «Wie ein Märchen steigt ein Bild aus meinen Kindertagen vor mir auf: ein Schloß, Palmen und Känguruhs; Papageien kreischen; Pfauen sitzen auf hoher Stange oder schlagen ein Rad, Volieren, Springbrunnen, überschattete Wiesen, Schlängelpfade, die überall hin führen und nirgends; ein rätselvolles Eiland, eine Oase, ein Blumenteppich inmitten der Mark.»[14]

Natürlich wollte auch ich die Pfaueninsel aufsuchen, wenngleich ich, um die Wahrheit zu sagen, nicht erwartete, daß die Papageien und Känguruhs Hitler und den Krieg überlebt hatten. Für sie interessierte ich mich ohnedies kaum. Was mich zur Pfaueninsel lockte, war Fontanes Bericht über die Auftritte der berühmten französischen Tragödin Rachel.

Sie war als Tochter jüdischer Eltern als Elisabeth Félix in der Schweiz geboren und verdiente ihren Lebensunterhalt schon in früher Jugend als Straßensängerin. Ihre ersten Triumphe feierte sie 1838 in Corneilles *Horace*. Mit ihren Auftritten in den Tragödien von Corneille und Racine und in der Titelrolle von *Adrienne Lecouvreur* von Scribe und Legouvé sorgte sie für das Wiederaufleben der Comédie Française. 1850 oder 1851 sah Fontane sie in Racines *Phèdre;* das Stück gefiel ihm zwar nicht (er bezeichnete es – vielleicht nur um seiner Frau nicht zu widersprechen – als eine Nymphomanie in fünf Akten, die eher in die Charité als auf das Theater gehörten), aber das Erlebnis, Rachel spielen zu sehen, fand er unvergeßlich. «Gleich der erste Moment ihres Auftretens», schrieb er, «eh sie noch ein Wort gesprochen hat, ist 6 deutsche Theaterabende werth.»[15] Es ist nicht überraschend, daß sein Bericht über ihren Besuch auf der Pfaueninsel, selbst wenn der Verfasser als Historiker und nicht als Augenzeuge schreibt, zu den lebendigsten Darstellungen in den *Wanderungen* gehört.[16]

Seinem Bericht zufolge hat Friedrich Wilhelm IV. die Pfaueninsel 1840 nach seiner Thronbesteigung als Sommerresidenz aufgegeben, aber gelegentlich kam der König dennoch von Sanssouci herüber, um zur Zeit des Sonnenuntergangs im Rosengarten Tee zu trinken. Am 13. Juli 1852 (und nicht am 15., wie Fontane schrieb), als Zar Nikolaus I. von Rußland bei ihm zu Gast war, plante er ein solches Picknick. Rachel war gerade in Berlin angekommen, um eine Reihe von 1850 begonnenen Gastspielen fortzusetzen (bei denen Fontane sie wahrscheinlich gesehen hat). Auch sie wurde eingeladen. Als sie nach Potsdam kam und erfuhr, daß sie nicht im Neuen Palais oder im Stadttheater auftreten sollte, sondern im Freien, war sie verständlicherweise verärgert und erklärte, sie sei keine Bänkelsängerin; sie weigerte sich, der Einladung Folge zu leisten, aber der Hofrat Louis Schneider (ebenso wie Fontane ein Mitglied des «Tunnel») lockte sie mit dem Versprechen, der Zar werde anwesend sein und ihr, wenn ihm der Auftritt gefiel, das Recht zurückgeben, in St. Petersburg aufzutreten – ein Recht, das er ihr 1848 entzogen hatte, nachdem sie auf einer Pariser Bühne als Göttin der Freiheit die Marseillaise gesungen hatte. Letzten Endes war sie zu karrierebewußt, um sich einen solchen Auftritt entgehen zu lassen, und willigte ein. Sie stand auf dem Rasenplatz vor dem Lustschloß der Gräfin Lichtenau, der Hof und das Gefolge des Zaren im Halbkreis vor ihr, und in einem improvisierten Kostüm, während ihr Bruder die Szene mit einer flackernden Kerze in einer Glaskugel zu beleuchten suchte, trug sie die großartigsten Monologe aus ihrem Repertoire vor – nicht aus den letzten beiden Szenen von *Athalie*, wie Fontane glaubte, sondern aus *Phèdre*, *Virginie* und *Adrienne Lecouvreur*. Die Wirkung war ungeheuer und erhöhte sich noch durch das Fehlen der sonst üblichen Bühnendekoration. Die beiden Monarchen waren zutiefst beeindruckt. Der Zar sprach, wie erwartet, seine Einladung aus («J'espère de vous voir à Petersbourg.» «Mille remerciements ... mais, Votre Majesté ...» «Je vous invite, moi.»), und die ganze Gesellschaft fuhr über das dunkle Wasser der Havel wieder zurück nach Potsdam. Noch lange blieb dieser Abend in der Erinnerung haften, und an der Stelle, wo Rachel ihren Triumph gefeiert hatte, wurde eine von Bernhard Afinger geschaffene Statuette mit ihrem Namen und dem Datum des 13. Juli 1852 aufgestellt.

Das war die Szene, an die ich denken mußte, als ich zum ersten Mal die Pfaueninsel aufsuchte. Die Menagerie war, wie ich erwartet hatte, verschwunden. Auf meinem Rundgang über die Insel sah ich jedoch noch Schinkels Kavalierhaus, und ein Denkmalspfleger hielt mir einen interessanten und amüsanten Vortrag über die Anlage von Uferwegen und die richtige Pflege von Wiesen, die offenbar nicht betreten werden durften (außer natürlich von Königen beim Picknick). Rachels Statuette konnte ich an dem bezeichneten Ort allerdings nicht finden, bis mir jemand sagte, sie sei schon vor geraumer Zeit wegen Verwitterungsschäden ins Foyer des Schlößchens versetzt worden. Dort fand ich sie dann auch, war jedoch enttäuscht, denn der neue Platz erschien mir ungeeignet und entsprach nicht der Eleganz und Majestät der großen Schauspielerin.

Das war 1976. Neunzehn Jahre später, nachdem ich gehört hatte, daß eine Kopie der Statuette an ihrem ursprünglichen Platz aufgestellt worden war, fuhr ich noch einmal mit einem Freund aus Zehlendorf über die Potsdamer Chaussee und die Königsstraße zu der nach Nikolskoe führenden Straße und dann durch den dunklen Wald zur Anlegestelle der zur Pfaueninsel fahrenden Fähre. Es war spät am Nachmittag, und die Schulkinder, die den Tag auf der Insel zugebracht hatten, kamen uns bereits entgegen. Es wurde schon dämmrig, als wir uns dem Schlößchen näherten, und wir hörten die heiseren Schreie der Pfauen, auf die wir indessen nicht achteten. Wichtig war die Tatsache, daß Rachel wieder an der Stelle stand, wo sie vor vielen Jahren vor dem König von Preußen und dem Zaren aufgetreten war, mit dem Diadem der Phädra, der unglücklichen Königin des Theseus, und mit der ganzen Ekstase ihrer schauspielerischen Kraft.

Ce n'est plus une ardeur dans mes veines cachée:
C'est Vénus toute entière à sa proie attachée.

III

1894/95 schrieb Fontane das Gedicht *«Veränderungen in der Mark»,* in dem er erzählt, wie die alten Bewohner der Mark Brandenburg – die Semnonen, Burgunder, Vandalen, Langobarden und Hermunduren, die die Jahrhunderte seit ihrem Untergang in Walhalla zugebracht hatten – nach Bismarcks Entlassung von dem Verlangen gepackt wurden, ihre alte Heimat aufzusuchen und noch einmal die Spree und die Havel, die Notte und die Nuthe und das Räuberlager bei Neuruppin zu sehen. Auf ihre Bitte gewährt Vater Odin je einem Vertreter dieser fünf Völker den notwendigen Urlaub, und sie machen sich auf den Weg. Doch kaum sind sie an ihrem Ziel angekommen und nach einer Landung bei Bentschen in der Neumark über Landsberg und Zielenzig nach Schwiebus und Reppin und schließlich nach Berlin gekommen, brechen sie ihre Reise ab und kehren so schnell wie möglich nach Walhalla zurück.

Die Tragödin Rachel als Phädra.
Statue von Bernhard Afinger, Pfaueninsel

Ihr Rücktritt ist ein verzweifeltes Fliehn.
‹Wie war es?› fragt teilnahmsvoll Odin.
Und der Hermundure stottert beklommen:
‹Gott, ist *die* Gegend 'runtergekommen.›[17]

Ich habe im Juni 1990 oft an diese Zeilen denken müssen, als ich mit zwei Freunden[18] einige Tage im Oderland, der Grafschaft Ruppin und dem Havelland unterwegs war, in einer Gegend, die ich bisher nur aus Fontanes *Wanderungen* kannte, die mir aber nun nach dem Fall der Mauer für eine Erkundungsreise offenstand. Während wir über das Kopfsteinpflaster von Lindenalleen vorbei an Feldern und Wiesen wanderten, wo der Klatschmohn und ein schönes purpurrotes Heidekrautgewächs blühten, dessen botanische Identität wir nicht herausbekamen, gab es Momente, in denen wir uns im Geist in Fontanes Mark zurückversetzt glaubten. Das waren unsere Empfindungen, als wir eines Nachmittags einem großen Wagen mit gepolsterten Sitzen begegneten, in dem eine Hochzeitsgesellschaft offenbar den Ort ansteuerte, an dem die Vermählungsfeier stattfinden sollte, und als wir später in Müncheberg auf einem in die Stadtmauer eingefügten Turm einen Storch in seinem Nest entdeckten, der seine Jungen fütterte. Aber solche Erlebnisse waren selten. Im offenen Land waren die zerstörerischen Folgen der kommunistischen Herrschaft deutlich zu erkennen. Die deprimierenden Auswirkungen des Übergangs von einer bäuerlichen Kultur zur Kollektiv-Landwirtschaft zeigten sich auf den eintönigen Feldern, wo Viehfutter und Teltower Rübchen angebaut wurden (die Goethe, so heißt es, für eine Delikatesse hielt). Inmitten der Anbauflächen standen hier und da die heruntergekommenen Gebäude einer landwirtschaftlichen Produktionsgenossenschaft, die diesem Namen Hohn sprachen, denn produziert wurde hier nichts mehr. In den Städten waren die Straßen zum größten Teil menschenleer (ein Umstand, der vielleicht zum Teil darauf zurückzuführen war, daß die Währungsreform kurz bevorstand, denn vor jeder Bank hatten sich lange Schlangen gebildet, in denen die Menschen anstanden, um ein Konto zu eröffnen, in der Hoffnung, einen bescheidenen Gewinn aus der neuen Währung ziehen zu können.) Selbst in größeren Städten wie Neuruppin wirkten die Läden fast wie ausgestorben. Nichts rührte sich in der Löwenapotheke, wo Fontane geboren war, und niemand kaufte etwas in der benachbarten Buchhandlung. Es schienen auch nur wenige Gaststätten geöffnet zu haben, und diejenigen, die existierten, legten augenscheinlich keinen großen Wert darauf, die Ansprüche ihrer Kunden zu befriedigen, denn das Personal war kühl und abweisend, und die Inhaber schienen sich mit irgendwelchen Ärgernissen herumzuschlagen. In kleineren Orten wie Buckow in der sogenannten märkischen Schweiz gab es auf den Marktplätzen Wurstbuden und Eisstände, die sich wie Lichtpunkte von dem grauen Hintergrund abhoben. Alle Schulgebäude waren von einer gleichförmigen, offiziellen Häßlichkeit, die vielleicht dadurch etwas abgemildert wurde, daß sie nach berühmten oder bekannten Persönlichkeiten benannt waren wie zum Beispiel *Albert-Schweitzer-Schule* und *Salvador-Allende-Schule*, Namen, mit denen die Schüler wohl kaum etwas anfangen konnten. Die Bahnhöfe machten nicht den Eindruck, als hielten hier viele Züge, und auf den Abstellgleisen standen unbenutzte, rostende Güterwagen.

Fontane hatte sich seit jeher für den Mythos von Vineta und Erzählungen von verlorenen Städten interessiert, die im Wasser versunken oder in dichten Wäldern verschwunden waren, und er ließ sich leicht dazu anregen, in die Tiefe sonnenbeschienener Seen in der Hoffnung hinunterzuschauen, den Schimmer eines alten Turms oder einer Balustrade aufscheinen zu sehen oder im tiefen Wald das Echo eines Liedes und das Lachen der Stimmen lange Verstorbener zu hören. Ohne Angst vor dem Unglauben der Menschen schrieb er in *«Der Blumenthal»* über den Hohen Barnim:

«Wer um die Mittagsstunde hier vorüberzieht, der hört aus Schlucht und See herauf ein Klingen und Läuten, und wer gar nachts des Weges kommt, wenn der Mond im ersten Viertel steht, der hat über Stille nicht zu klagen, denn seltsame Stimmen, Rufen und Lachen ziehen neben ihm her.»[19]

Viele der Orte, über die er selbst geschrieben hat, sind so unauffindbar verschwunden, als seien sie untergetaucht, gleich Gerstäckers versunkenem Dorf, aber anders als dieses haben sie kaum noch eine Chance, in bestimmten zeitlichen Abständen wieder auf der Erde zu erscheinen. Eines Morgens brachen wir von den Seelower Höhen auf, wo ein Denkmal für die dreißigtausend Soldaten der Roten Armee errichtet worden ist, die in der Schlacht im Oderbruch zwischen Januar und April 1945 gefallen sind (und wo ein paar betroffen aussehende sowjetische Soldaten von ihren Ausbildern durch das Museum geführt wurden), um dann den Oderbruch in Richtung Küstrin zu durchqueren. Hier hatte sich die Katte-Tragödie zugetragen und hier war, wie Fontane erzählt, der junge Kronprinz Friedrich gezwungen worden, die Hinrichtung seines Freundes mit anzusehen: «Mon cher Katte, je vous demande mille pardons» rief er aus dem Fenster des Schlosses, worauf Katte erwiderte: «Point de pardon, mon prince; je meurs avec mille plaisirs pour vous.»[20] Wir wußten allerdings, daß die alte Festungsstadt heute zu Polen gehört und, nachdem sie in den schweren Kämpfen des Jahres 1945 dem Erdboden gleichgemacht worden war, keinerlei Ähnlichkeit mehr mit dem Küstrin des Kronprinzen Friedrich haben konnte. Gleichwohl, mit der lebendigen Erinnerung an Fontanes Erzählung, fuhren wir bis zur Grenze an der Oder und hofften, nun selber in einer Art von Vineta-Phantasie befangen, etwas zu sehen oder zu hören von dem Ort, der für uns unerreichbar war. Es gab keinen Verkehr am Grenzübergang, nicht einmal ein Verkehrszeichen oder einen Wegweiser, von dem wir ein Foto als Beweis dafür, daß ein Teil von Küstrin überlebt hatte, mit nach Hause hätten nehmen können.

Das war kein Einzelfall. Im Havelland besuchten wir unter anderem Paretz, wo Friedrich Wilhelm III. und Königin Luise die glücklichsten Jahre ihrer Ehe verbracht hatten. Sie lebten damals in ihrem bescheidenen Schloß *Still-im-Land*, verkehrten mit den einfachen Landbewohnern und tanzten auf den Erntefesten.[21] Fontane selbst stellte fest, als er das Schloß besuchte, daß nur wenig verändert worden war, seit das Königspaar hier gelebt hatte, und daß, während die Räume mit melancholischen Erinnerungen angefüllt waren, im Park alles hell und lebendig war, was ihn veranlaßte zu schreiben: «Das Einzelne fällt, das Ganze bleibt.»[22] Er konnte sich natürlich nicht vorstellen, was ein totalitäres Regime, angetrieben von ideologischem Eifer und falschen Ideen von den Erfordernissen einer Planwirtschaft, einem Kleinod wie Paretz antun konnte. Als wir in der Stadt ankamen, sahen wir, daß sie praktisch total zerstört war. An der Stelle, wo das Schloß einmal gestanden hatte, befand sich jetzt eine Tierzuchtanlage. Das Wasser des Sees war abgelassen, im Park wurde Viehfutter angebaut; der Wald, der «Tempel», wo Königin Luise nach ihren Spaziergängen oft geruht hatte, und alle anderen Erinnerungsstätten waren verschwunden, die Stadt war zu einem trostlosen Nest geworden, von dem man sich nicht vorstellen konnte, daß hier irgendwann Erntefeste gefeiert worden waren. In unserer Verzweiflung flohen wir nach Uetz, das der märkische Dichter Schmidt von Werneuchen «den schönsten Ort im ganzen Havelland» genannt hatte, was Fontane zu der Bemerkung veranlaßte: «Ob der schönste oder nicht, der stillste gewiß».[23] Der Fluchtversuch war sinnlos, denn Uetz sah noch trauriger aus, ein Nest aus schäbigen und meist unbewohnten Häusern, das Schmidt von Werneuchen sicher nicht wiedererkannt hätte.

Und doch war nicht alles dem Barbarentum des kommunistischen Regimes zum Opfer gefallen. Das schöne gußeiserne Denkmal der Königin Luise, die Fontane so aufrichtig verehrt hatte, war fast unbeschädigt erhalten geblieben und stand noch auf dem Marktplatz in Gransee.[24] Wenn wir dem Bericht in dem Strittmatter-Roman *Ole Bienkopp* glauben dürfen, dann ist das Denkmal von den ideologischen Plänen des Parteisekretärs Gransees nur deshalb verschont geblieben, weil es von Schinkel entworfen worden war.[25] In Rheinsberg stand das recht unharmonische Schloß (unharmonisch durch die beiden runden Türme an beiden Seiten, die nicht recht dort hinpassen und, wie Fontane nüchtern schreibt, «mehr eine Eigentümlichkeit als eine Schönheit» sind[26]) unbekümmert an seinem Platz, augenscheinlich unberührt von der Tatsache, daß heute aus der ehemaligen Residenz des Prinzen Friedrich eine Klinik für Diabetiker geworden ist. Im Sonnenlicht, das in diesem Augenblick durch einen leichten Nieselregen schimmerte, boten das Schloß und der Park mit seinen klassischen Statuen und dem See ein reizenderes Bild als alles, was wir seit Überschreiten der Grenze gesehen hatten. Der Eindruck wurde noch verstärkt durch eine Gruppe junger Leute, die Volkslieder sangen, ein Umstand, der das Team eines westdeutschen Fernsehsenders tief beeindruckte. Als die jungen Leute an uns vorbeizogen und dabei «Das Wandern ist des Müllers Lust» schmetterten, sagte der Leiter des Teams zu mir: «Das ist die echte deutsche Innerlichkeit! Im Westen wäre so etwas nicht möglich!» Auch als wir schließlich den Stechliner See erreichten, hatte ich keine Schwierigkeiten, ihn nach Fontanes eigener Schilderung in seinem Roman *Der Stechlin* wiederzuerkennen – einsam, geheimnisvoll, mit gekräuselter Wasseroberfläche in dem darauf scheinenden Tageslicht und aus der Tiefe aufsteigenden, vereinzelten Turbulenzen.[27] Ich war froh, daß kein roter Hahn aus der Tiefe des Wassers aufflog, eine Katastrophe irgendwo auf der Welt ankündigend, aber ich war nur für eine kurze Zeitspanne beruhigt. Ein ruhiger, redegewandter Mann, der am Seeufer stand, deutete über die Wasserfläche hinaus und erzählte mir, daß hier das erste Kernkraftwerk der DDR gebaut worden sei und daß das Wasser des Sees, das zur Kühlung benutzt wurde, sich bereits um einige Grad erwärmt habe.

Fontane hat in den *Wanderungen* oft über die Zisterzienser geschrieben, jenen bedeutenden, im 11. Jahrhundert in Frankreich gegründeten Orden der weißen Mönche, die streng asketisch und in völliger Bedürfnislosigkeit lebten und deren Berufung es war, den Boden zu bestellen und zu kultivieren. Wie Fontane uns erzählt, wählten sie Tiefland, Sumpfgebiete und andere ungesunde Gegenden, «damit die Brüder dieses Ordens jederzeit den Tod vor Augen hätten».[28] In der zweiten Hälfte des 12. Jahrhunderts tauchten die ersten Zisterziensermönche in der Mark auf. Albrecht der Bär hatte sie gerufen, um mit ihrer Hilfe das ursprünglich von den Wenden beherrschte Land zu kolonisieren. Bis zum Jahr 1300 errichteten sie einundzwanzig Klöster (elf für Männer und zehn für Frauen), die als Zentren für die Verbreitung des christlichen Glaubens und für die Ausbildung von praktischen Fertigkeiten dienten, eine Aufgabe, die nur unter den schwierigsten Umständen zu erfüllen war und vielen Menschen das Leben kostete.[29]

Die bedeutendsten waren Kloster Lehnin und Kloster Chorin, die Fontane 1863 mit seinen Freunden Bernhard von Lepel und dem Architekten Richard Lucae besuchte; beide Klöster waren bereits seit langer Zeit nur noch Ruinen. Chorin, ein Mönchskloster in der Uckermark, war offensichtlich ein blühendes Wirtschaftszentrum mit vielen Werkstätten und Ländereien gewesen, aber die Mönche scheinen, wie Fontane irritiert bemerkt, ein sehr stilles Leben geführt zu haben, denn es rankten sich keine Legenden um das Kloster.[30] Lehnin hingegen, das älteste und reichste der Klöster, weckte sehr viel mehr seine Neugierde mit seinen Empfangsräumen, Schlafsälen, Gastzimmern, Verwaltungsgebäuden, Schulen, Werkstätten, Vorratsräumen und Gerbereien – eine gotische Stadt *in petto*. Der erste Abt von Lehnin, Sibold, war von den Wenden ermordet worden, und seine Nachfolger hatten ein abenteuerliches und manchmal von Gewalt geprägtes Leben geführt. Nun, da alle Herrlichkeit vergangen war, die gotischen Teile der Kirche in Trümmern lagen – nur die romanischen Säulen standen noch unversehrt –, verlieh die Natur der Klosterruine eine seltene Schönheit, und die Legende wob um den Ort einen geheimnisvollen Zauber. Wenn man nachts das Ohr auf den Boden legte, konnte man den Gesang der Mönche in der Tiefe vernehmen, und wenn man Glück hatte, konnte man die weiße Frau herumirren sehen, die nach dem Mönch suchte, den sie liebte.[31] Das waren Dinge, die Fontane fesselten, und es darf uns nicht überraschen, daß er in seinen Romanerstling *Vor dem Sturm* ein Treffen in Lehnin, das bis in die Nacht dauert, einarbeitete.[32]

Als wir nach Lehnin kamen, fanden wir keine Spur von der weißen Frau, und es gab kein ruhiges Plätzchen, wo wir unser Ohr auf den Boden hätten legen können, denn es wimmelte von Besuchern, die hier von irgendwelchen Dozenten herumgeführt wurden. Lehnin und Chorin waren in der Tat die ersten Orte, an denen wir auf unserer Reise Menschenansammlungen begegneten, ein Indiz dafür, daß es hier doch noch Leben gab und nicht nur Verfall. Die Restaurierung des Klosterkomplexes in Chorin war 1957 unter Aufsicht der staatlichen Denkmalpflege begonnen worden, und die Kirche, ein beeindruckender Bau im Stil der hier oft anzutreffenden Backstein-Gotik, ist heute Schauplatz sommerlicher Musikfestspiele und anderer Aktivitäten, die das ganze Jahr über Besucher anlocken. In Lehnin ist die restaurierte Kirche, eine von Säulen getragene, fast schmucklose dreischiffige Basilika, wieder ein Mittelpunkt lebhafter Aktivitäten geworden, denn wo die weißen Mönche einst bemüht waren, den christlichen Glauben und die Kenntnisse der Landwirtschaft unter den Völkern an der Grenze zu verbreiten, verwaltet heute die Luise-Henriette-Stiftung ein Netz von Krankenhäusern und Schulen. Bei unserem Besuch fanden wir alle Gebäude genutzt und voller Leben.[33]

Nach unseren Enttäuschungen in Paretz und Uetz hätte uns das aufmuntern müssen, doch als wir über Werder nach Berlin zurückkehrten, verdüsterte sich unsere Stimmung wieder. Werder war eine ansehnliche Stadt mit einigen schönen Häusern, aber düster und unfreundlich. «Wo sind die Restaurants?», fragten wir. «Wo sind die Kneipen?» Wolf Jobst Siedler hat die Fragen beantwortet: «In Werder gab es fünf Wasserlokale nebeneinander, sozial gegliedert für Ruderboote oder Kanus, Jollen und Yachten und dann natürlich die Gartenrestaurants für die Ausflügler, die zur Obstbaumblüte aus Potsdam kamen oder aus Berlin, mit dem Dampfer Havel, Spree und Hohenzollernkanal entlang. Von all dem blieb ein einziges HO-Restaurant.»[34] Wie haben die Bewohner das ertragen, fragten wir uns weiter. Was haben sie unternommen, um sich etwas mehr Abwechslung zu verschaffen? Als wir durch die Stadt in Richtung der Fähre bei Kaputh fuhren, einem Ort, den Fontane aus irgendwelchen Gründen «das Chicago des Schwielowsees» genannt hat, kamen wir an einem Kino vorbei, das den Namen «Fontane» trug. Das war uns kaum ein Trost.[35]

IV

Ende September 1994 war ich wieder in der Mark Brandenburg, nachdem ich von Hamburg nach Schwerin und dann durch Mecklenburg und Brandenburg nach Berlin gefahren war. In den folgenden Tagen durchstreifte ich wieder mit drei Freunden[36] Teile des Fontanelandes. Es war deutlich zu sehen, daß sich in den vergangenen vier Jahren manches getan hatte. Junge Soldaten der Roten Armee, wie wir sie 1990 auf den Seelower Höhen angetroffen hatten, waren nicht mehr da. Als wir eines Nachmittags durch ein Waldgelände fuhren, erspähten wir zwischen den Bäumen einen gigantischen Komplex bedrohlich aussehender Gebäude hinter einer hohen mit Stacheldraht bewehrten Mauer. Die Gebäude waren verlassen und schon ziemlich verfallen. In diesen Baracken waren die jungen Soldaten und ihre Kameraden interniert gewesen – so muß man wohl sagen, denn niemand kann sich vorstellen, daß hier ein normales Leben möglich war. Doch auch hier schien die frühere, deprimierende Atmosphäre verflogen: Allenthalben entfaltete sich eine große Vitalität, die sich in einer regen Neubautätigkeit ausdrückte. Die Hälfte von Schwerin, das die DDR-Behörden fünfundvierzig Jahre lang in dem gleichen Zustand belassen hatten, in dem es sich bei Kriegsende befunden hatte, wurde von Grund auf erneuert; in Hankels Ablage an der Wendischen Spree errichtete ein Institut für Kernphysik sich einen neuen Flügel an der Stelle, wo einst das Gästehaus stand, das Fontane als seine «Rückzugs-Linie in Zuständen nervöser Pleite»[37] betrachtet hatte, und wo Botho und Lene sich des bevorstehenden Endes ihrer Liebesbeziehung bewußt wurden,[38] hörte man das Hämmern der Handwerker und das Kreischen von Kreissägen und Bohrern.

Eine weitere, für uns wichtige Veränderung seit unserem letzten Besuch war, daß wir nicht mehr Proviant mit uns herumschleppen mußten, denn überall fanden wir bescheidene, aber saubere und einladende Restaurants. So in Fehrbellin, wo es unterhalb der Säulen des Denkmals für die berühmte Schlacht ein gemütliches Lokal gab, und in Zinna bei Jüterbog, wo die Zisterzienser ihr erstes Kloster in diesem Teil der Welt gebaut hatten und wo wir am Samstag ein sehr gutes Mittagessen in einem angenehmen Restaurant bekamen, das voll war von Einheimischen, und auch – vielleicht nicht überraschend – in Ribbeck, in einem allerdings sehr häßlichen Gasthaus, das ein Fontane-Porträt von Liebermann und eine große Reproduktion seines Gedichts

> Herr von Ribbeck auf Ribbeck im Havelland,
> Ein Birnbaum in seinem Garten stand.[39]

zierte und wo das Essen und – selbstverständlich – der Birnenschnaps mehr als ausreichend waren. Im übrigen ist der Reisende nicht allein auf Lokale angewiesen, um seinen Hunger zu stillen, denn der private Unternehmungsgeist scheint wieder aufzuleben. Entlang einer ansonsten einsamen Landstraße stießen wir auf einen privaten Obst- und Gemüsemarkt, freilich ohne Tische, aber obwohl die Waren ungeordnet am Straßenrand ausgelegt waren, gingen die Geschäfte gut.

Je fleißiger restauriert und wiederaufgebaut wird, desto schwieriger wird es wohl zukünftig werden, die Mark zu entdecken, die Fontane gekannt hat. In Buch bei Berlin beispielsweise, das ihn anzog, weil ihn die tragische Geschichte der Sophie von Voss, der Mätresse von Friedrich Wilhelm II., fesselte und ihn zu der Hauptfigur in seinem Roman *Cécile*[40] inspirierte, ist die ländliche Szenerie mit der Kirche, in der Sophie begraben liegt, fast vollständig dadurch zerstört worden, daß in unmittelbarer Nähe Kliniken, Krankenhäuser und Wohnblöcke im modernen Stil entstanden sind. Heute würde sich Fontane in der offenen Landschaft, etwa des sogenannten Dosse-Bruchs zwischen Nauen und Seelenhorst in der Grafschaft Ruppin, wahrscheinlich sehr viel mehr zu Hause fühlen. Das Land war während der Regierungszeit Friedrichs II. den Sümpfen abgerungen worden. Fontane gibt uns eine äußerst lebendige Schilderung einer Inspektionsreise des Königs im Jahre 1779, auf der er einem Hauptmann von Rathenow begegnete. Zwischen dem König und ihm kam es zu folgendem Gespräch:

König: «Wer seid Ihr?»
Hauptmann: «Ich bin der Hauptmann von Rathenow aus Carwesee».
König (die Hände faltend): «Mein Gott! lieber Rathenow, lebt er noch? Ich dacht', Er wäre längst todt. Wie geht es Ihm? ist er gesund?»
Hauptmann: «Oh ja, Ihro Majestät».
König: «Aber mein Gott! Wie dick ist er geworden».[41]

Die Landschaft, in der dieses Gespräch geführt wurde, ist beinahe unverändert geblieben, und Fontane würde sie zweifellos auch heute noch wiedererkennen.

Das gilt auch für den Spreewald, wo wir einen sehr vergnüglichen Nachmittag zubrachten. Fontanes Interesse an der Geschichte der Wenden, die bis zur Zeit Albrechts des Bären die Mark beherrschten und dann nach Osten und Süden verdrängt wurden, zum Beispiel in diesen Winkel des Spreewaldes, war stets sehr ausgeprägt. Zu seiner Zeit trugen die Bewohner des Spreewaldes bei festlichen Gelegenheiten noch ihre traditionellen Trachten und sprachen ihre eigene Sprache. Fontane erlebte es noch, daß bei einer Beisetzungsfeierlichkeit in Lübbenau die Predigt in wendischer Sprache gehalten wurde, alle anderen Ankündigungen hingegen in deutscher Sprache erfolgten. Inzwischen dürfte der Gebrauch des Wendischen noch sehr viel stärker zurückgegangen sein, und das wäre wahrscheinlich die einzige Veränderung, die Fontane heute feststellen könnte. Lübbenau ist nämlich immer noch das, was es einmal war – Hauptlieferant für landwirtschaftliche Erzeugnisse, vor allem für Gurken, Meerrettich, Kürbis und Sellerie, die an den Gemüseständen auf dem stark besuchten Marktplatz angeboten werden. Von hier aus kann man in einem Boot die vielen kleinen Nebenflüsse und Bäche der Spree zwischen Lübbenau und Lehde erkunden. Die Boote, große flache Kähne, werden von Männern mit langen Stangen vom rückwärtigen Ende weitergestakt, wie die Gondeln in Venedig.

Fontane kam im August 1859 mit Wilhelm Lübke, Otto Roquette und einigen anderen Freunden unter der Führung des Schulrats Karl Bormann in den Spreewald. Ein Kahn mit bequemen Rückenlehnen und Körbe voller frischer Getränke standen für sie bereit, der Steuermann war ein kräftiger, fünfzig Jahre alter Mann mit Namen Christian Birkig. Fontane schildert den Ausflug später so:

«Wir stiegen ein und die Fahrt begann. Gleich die erste halbe Meile ist ein landschaftliches Kabinettstück und wird insoweit durch nichts Folgendes übertroffen, als es die Besonderheit des Spreewaldes: seinen Netz- und Inselcharakter, am deutlichsten zeigt. Dieser Netz- und Inselcharakter ist freilich überall vorhanden, aber er verbirgt sich vielfach, und nur derjenige, der in einem Luftballon über das vieldurchschnittene Terrain hinwegflöge, würde die zu Maschen geschlungenen Flußfäden allerorten in ähnlicher Deutlichkeit wie zwischen Lübbenau und Lehde zu seinen Füßen sehen. (...) Es ist Sonntag (...) und die Arbeit ruht. Aber an Wochentagen ist die Straße, die wir jetzt still hinauffahren, von früh bis spät belebt, und alles nur Denkbare, was sonst auf Knüppeldamm und Landstraße seines Weges zieht, das zieht dann auf dieser Wasserstraße hinab und hinauf. Selbst die reichen Herden dieser Gegenden wirbeln keinen Staub auf, sondern werden ins Boot getrieben und gelangen in ihm von Stall zu Stall oder von Wiese zu Wiese. Der tägliche Verkehr bewegt sich auf diesem endlosen Flußnetz und wird nur momentan unterbrochen, wenn auf blumengeschmücktem Kahn, Musik vorauf, die Braut zur Kirche fährt, oder wenn still und einsam, von Leidtragenden zehn und zwanzig Kähnen gefolgt, ein schwarzverhangenes Boot stromabwärts gleitet.»[42]

Wir erlebten weder eine Hochzeit noch eine Beisetzung, aber ich zweifele nicht daran, daß solche Begegnungen möglich gewesen wären, denn nichts schien sich seit den Zeiten Fontanes hier verändert zu haben, außer daß auf unserem Kahn noch ein Dutzend weitere, uns fremde Passagiere mitfuhren und daß – auch dies vielleicht ein Indiz für das Umsichgreifen kapitalistischer Gepflogenheiten in der Mark – wir beim Unterqueren von Bogenbrücken von unternehmungslustigen jungen Leuten fotografiert wurden, die uns an langen Stangen Zettel hinunterreichten, auf denen die Adresse des Fotogeschäfts in Lübbenau stand, bei dem wir stromabwärts die Fotos abholen konnten, falls wir daran interessiert sein sollten. Im übrigen glitten wir gen Lehde in dem glücklichen Gefühl, ein Erlebnis Fontanes nachzuvollziehen in dieser «Lagunenstadt im Taschenformat, ein Venedig, wie es vor 1500 Jahren gewesen sein mag, als die ersten Fischerfamilien auf seinen Sumpfeilanden Schutz suchten».[43] Abends speisten wir ausgezeichnet im «Glücklichen Hecht». Auch Fontane und seine Freunde hatten in einem ähnlichen Lokal ihre Mahlzeiten eingenommen, in einem großen Blockhaus im wendischen Stil. Sie hatten Hecht gegessen, einen Fisch, der bei keiner Mahlzeit im Spreewald fehlen durfte.

Die Leber ist von einem Hecht und nicht von einer Schleie,
Der Fisch will trinken, gebt ihm was, daß er vor Durst nicht schreie.[44]

Fontane hat sich immer für Fisch interessiert, und in seinem Kapitel über das Oderbruch vor unserer Zeit hat er uns den erstaunlichen Reichtum der Oder aufgelistet: Zander, Fluß- und Kaulbarsche, Aale, Hechte, Karpfen, Bleie, Alande, Zärten, Barben, Schleien, Neunaugen, Welse und Quappen. Die letzteren waren so zahlreich, daß man sie in kleine Streifen schnitt, trocknete und als Lampendochte benutzte. Es gab damals so viel Fisch, daß bei Quilitz manchmal an einem einzigen Tag 500 Tonnen gefangen wurden. Der Hecht lag so faul und satt im Wasser, daß man ihn in den Jahren 1693, 1701 und 1715 bei Wriezen sogar mit der Hand einfangen konnte.[45] Das natürliche Gleichgewicht hatte sich vermutlich zu Fontanes Zeit wieder hergestellt, und der Hecht, den er an der Spree aß, hatte wahrscheinlich seine Beweglichkeit zurückgewonnen – und seinen Geschmack.

V

Am Ende des vierten Bandes der *Wanderungen* verabschiedet sich Fontane von seinen Lesern. Das Unternehmen habe damit begonnen, so sagt er, daß er vor einem Dorfkrug vorfuhr und über die Kirchhofsmauer kletterte, um die Inschrift auf einem Grabstein zu lesen, oder daß er sich eine Gespenstergeschichte anhörte. Später sei es dann ernsthafter geworden, wenn auch nicht durchgehend, und er müsse zugeben, daß jemand, der seinem Buch den von ihm verwendeten Titel gebe und es dann mit landschaftlichen Beschreibungen, Genreszenen, den Aussagen von Kutschern, Kossäten, Küstern und dergleichen angefüllt habe, keinen Anspruch darauf erheben könne, für einen der achtbaren Würdenträger der historischen Wissenschaft gehalten zu werden, zumal er seinen Ehrgeiz «aufs bloße Plaudernkönnen» gesetzt habe.

Dennoch war Fontane, am Ende seiner Wanderungen angelangt, genauso unschlüssig wie am Anfang. Hätte er, so fragte er, sich nicht doch mehr auf die Geschichte der Mark konzentrieren sollen? In seiner Danksagung an all die Adligen und all die Dorfschullehrer sowie seine «Geliebtesten, (...) Landpastoren und Vicars of Wakefield», die ihn mit guten Informationen versorgt hatten, konnte er es, auch in der Erinnerung an alle die Mühen, die er auf sich genommen hatte, um das aufzuzeichnen, was er von ihnen erfahren hatte, nicht unterlassen, in einer Fußnote in aller Bescheidenheit seinen eigenen Beitrag zur Kunst der Geschichtsschreibung zu würdigen:

> «Was an Historischem in diesen Wanderungen enthalten ist, gruppiert sich: in allgemein Gekanntes, in wenig Gekanntes und in gar nicht Gekanntes. Es ist selbstverständlich, daß der Mann von Fach an der ersten, räumlich sehr überwiegenden Gruppe vorübergehen muß und an der zweiten (in der sich übrigens einige Raritäten vorfinden) vorübergehen kann. Aber die dritte Gruppe, der beispielsweise alle Kirchenbuchaufzeichnungen angehören, hat Anspruch auf Beachtung auch von seiten des Berufshistorikers. Dies im Hinblick auf Einzelheiten aussprechen, ist etwas sehr andres, als mit dem Ganzen historische Prätentionen erheben.»[46]

Bedenkt man, was Fontane mit den *Wanderungen* geleistet hat, so hat er hier unterschätzt, was die Historiker ihm verdankten, auch wenn sie es nicht wahrhaben wollten. Die Zahl der «Raritäten» war größer, als Fontane dachte.

KRIEG

Zu Beginn des 20. Jahrhunderts war Sir Charles Oman der Doyen der Militärhistoriker in der englischsprechenden Welt. Von ihm stammt ein Aufsatz mit dem Titel *Ein Plädoyer für die Kriegsgeschichte*; darin führt er aus, daß ein Geschichtsschreiber aus dem Zivilstand, der sich auch mit der Kriegsgeschichte beschäftige, zu allen Zeiten immer ein besonderes Phänomen gewesen sei: «Sowohl die mittelalterlichen mönchischen Chronisten als auch die modernen liberalen Geschichtsschreiber wissen meist nicht mehr vom Krieg, als daß er zu schrecklichen Gewalttaten führt und bedauerlicherweise Todesopfer mit sich bringt. Beide Gruppen bemühen sich jedoch, ihre persönliche Unkenntnis oder Ablehnung militärischer Angelegenheiten dadurch zu tarnen, daß sie deren Bedeutung und Wirkung in der Geschichte herunterspielen»; diese Einschätzung entmutige aber wirkliche Wissenschaftler, den Krieg zu erforschen, und veranlasse sie, dieses Gebiet den Berufssoldaten zu überlassen.[1]

Auch Theodor Fontanes militärische Schriften sind der Kritik nicht entgangen, die in den Worten von Oman zum Ausdruck kommt. Seine historischen Darstellungen der deutschen Einigungskriege sind von den zeitgenössischen Militärs zum größten Teil mit Geringschätzung behandelt worden. Diese neigten, ohne viel darüber nachzudenken, zu der Auffassung, daß gewöhnliche Zivilisten nicht in der Lage seien, die Geheimnisse ihrer Profession zu verstehen – eine Geisteshaltung, die Fontane ohne weiteres akzeptierte. Auch noch in neuerer Zeit haben sich einige Kritiker sehr ähnlich verhalten wie die mönchischen Chronisten und liberalen Historiker und behauptet, der Krieg sei kein geeignetes Thema für Schriftsteller wie Fontane; was er auf diesem Gebiet geleistet habe, sei Zeitverschwendung gewesen.

In einer im übrigen durchaus tiefgründigen Studie erwähnt Herbert Roch einen Brief von Theodor Storm über einen Besuch, den ihm Fontane während des Dänischen Krieges abgestattet hatte, und zitiert Storm wie folgt: Fontane «ist doch trotz seiner Mitredaktionsschaft an der *Kreuzzeitung* ein netter, traitabler Mensch und – ein Poet.» Roch fügt hinzu:

«Wer ihn jedoch nicht näher kannte, hätte ihn nach den Werken, die er im Gefolge der siegreichen preußischen Kriege herausbrachte – seinen drei Kriegsbüchern – nie und nimmer für einen Poeten gehalten. Es sind die umfangreichsten und unpoetischsten Bücher, die er hinterlassen hat, gewaltige Wälzer ohne Gewicht. Reine Lohnschreiberei. Ein Verleger machte ihm das Angebot, die preußischen Feldzüge mit allem Drum und Dran für ein breiteres Publikum zu schildern. Und er nahm an. Leider, möchte man heute sagen. Aber für ihn gehörten auch diese dreieinhalbtausend Seiten Lexikonformat, die kein Mensch mehr liest und kaum jemand kennt, zu den Umwegen, die er machen mußte, um zu seiner eigenen Bestimmung zu gelangen.»

Einen Vergleichsmaßstab anlegend, vor dem kaum ein Militärhistoriker bestehen könnte, schrieb Roch weiter, Fontanes «Chroniken» besäßen weder die Prägnanz des *Peloponnesischen Krieges* von Thukydides noch den Schwung der *Geschichte des Dreißigjährigen Krieges* von Schiller. Er hielt Fontane vor, bei der Darstellung des Hintergrundes und der Ursachen der drei Konflikte oberflächlich gewesen zu sein und allenfalls ein gewisses journalistisches Talent bei der Belebung seiner Schlachtbeschreibungen durch Einarbeitung in den Ablauf der Gefechte gezeigt zu haben. Er fügte hinzu, nur die gedruckte Ausgabe des dänischen Krieges habe eine zweite Auflage erlebt; anderswo seien die Bücher durchgefallen.[2]

In Wirklichkeit sind Fontanes Kriegsbücher nicht ganz so unbeachtet geblieben, wie Roch meint. Im Lauf der Jahre haben sie immer wieder verständnisvolle Leser gefunden, und das Interesse an ihnen hat in letzter Zeit noch zugenommen. Umfangreiche Auszüge daraus sind in der Nymphenburger Ausgabe der gesammelten Werke Fontanes enthalten;[3] eine schöne, neue illustrierte Ausgabe von *Der Krieg gegen Frankreich* erschien 1985 bei Manesse in der Schweiz;[4] gegenwärtig wird in den Vereinigten Staaten eine englische Ausgabe der drei Kriegsbücher vorbereitet. Ungeachtet dessen müssen wir jedoch zugeben, daß Roch nicht ganz unrecht hat. Die Arbeit an den Kriegsbüchern zögerte den Beginn der belletristischen Karriere Fontanes zweifelsohne hinaus, und deshalb sind wir es denen, die damit solche Probleme haben wie Roch, schuldig, nach einer Erklärung dafür zu suchen, warum Fontane die Kriegsbücher geschrieben hat, welche besonderen schriftstellerischen Fähigkeiten er für diese Aufgabe mitbrachte und was die drei Bände dem Leser zu bieten hatten und auch heute noch jenen bieten, die sich ihnen ein wenig unvoreingenommener nähern als Roch.

I

Im August 1866 schrieb Fontane an den Verleger Wilhelm Hertz, mit dem er vereinbart hatte, einen Roman zu verfassen. (Das Werk wurde zehn Jahre später unter dem Titel *Vor dem Sturm* veröffentlicht.) In diesem Brief begründete er, weshalb er die Arbeit an dem Roman schon zum zweiten Mal auf einen späteren Zeitpunkt verschoben hatte. Zunächst hatte er beabsichtigt, über den Krieg in Schleswig-Holstein zu schreiben, setzte dann aber die Priorität zugunsten einer Geschichte des Österreichisch-Preußischen Krieges.

«Ich wünsche das Kriegsbuch zu schreiben, einmal weil ich das Schleswigholstein Buch dadurch erst zu einem rechten Abschluß bringe, zweitens weil ich eine Lust und ein gewisses Talent für solche Arbeiten, drittens weil ich einen erheblichen pekuniären Vortheil davon habe, (...).»[5]

Fontane übertrieb nicht, wenn er von seinem Talent für die Darstellung militärischer Angelegenheiten sprach. Die militärische Fachterminologie war ihm durchaus vertraut; er überraschte damit manchen Laien, der weder den Unterschied zwischen einer Brigade und einem Bataillon noch den zwischen einer Haubitze oder einem 24-Pfund-Geschütz kannte. Sein Vater hatte ihm ausführlich von den Napoleonischen Feldzügen erzählt, er selbst hatte als Kind viel darüber gelesen und kannte diese Dinge natürlich aus der Zeit seines eigenen Militärdienstes. So wußte er, aus welchen Truppenteilen ein militärischer Verband besteht, wie die Waffengattungen einander unterstützen und was zu dieser Zusammenarbeit gehört. Er kannte die taktischen Regeln und Bewegungen und all die anderen Dinge, die eine Armee zu einem erfolgreichen Kampfverband machen. Er war sich der Bedeutung der Kommandostruktur, der Verantwortlichkeiten und der Methoden bewußt, die für ihren Einsatz gelten, und kannte auch den offiziellen Dienstweg, auf dem Befehle und Meldungen bis zur kleinsten Einheit weitergegeben werden. Ohne Clausewitz gelesen zu haben – zumindest erwähnt er diesen bedeutenden Theoretiker in seinen Büchern oder Briefen nicht –, wußte er auch, daß sich die Armeen im Kriege in einer äußerst unsicheren Umwelt bewegen und die einfachsten Dinge des Lebens während eines Krieges außerordentlich schwierig werden können. Clausewitz hat diese Schwierigkeiten ‹Friktionen› genannt und erläutert, daß Kompanien, Bataillone und Regimenter nun einmal aus Einzelpersonen bestünden und unter dem Fehlverhalten oder den Unterlassungen eines jeden einzelnen zu leiden hätten, was wiederum zu folgenschweren Verzögerungen oder Irrtümern führen könne, sowie daß Regen, Nebel und Ermattung der präzisen Ausführung von Befehlen entgegenwirken und der Unterschied zwischen Sieg und Niederlage oft weniger eine Frage mangelnder Begabung eines Armeebefehlshabers sei als Resultat einer Verkettung von Zufällen oder verpaßten Gelegenheiten.[6]

Dieser Kenntnisreichtum gab ihm das notwendige Vertrauen, über militärtechnische Angelegenheiten zu schreiben oder sie zu schildern, zu beurteilen und komplizierte Vorgänge zu erklären. Sein Wissen vertiefte er durch Fleiß und Methode, und seine Berichte über den Dänischen, den

Österreichischen und den Französischen Krieg, die ganz kurze Zeit nach diesen Ereignissen verfaßt wurden, sind alles andere als bloße journalistische Übungen. Auch haben sie nicht nur wegen ihrer stilistischen Reize überlebt, sondern weil ihr Verfasser alles gründlich recherchiert hat, das geeignet war, die einander widersprechenden Strategien, die Operationen, die Ausdruck dieser Strategien waren, sowie die materiellen und menschlichen Zusammenhänge innerhalb dieser Konfrontationen verstehbar werden zu lassen. In seinem Buch *Der Schleswig-Holsteinische Krieg* stützt sich sein Bericht über die Erstürmung der Düppeler Schanzen auf Briefe und Schilderungen von Frontsoldaten beider Lager, die seiner Darstellung Authentizität und Farbe verleihen. Desgleichen beruht seine Beschreibung des Lebens im Biwak und im Hauptquartier des Prinzen Friedrich Karl in Gravenstein zum Teil auf Artikeln in der deutschen und ausländischen Presse. Unmittelbar nach dem Krieg von 1866 hat Fontane sehr eifrig Frontberichte gesammelt und zugleich Dutzende von Briefen an Militärbefehlshaber geschrieben, die ihm die Verwendung der Truppen im einzelnen erläutern konnten. Es handelte sich bei diesen Korrespondenzpartnern um Offiziere wie den Oberst (und späteren General) Franz von Zychlinski, den Kommandeur des 27. Infanterieregiments in Münchengrätz und Königgrätz, mit dem ihn später eine enge Freundschaft verband.[7] Die Bibliographie des Buches *Der Deutsche Krieg von 1866* enthält die kriegsgeschichtlichen Aufzeichnungen des preußischen und des österreichischen Generalstabs und die offiziellen Stabsberichte der sächsischen, bayerischen und badischen Armeen, fast zwei Dutzend Geschichten von Armeekorps, Brigaden, Regimentern und Bataillonen, Kritiken der Operationen aus der Feder so bekannter Fachleute wie Willisen, Dragomirow und A. C. Cooke, dazu die Reportagen von Hauptmann Hozier vom böhmischen Kriegsschauplatz, die in der Londoner *Times* erschienen waren, zahlreiche persönlichen Memoiren, Tagebücher und Berichte über einzelne Personen, Beiträge aus Fachzeitschriften (etwa dem *Militärischen Wochenblatt* in Berlin und der *Österreichischen Militärischen Zeitschrift)* sowie Verweise auf sechzehn deutsche und österreichische Tageszeitungen. Die Bibliographie des Buches *Der Krieg gegen Frankreich* ist sogar noch beeindruckender; sie bietet nicht nur alle damals verfügbaren offiziellen und halboffiziellen diplomatischen und militärischen Werke, Weißbücher, auf Generalstabsakten gegründete Kriegsgeschichten, geschichtliche Darstellungen militärischer Operationen der einzelnen Armeen, Korps und ähnliches, sondern auch Erinnerungen, Tagebücher und Aufsätze von Soldaten, Journalisten und Privatpersonen in Deutschland, Frankreich und England sowie die Archivunterlagen von zwölf deutschen Tageszeitungen. Dabei sind in diesem Konvolut noch nicht einmal die Zeugnisse enthalten, die Fontane selbst gesammelt hatte, und es fehlen auch die Informationen und Meinungen, die er aus der ausländischen Presse zusammengetragen hatte.

Es genügte ihm jedoch nicht, seine Arbeit in Bibliotheken zu tun. «Das Büchermachen *aus Büchern*», schrieb er im April 1871, «ist nicht meine Sache.»[8] Er hat es stets für notwendig erachtet, dem gleichen Grundsatz zu folgen, von dem er sich in den *Wanderungen* hat leiten lassen, und selbst die Gegenden aufgesucht, über die er zu schreiben beabsichtigte. Während des Krieges in Schleswig-Holstein nutzte er den Waffenstillstand vom Mai 1864, um mit einem Kollegen von der Redaktion der *Kreuzzeitung* den ganzen Kriegsschauplatz zu bereisen, und zwar von der Eider nach Flensburg und von dort zu den Düppeler Schanzen, die einen Monat zuvor von den Preußen erstürmt worden waren. Später im gleichen Jahr kehrte er nach der endgültigen Einstellung der Kampfhandlungen im Juli auf den Kriegsschauplatz zurück, studierte das Gelände, in dem die Gefechte von Alsen begonnen hatten und reiste dann durch Jütland auf der gleichen Strecke weiter, die das II. österreichische Korps und die preußischen Gardedivisionen bei ihrem Vormarsch gegen Fredericia genommen hatten. Zwei Jahre später folgte er den gleichen Prinzipien nach dem Österreichischen Krieg und begab sich sobald wie möglich nach Beendigung der Kampfhandlungen, um das Gelände zu studieren, wo die Feuergefechte stattgefunden hatten, nach Podol, Münchengrätz, Gitschin und zum Schlachtfeld von Königgrätz, um sich dann nach Westen zu wenden und im Operationsgebiet der Hauptarmee die Schlachtfelder von Langensalza zu besuchen.

Fontane schrieb eine Reihe von Artikeln über seine Wanderungen in Böhmen, die im September und Oktober 1866 in Rudolf Deckers *Berliner Fremden- und Anzeigenblatt* erschienen.[9] In einem dieser Artikel, einem Bericht über das Feuergefecht am 26. Juni 1866 bei Podol an der Iser zwischen der Vorhut der preußischen Ersten Armee und der von General von Poschacher befehligten Brigade schrieb er, wie wichtig es sei, ein Gelände genau kennenzulernen, um die dort abgelaufenen militärischen Operationen zu verstehen. In der zweiten Phase der Schlacht, als der österreichische Befehlshaber Clam Gallas zwei weitere Brigaden in den Kampf schickte, um Poschacher zu unterstützen, erlitten die vorne kämpfenden Kompanien so schwere Verluste, daß er den Versuch aufgab, den Flußübergang zu halten, und einen allgemeinen Rückzug befahl. Dabei verlor er 33 Offiziere und 1 015 Mann (500 davon in Gefangenschaft), während der Verlust der Preußen 12 Offiziere und 118 Mann betrug.[10] Fontane konnte diesen Ausgang des Gefechts erst verstehen, als er feststellte, daß der Hauptrückzugsweg von einer im Westen vorbeiführenden Bahnlinie flankiert wurde.

«Es scheint mir so gut wie gewiß, daß das Gefecht schließlich durch dies Vordringen in der *Flanke* (auf dem Eisenbahndamm) entschieden wurde. Nur dadurch erklären sich die fünfhundert Gefangenen. Ein bloßer Angriff in der Front hätte es dem Feinde (der noch dazu eine Elite-Truppe an dieser Stelle ins Feuer führte), jederzeit leicht gemacht, seinen Rückzug ohne Gefangenen-Verlust zu bewerkstelligen.»[11]

Die Reisen zu den Schlachtfeldern in Böhmen und die Fahrten, die er 1871 zu den Orten unternahm, an denen sich die entscheidenden Kampfhandlungen im Französisch-Preußischen Krieg zugetragen hatten – das waren vor allem Amiens, St. Quentin, Gravelotte, St. Privat und Sedan – waren nicht nur deshalb von Bedeutung, weil sie ihm neue

Erkenntnisse brachten, sondern auch, weil seine Darstellung durch die Ortskenntnis eine Authentizität erhielt, die durch nichts zu ersetzen war. Darüber hinaus halfen diese Reisen Fontane, sich von den Kritikern aus Militärkreisen nicht beeindrucken zu lassen, die behaupteten, Zivilisten verstünden nicht genug vom Krieg, um darüber zu schreiben. Als sich Fontane später einmal zu diesem professionellen Vorurteil äußerte, sagte er, wenn der zivile Historiker seine Aufgaben gewissenhaft erfülle, könne er gleich Gutes leisten wie der Spezialist auf militärischem Gebiet, außer vielleicht in bezug auf technische Details – dafür sei er aber auf anderen Gebieten vielleicht der zuverlässigere Interpret, denn er besäße «größere Freiheit und unbefangeneres In-Rechnung-Stellen außermilitärischer Faktoren, vor allem der sogenannten Imponderabilien». Er fügte hinzu:

«Im letzten ist Kriegsgeschichtsschreibung doch nichts anderes als Geschichtsschreibung überhaupt und unterliegt denselben Gesetzen. Wie verläuft es? Ein reiches Material tritt an einen heran, und es gilt, unter dem Gegebenen eine Wahl zu treffen, ein ‹Für oder Wider›, ein ‹Ja oder Nein› auszusprechen. Auch die Darstellung des Kriegshistorischen ist zu sehr wesentlichem Teile Sache literarischer und nicht bloß militärischer Kritik.»[12]

Das ist vielleicht etwas zu nonchalant formuliert. Fontanes Gewohnheit, die Perspektive zu wechseln, aus der er die Ereignisse sah, und es so dem Leser zu ermöglichen, den Verlauf der Gefechte auch von der Gegenseite aus zu sehen, war in der Tat ein wirksamer literarischer Kunstgriff. Er verhinderte, daß seine Leser den Eindruck gewannen, die von ihm geschilderten Ereignisse hätten so enden müssen, wie sie es schließlich auch taten. Indem er die Unvermeidlichkeit des Ausgangs einer Entwicklung leugnete und der Geschichte die Optionen ließ, die sie tatsächlich einmal gehabt hatte, verlieh Fontane seinen Berichten über Kampfhandlungen das erregende Moment und jene Spannung, die man üblicherweise bei solchen Darstellungen kaum findet.

Aber der Militärhistoriker muß nicht nur, wie andere Historiker, schildern können, sondern auch erklären; dazu gehört es, Dinge zu beurteilen – darunter so schwierige

Sachverhalte wie die Strategie und Taktik, die vom militärischen Führer zu treffenden Entscheidungen und die kämpferischen Qualitäten beider Seiten. Das ist keine leichte Aufgabe, und dabei darf der Historiker nicht der Neigung nachgeben, alles, was der Sieger tut, für empfehlenswert zu halten, oder andererseits den Eindruck der Objektivität vermitteln zu wollen, indem er die Nachteile zu stark betont, mit denen der Unterlegene zu kämpfen hatte, oder seine Niederlage unvorhersehbaren Faktoren zuschreibt. Es ist bewundernswert, wie es Fontane verstand, in seinen Kriegsberichten dieses Problem zu erkennen und damit umzugehen. In seinem Urteil war er einsichtsvoll, aber auch streng, dem geschlagenen Gegner gegenüber großzügig, aber gerecht, und dort, wo das Urteil der Fachleute geteilt war, sorgte er dafür, daß der Leser erkannte, worin die Meinungsverschiedenheiten begründet lagen. In seinem Bericht über die Entscheidung des dänischen Oberbefehlshabers, die Düppeler Schanzen zu räumen und nicht zu verteidigen – eine Entscheidung, die von all denen kritisiert wurde, die der fast einhellig vertretenen Ansicht der internationalen Presse folgten, diese Verteidigungslinie sei unüberwindlich –, unternahm es Fontane nicht nur, das Vorgehen des Generals de Meza nach gründlicher Überlegung zu verteidigen, sondern erklärte gar, dieser habe mit seinem Entschluß seine ganze Armee gerettet.[13] Als er das Eingreifen der österreichischen Kavallerie in der letzten Phase der Schlacht von Königgrätz bei Stresetitz darstellte (es war dies die letzte große Kavallerie-Operation der Kriegsgeschichte), zögerte er nicht, über «Das Unglück und die Tapferkeit dieser ausgezeichneten Regimenter» zu schreiben, die es schafften, die österreichische Rückzugslinie so lange offenzuhalten. Diese Einschätzung hinderte ihn gleichwohl nicht daran, das taktische Geschick und die anderen Vorzüge der preußischen Kavallerie zu erwähnen, die den Sieg brachten.[14]

Wenn man an die kochenden Emotionen denkt, die in der Volksmeinung in Deutschland am Ende des Österreichischen Krieges und während des ganzen Konflikts mit Frankreich zum Ausbruch kamen, ist man von einer weiteren Qualität der Kriegsbücher Fontanes beeindruckt, die darin besteht, daß er sich aller ideologischen Verallgemeinerungen und moralistischen Stellungnahmen enthält. Das gilt ganz besonders für die Geschichte des Krieges gegen Frankreich, über die Hans Scholz sehr zurecht schrieb, es walte darin eine «kühle Distanziertheit» und nichts «von Gehässigkeit, von schnödem Triumph, von Hurrapatriotismus und Klamauk».[15] Fontane schrieb sein Buch zur selben Zeit, als ein Gustav Freytag tönte, der Sieg über Frankreich zeige «das Walten göttlicher Vorsehung in Zuteilung von Lohn und Strafen», in der ein Heinrich von Treitschke das Ereignis als einen Triumph der deutschen Kultur über französische Arroganz und Oberflächlichkeit feierte und ein Richard Wagner eine (freilich erst 1873 erschienene) patriotische Farce mit dem Titel *Eine Kapitulation* dichtete, in der er sich über die Leiden der Franzosen während der Belagerung von Paris lustig machte und über die Hungersnot der französischen Bevölkerung scherzte.[16] In Fontanes Buch *Der Krieg gegen Frankreich* wird man vergeblich nach etwas Ähnlichem suchen.

Fontane hat sich niemals auch nur vorübergehend von dem Kriegsfieber mitreißen lassen, das die kritische Urteilskraft anderer Schriftsteller beeinträchtigt hat. Er war weit davon entfernt, den Krieg als eine romantische Unternehmung anzusehen, und nachdem er ein besonders blutiges Feuergefecht im Schleswig-Holsteinischen Krieg geschildert hatte, schrieb er, der Krieg habe sich zu einer «Wissenschaft des Tödtens» entwickelt oder sei vielmehr dazu verkommen.[17] Die tödliche Effizienz des Zündnadelgewehrs ließ ihn mehr an die Opfer als an die Siege denken, die mit ihm erfochten wurden. Deshalb hat er sich der Kriegsbegeisterung der Öffentlichkeit nicht angeschlossen. In der «patriotischen Erregung» bei Ausbruch des Krieges gegen Frankreich habe es «unendlich viel Blech»[18] gegeben, heißt es in einem Brief an seinen «Tunnel»-Kollegen Karl Zöllner, und in einer ausführlicheren Schilderung seiner Reaktion auf die sich überstürzenden Ereignisse schrieb er an seine Frau:

«Das ganze wirkt auf mich wie eine kolossale Vision, eine vorüberbrausende Wilde Jagd, man steht und staunt und weiß nicht recht, was man damit machen soll. Eine durch Eisenbahnen regulierte Völkerwanderung, organisierte Massen, aber doch immer *Massen*, innerhalb deren man selbst als ein Atom wirbelt, nicht draußen stehend, beherrschend, sondern dem großen Zuge willenlos preisgegeben. Es ist, wie wenn es in einem Theater heißt: ‹Es brennt›; fortgerissen einem Ausgange zu, der vielleicht keiner ist, mitleidslos gedrückt, gestoßen, gewürgt, ein Opfer dunkler Triebe und Gewalten. Manche lieben das, weil es ein ‹excitement› ist; – ich bin zu künstlerisch organisiert, als daß mir wohl dabei werden könnte.»[19]

In einer Nachschrift, in der sich Fontane auf die Nachrichten bezog, die am Tage zuvor vom Sieg des V. Korps und der schlesischen Regimenter 46 und 47 bei Weißenburg gekündet hatten, fügte er hinzu:

«Mein Herz schlug mir höher bei dieser Nachricht, und doch konnte ich ein Schmerzgefühl nicht loswerden. Wozu das alles? um nichts! Blos damit Lude Napoleon festsitzt oder damit der Franzose sich ferner einbilden kann, er sei das Prachtstück der Schöpfung – um solcher Chimäre willen der Tod von Tausenden!»[20]

Sogar 1866 hatte der Dichter Fontane gezeigt, daß er im Hinblick auf die Bedeutung eines Sieges im Krieg skeptisch war, und nach Königgrätz geschrieben:

Ja, Sieg! Er hat die Herzen uns erhoben,
Er gab uns viel, – er hat auch viel genommen;
Ein Tag des Ruhmes, aber schwer erkauft.
'nen Schleier über Not und Tod und Wunden; (...).[21]

Anfang des Jahres 1871 feierte er die Triumphe des vergangenen Jahres und gab der Hoffnung Ausdruck, daß diese großartigen Erfolge nun auch ein Ende finden sollten.

Das alte Jahr, in Kampf und Mut und Streben,
Hat's uns gefeit, gewappnet und gestählt,
Du neues Jahr, oh woll' auch *das* noch geben,
Das *Eine* noch, das uns allein noch fehlt:
Laß jenen Ölzweig zu uns niederschweben,
Auf den ein jedes Herz jetzt hofft und zählt,
Zu allem, was das alte Jahr beschieden,
Du neues Jahr, oh gib uns *Frieden*, *Frieden*![22]

II

In der Geschichte der europäischen Diplomatie wurde die schleswig-holsteinische Frage allgemein als ein besonders komplexes Problem angesehen: Der britische Außenminister Palmerston hat einmal gesagt, nur drei Männer hätten sie wirklich verstanden; einer von ihnen (der Prinzgemahl der Königin Victoria, Prinz Albert) sei tot, ein zweiter, ein Staatssekretär im Auswärtigen Amt, sei verrückt geworden, und der dritte (er selbst) habe alles vergessen, was damit zusammenhinge. Die beiden Herzogtümer waren persönliches Eigentum des Königs von Dänemark, aber nicht Teil des dänischen Staatsgebiets, ein Umstand, der zu gefährlichen Verwicklungen führen konnte, auch wenn für die beiden seit dem Ripener Vertrag von 1460 der Grundsatz: «up ewig ungedeelt» galt. Holstein war fast ausschließlich von Deutschen bewohnt und Mitglied des Deutschen Bundes. In Schleswig, dessen deutsche Nationalbewegung diese Mitgliedschaft ebenfalls anstrebte, lebte eine beachtliche dänische Minderheit, und in Dänemark gab es eine starke nationalistische (*eiderdänische*) Bewegung, deren Ziel es war, Schleswig dem dänischen Königreich einzuverleiben. Es war diese Kombination von Kräften, die die Bevölkerung von Schleswig und Holstein dazu geführt hatte, die revolutionäre Situation in den Jahren 1848–1850 zu nutzen und mit Waffengewalt die Unabhängigkeit von Dänemark zu erzwingen – ein Bestreben, das von deutscher Seite, das heißt dem Paulskirchen-Parlament, ganz entschieden und von österreichischen und preußischen Kräften eher halbherzig unterstützt wurde, am Ende aber an der Tüchtigkeit der dänischen Armee und dem diplomatischen Druck Rußlands und Großbritanniens scheiterte. Diese beiden Mächte hatten 1852 die europäischen Staaten davon überzeugt, daß es notwendig sei, den *status quo ante bellum* wiederherzustellen. Damit hörte jedoch die Agitation der Eider-Dänen nicht auf, und am 18. November 1863 unterzeichnete König Christian IX. nach einem Thronwechsel in Kopenhagen eine neue Verfassung, mit der Schleswig in das Königreich eingegliedert wurde. Das führte zu einer Intervention Österreichs und Preußens und zum Krieg gegen Dänemark.

Als Theodor Fontane seine Darstellung dieses Krieges abfaßte, begann er mit einer ausführlichen Beschreibung der Geschichte der Schleswig-Holstein-Frage seit frühester Zeit. Die Ausführungen basierten auf gründlichem Fachwissen und waren stilistisch glänzend. Fontane hatte sich schon lange für diese Herzogtümer interessiert, und man mag sich daran erinnern, daß er sich 1850, als es ihm materiell sehr schlecht ging, aufgemacht hatte, um für die Freiheit dieser Herzogtümer zu kämpfen. Er muß jedoch, als er anfing zu schreiben, gewußt oder vermutet haben, daß die Frühgeschichte dieser verworrenen Entwicklungen in dem Moment jede Bedeutung verlor, als Österreich und Preußen intervenierten. Denn sie taten dies ja nicht, um die Freiheit dieser Herzogtümer zu verteidigen, sondern um die Dänen zu zwingen, die 1852 getroffenen Vereinbarungen in Zukunft einzuhalten. Und als die Dänen sich weigerten, das zu tun, und eine Niederlage einstecken mußten, übernahmen Preußen und Österreich die Herzogtümer als Treuhänder und verwalteten sie gemeinsam. Man durfte jedoch nicht damit rechnen, daß die Entwicklung nach solchen Vereinbarungen auch in Zukunft friedlich verlaufen würde. So verschlechterten sich, lange bevor Fontane sein Buch beendet hatte, die Beziehungen zwischen den beiden deutschen Mächten ganz erheblich, und zwar vor allem, weil Preußen mehr oder weniger offen danach strebte, sich die beiden Herzogtümer einzuverleiben. Das konnten die Österreicher nicht hinnehmen, was 1866 zum Kriegsausbruch führte.

Von alledem war allerdings zwei Jahre zuvor noch nichts zu ahnen, als der Krieg gegen die Dänen begann, und Fontane hütete sich davor, seine Darstellung der militärischen Operationen davon nachträglich beeinflussen zu lassen. Seine Rückschau auf die politische Geschichte endete 1863 mit der Unterzeichnung der dänischen Verfassung durch Christian IX. In der Folge wandte er seine Aufmerksamkeit ganz der militärischen Mobilmachung und dem darauffolgenden Krieg zu.

In seiner scharfsinnigen Beurteilung der Chancen der einander gegenüberstehenden Verbände stellte er mit bemerkenswerter Weitsicht fest, daß der Ausgang des Krieges in erster Linie durch die Überlegenheit des deutschen militärischen Systems gegenüber dem dänischen bestimmt werden würde. Die österreichische Armee bestand ebenso wie die preußische aus Wehrpflichtigen mit langen Dienstzeiten, zu denen im Kriegsfall Reservisten hinzukamen, die in bestimmten Zeitabständen an Wehrübungen teilnehmen mußten. Ausrüstung und Bewaffnung der Truppen war gut, und die Österreicher hatten in den Feldzügen Radetzkys und im Krieg von 1859 Kampferfahrung gesammelt. Der österreichische Oberbefehlshaber war General Ludwig von der Gablenz, der 1849 bei Kaschau in Ungarn mit dem Ritterkreuz des Maria-Theresia-Ordens ausgezeichnet worden war und sich bei Magenta 1859 hervorgetan hatte. Den entsprechenden Posten in der preußischen Armee nahm Prinz Friedrich Karl ein. Er hatte geringere Kriegserfahrung und neigte in schwierigen Situationen – wie bei Düppel 1864 und an der Bistritz 1866 – dazu, schnell den Mut zu verlieren, auch fehlte es ihm an Entschlußfreudigkeit. Aber diese Stimmungstiefs währten nicht lange, und im allgemeinen galt er als Draufgänger. Die österreichische Kavallerie und Artillerie standen in hohem Ansehen. Die Preußen ihrerseits verfügten über neue Infanteriewaffen und Feldgeschütze, die jedoch noch nicht im Einsatz erprobt waren. Ihre Infanterie war jung und kampfesmutig.

Der dänische Oberbefehlshaber, Christian Julius de Meza, war Nachfahre einer jüdischen Familie aus Portugal, die im 18. Jahrhundert nach Dänemark gekommen war. Seinen Militärdienst hatte er 1807 als Artillerist begonnen, zu der Zeit der britischen Beschießung Kopenhagens, und in den Feldzügen von 1848/50 und in der Schlacht von Idstedt 1850 hatte er sich besonders ausgezeichnet. Er hatte einige Jahre als Dozent an Militärschulen gewirkt und entsprach daher eher dem Typ eines Intellektuellen als der durchschnittliche österreichische und preußische Generalstabsoffizier. De Meza war es zu verdanken, daß die Artillerie neben den hervorragenden Pionieren den stärksten

Teil der dänischen Armee bildete. Viel weniger leistungsfähig war die Infanterie, und das lag, wie Fontane glaubte, an dem in Dänemark praktizierten Milizsystem, das keine Gewähr für eine sachgemäße Ausbildung bot. Er schrieb:

«Die Doublierung der 22 Bataillone, die bei Ausbruch des Krieges angeordnet wurde, führte zur Einstellung teils zu alter, teils zu junger Mannschaften, die die Waffe entweder noch nicht zu führen gelernt oder ihre Handhabung schon wieder vergessen hatten. Ebenso wurde das Offizier-Corps durch sogenannte Reserve-Offiziere komplettiert, denen es keineswegs an intellektueller, aber desto mehr an militärischer Bildung gebrach. Die Ausrüstung der Infanterie, in Bezug auf Waffe und Bekleidung, war ausgezeichnet, nur fehlte vielfach der eigentlich soldatische Geist. Der einzelne Mann, an und für sich ein vortreffliches Material, entbehrte körperlicher und geistiger Gewandtheit und der Selbständigkeit der Aktion.»[23]

Diese Schwäche bestimmte nach Fontanes Ansicht von Anfang an den Verlauf des Krieges.

Die verbündeten Armeen rückten am 1. Februar über die Eider nach Schleswig ein. Im Westen stießen die Österreicher von Rendsburg aus entlang der Eisenbahnlinie in Richtung auf Ober-Selk vor, trafen dabei auf heftigen Widerstand straff gegliederter Truppen und erlitten nicht unerhebliche Verluste. Doch am Ende des Tages hatte Oberst Leon Graf Gondrecourts «eiserne Brigade» die Höhen von Ober-Selk und Königsberg genommen und überblickte nun ein angeblich unüberwindliches System von Gräben und Bastionen, das sogenannte Danewerk. Die Schlüsselstellung war jedoch die Festungsanlage von Missunde, welche die Schlei beherrschte. Dort hatten die Preußen Stellung bezogen, nachdem sie die Eider überschritten hatten und, ohne auf Widerstand zu treffen, von Eckernförde aus in nördlicher Richtung rasch vorgerückt waren. So hatte man den Eindruck, daß sich hier eine Entscheidungsschlacht entwickeln könnte. Die Preußen waren sich jedoch nicht sicher, unter Einsatz ihrer Artillerie die Kapitulation erzwingen zu können, und beschlossen deshalb, die Masse der dänischen Kräfte bei Missunde durch Dauerfeuer niederzuhalten, während sie einen größeren

Verband beauftragten, die Schlei weiter stromabwärts bei Arnis zu überschreiten. An beiden Flanken bedroht, beschloß der dänische General de Meza, wie bereits erwähnt, Missunde und das ganze Danewerk zu räumen.

Eine Woche nach Beginn der Kampfhandlungen war es so den Verbündeten gelungen, das zunächst unmöglich Erscheinende zu erreichen: Der Weg nach Norden stand ihnen offen. Die Österreicher blieben den zurückweichenden Dänen hart auf den Fersen, holten sie bei Oeversee ein, besetzten nach einem blutigen Gefecht Flensburg und formierten sich zum Weitermarsch nach Jütland. Im Osten nahmen die Preußen, ohne auf Widerstand zu treffen, die Stadt Schleswig in Besitz und stießen dann weiter gegen die massiven Befestigungsanlagen der Düppeler Schanzen vor. Diese waren im Kriege 1848/50 ein Hauptangriffsziel der Streitkräfte auf beiden Seiten gewesen, hatten im Mai und Juni 1848 von den Deutschen nicht genommen werden können und waren 1849 von sächsischen und bayerischen Truppen erst nach schweren blutigen Verlusten erstürmt worden. Die Düppeler Festungsanlagen trugen nun auf beiden Seiten den Namen «das Blutloch», wurden nach Beendigung der Feindseligkeiten von 1848/50 von den Dänen verstärkt und bildeten fortan ein komplexes Grabensystem. Die Schanzen, zehn an der Zahl, waren so angelegt, daß jeder, der eine von ihnen attackierte, in das Flankenfeuer der anderen geriet. Der Festungskomplex reichte vom Alsensund zum Wenningbund, einem weiteren seine Flanken schützenden Gewässer. Darüber hinaus stand die dänische Flotte, zu der auch der Küstenpanzer «Rolf Krake» gehörte, parat, die Festungswälle und Bastionen vom Wasser her zu verteidigen. Das furchteinflößende Panzerschiff faszinierte Fontane besonders, und so widmete er ihm in seinem Buch eine sehr lebendige Schilderung.[24]

Die Preußen nahmen ihre Stellungen vor Düppel am 9. Februar ein und standen dort auch noch zwei Monate später. Dieser Umstand veranlaßte einige der gelangweilten Kriegsberichterstatter, sich darüber zu beschweren, daß sich nur die Österreicher an den Kämpfen dieses Krieges beteiligten. Man muß jedoch nur Fontanes sehr detaillierte

Der dänische Küstenpanzer «Rolf Krake», 1864.

Schilderung der Lage an den Düppeler Schanzen lesen, um zu verstehen, daß ein übereilter Angriff katastrophale Folgen hätte haben können. Die Belagerer nahmen sich viel Zeit, das Gelände zu erkunden und die verschiedensten Arten des Artilleriebeschusses auf das Grabensystem zu erproben. Zudem unternahmen die Preußen zahlreiche Aufklärungsvorstöße, um die Kampfbereitschaft der Verteidiger auf die Probe zu stellen und zu prüfen, welche Möglichkeiten es für flankierende Operationen gab, bei denen Vorstöße gegen die Insel Alsen unternommen werden könnten. Auch wartete man auf das Eintreffen schwerer Artillerie, da die bis zu diesem Zeitpunkt vorhandenen Geschütze kaum etwas gegen die dänischen Stellungen ausrichten konnten.

Indessen richteten sich die preußischen Truppen in ihren Stellungen möglichst sicher ein. In einem seiner besten und aufschlußreichsten Kapitel schildert Fontane das

Leben im Hinterland bei Gravenstein, wo das Hauptquartier des Prinzen Friedrich Karl lag, und in den benachbarten Dörfern und Biwaks. Gravenstein, wo Friedrich Karl mit einem Gefolge von sechshundert Mann im Schloß Quartier genommen hatte und festzustellen versuchte, wie er das vor ihm liegende Hindernis am besten umgehen könne, wirkte auf alle möglichen Menschen, die nicht direkt an den Kämpfen beteiligt waren, wie ein Magnet. In den wenigen Cafés und Gasthäusern traf man auf jeden erdenklichen Typ des Schlachtenbummlers. Hier tummelten sich Reporter der führenden deutschen und österreichischen Zeitungen und der Londoner *Times*, aber auch solche von der französischen und skandinavischen Presse, zudem Diplomaten und Militärattachés nicht am Krieg beteiligter Mächte, Waffenlieferanten, Geschäftemacher aller Art und – im Mittelpunkt des Interesses – Enemotto Kamadiro und Fiune Taki, zwei japanische Seeoffiziere, die aus Den Haag hierher gekommen waren, um sich ein Bild von europäischer Kriegführung zu verschaffen.[25] In den Dörfern und Truppenlagern ging es durchaus sorgenfrei und vergnügt zu, gerade so, als sei der Krieg eine Art Freizeitbeschäftigung. Auf ihren Erkundungsgängen entwickelten die jungen preußischen Soldaten einen besonderen Tauschhandel mit den ihnen gegenüberliegenden Dänen. Der Gegenstand, der sie dabei am meisten interessierte, war eine große, stabile, fest in Leder eingenähte dänische Wasserflasche. In ihrer freien Zeit vergnügten sie sich mit einer Art wildem Handballspiel, das sie «Sauball» oder «Bullenjagen» nannten. Im übrigen erfanden sie komische «Kriegsspiele»: Sie hatten festgestellt, daß die Dänen keine sehr guten Schützen waren, und versuchten, sie dazu zu bringen, dies unter Beweis zu stellen. In einem der Dörfer fand man später Fastnachtspuppen, die zum Teil so groß waren wie erwachsene Menschen. Man hatte ihnen Uniformstücke angezogen und sie hinter niedrigen Mauern oder Wällen vor den dänischen Stellungen in der Hoffnung aufgestellt, das Feuer des Gegners auf sie zu lenken. Eine besonders beliebte Freizeitbeschäftigung war die Herstellung von Geschützmodellen aus Fässern oder Ofenrohren, die man auf Hausdächern installierte und mit deren Hilfe man dann, nachdem das ganze Ritual des Ladens und Abfeuerns durchexerziert war, Geschützdonner simulierte. Als junger Mensch habe ich einmal einen Film von Harold Lloyd gesehen, in dem der Held und zwei Freunde von einer Gruppe südamerikanischer Revolutionäre verfolgt werden. Sie verstecken sich hinter einer Mauer, wo sie ein Ofenrohr und eine Trommel finden. Lloyd schiebt das Ofenrohr über die Mauer, und als einer seiner Freunde auf die Trommel schlägt, schleudert er eine Kokosnuß in Richtung auf den Feind und bläst dann Zigarrenrauch durch das Ofenrohr.[26] Mich hat dieser Film damals sehr amüsiert, aber es wäre mir im Traum nicht eingefallen, daß ich später in Theodor Fontanes Geschichte des Schleswig-Holsteinischen Krieges lesen würde, daß die preußischen Truppen ganz Ähnliches getrieben hatten.

All diese Vergnügungen hörten Ende März auf. Das ohnedies ungünstige Wetter war schlechter geworden und machte eine Landung auf der Insel Alsen unmöglich. So kam Friedrich Karl schließlich zu der Überzeugung, daß es keine andere Möglichkeit als einen Frontalangriff gab. Nach einigen Vorstößen, bei denen sich zeigte, daß es den Verteidigern an Entschlußkraft und gegenseitiger Unterstützung fehlte, ließ er seine Truppe antreten. Am 17. April begannen 46 Kompanien in Sturmkolonnen den Angriff auf die Schanzen, und schon am folgenden Tag befanden diese sich in den Händen der Preußen.

Die Zweifel, die man bisher an der preußischen Kampfkraft gehegt hatte, erwiesen sich nach diesem Sieg als unberechtigt, den der Historiker Droysen als «eines der Ereignisse» bezeichnet hat, «die in der Geschichte einer Nation eine Epoche markieren». Die jungen Infanteristen, die das Grabensystem angriffen, zeigten einen Schwung, einen Mut und eine Initiative, denen der Feind nur weichen konnte. Über die Einnahme des ersten Grabens schrieb Fontane:

«Bald, nachdem unsere Compagnieen in Schanze I. sich eingenistet hatten, erschien ‹Rolf Krake›, legte sich vor die Schanze und bewarf dieselbe mit Granaten. Lieutenant Schmölder von der Artillerie hatte aber bereits das einzige noch brauchbare Geschütz, das sich in der Schanze vorfand, nach dem Wenningbund hin in Position gebracht und empfing den ‹Rolf Krake› mit einem wohlgezielten Feuer. Er gab 14 Schuß ab, von denen sich einige als Treffer beobachten ließen; jedenfalls nahm ‹Rolf Krake› den Kampf nicht auf und brachte sich aus dem Bereich der Schanze.»[27]

Im weiteren Verlauf des Angriffs zeigten viele Soldaten und Offiziere auf beiden Seiten vorbildliche Opferbereitschaft und Tapferkeit, und Fontane flocht diese Ereignisse geschickt in seine Erzählung ein: Der tödlich verwundete Generalmajor Raven rief sterbend seinen Soldaten zu: «Ein General muß auch für seinen König bluten; vorwärts Kameraden!» Er war der erste preußische General seit Scharnhorst, der vor dem Feinde fiel;[28] der Pionier Klinke starb, als er eine Bresche in die Schanze II sprengte, indem er sich mit einer Pulverladung gegen die Palisaden warf und sie zündete.[29] Der Trommler Probst nahm einem sterbenden Kameraden die Fahne aus der Hand und führte seine Kompanie gegen den Feind.

Tambour, schlag an!
Es gilt einem Mann,
Der stürmte mit Hurrah die Schanze hinauf
Und pflanzte die Fahne des Königs darauf, (...).[30]

Angesichts dieses ersten bedeutenden Sieges seit Waterloo, nach dem Europa erkennen mußte, daß Preußen wieder als bedeutende militärische Macht zu gelten hatte, war es vielleicht nur natürlich, daß einzelne Heldentaten sofort einen legendären Charakter annahmen.

Nach der Einnahme von Düppel waren die Dänen nicht mehr bereit, Widerstand zu leisten, und die nun folgenden Unternehmungen der Verbündeten – die Überfahrt nach Alsen[31] und die Beschießung und Einnahme von Fredericia[32] – wurden bereits gegen eine geschlagene und sich zurückziehende Armee geführt. Wie Fontane es schon zu Beginn des Krieges vorhergesagt hatte, war das praktische Ergebnis der Auseinandersetzung von 1864 lediglich ein Ausdruck der Überlegenheit des militärischen Systems der Deutschen über das ihrer Gegner.

III

Der Krieg zwischen Österreich und Preußen im Jahr 1866 übertraf in jeder Hinsicht – was den Kriegsschauplatz, die Stärke der beteiligten Truppen, die Verluste und die politischen Konsequenzen anbelangte – den dänischen Konflikt, und das brachte neue Probleme für Fontane. Anstatt über einen Krieg mit festen Stellungen und Frontalangriffen zu berichten, mußte er sich jetzt mit strategischen Bewegungen und Umfassungstaktiken beschäftigen, bei denen es auf eine genaue Abstimmung zwischen dem Einsatz der verschiedenen Waffengattungen ankam. Das Ergebnis war ein Buch, das viel weniger von dem anheimelnden Lokalkolorit des dänischen Werks enthielt, dafür aber in der Analyse der taktischen Operationen und in der Beurteilung der Entscheidungen der Befehlshaber von größerem Interesse war.

Als es sich im späten Frühjahr 1866 zeigte, daß ein Krieg zwischen den beiden deutschen Großmächten unmittelbar bevorstand, gab es für das österreichische Oberkommando zwei Alternativen. Nachdem es seine Hauptkräfte in Mähren bei Olmütz konzentriert hatte, konnte es diese entweder in nördlicher Richtung nach Schlesien vorrücken lassen, um die im Ersten Schlesischen Krieg gegen Preußen verlorengegangenen Gebiete zurückzugewinnen, oder es konnte versuchen, die Gebirgspässe in Nordböhmen zu überwinden und seine Armeen über Dresden direkt auf Berlin marschieren zu lassen.

Der Chef des preußischen Generalstabs, Helmuth von Moltke, mußte mit beiden Möglichkeiten rechnen. Das bedeutete, er mußte seine Truppen in einem Bogen aufmarschieren lassen, der sich von dem nördlich von Dresden gelegenen Torgau aus, wo die sogenannte Elbarmee stationiert war, über Görlitz und Hirschberg (nördlich des Erzgebirges), wo sich die I. Armee des Prinzen Friedrich Karl gesammelt hatte, bis zur Neiße erstreckte, wo die II. Armee des preußischen Kronprinzen vor Breslau einen Schirm bildete. Die preußischen Vorkehrungen fanden harsche Kritiker, die auf gefährliche Lücken in dieser Linie hinwiesen und erklärten, daß es in erster Linie auf die Konzentration der Kräfte ankomme. Aber Moltke konnte, wie Fontane zurecht feststellte, seine Kräfte natürlich nicht bündeln, bevor er mit Sicherheit wußte, in welche Richtung die Österreicher zu marschieren beabsichtigten – und das wußte er erst Mitte Juni, als die Auseinandersetzung um Schleswig-Holstein ihren Höhepunkt erreichte und der Deutsche Bund zur Mobilmachung gegen Preußen aufrief. Preußen erklärte daraufhin den Bund für aufgelöst und Hannover, dem Kurfürstentum Hessen und dem Königreich Sachsen den Krieg und befahl seinen Truppen am 17. Juni, auf Dresden vorzurücken.

Diese Ereignisse veranlaßten die Österreicher zum Eingreifen. Ihr Oberbefehlshaber, Feldzeugmeister August Ludwig von Benedek, wurde sich plötzlich der Tatsache bewußt, daß er einem zahlenmäßig weit überlegenen Gegner gegenüberstehen würde, wenn er nicht aus Olmütz in Mähren, dem Sammlungsraum seiner Nordarmee, ausbrach und sich mit den Sachsen und möglicherweise auch mit der bayerischen Armee vereinigte. Am 18. Juni befahl er den sofortigen Vorstoß seiner Truppen – es waren 180 000 Mann – in Richtung der Festung Nikolsburg am Oberlauf der Elbe. Dies geschah ganz offensichtlich, um sich mit dem I. Armeekorps unter dem Oberbefehl des Generals Eduard Graf von Clam Gallas und der Ersten Leichten Kavalleriedivision zu vereinigen, die bereits bei Gitschin südlich der Iser aufgestellt waren, um dann die preußischen Armeen eine nach der anderen zu schlagen. Dieser Entschluß verschaffte Moltke ein klares Bild von der Lage; trotzdem wartete er noch ab, bis die Marschrichtung des Feindes bestätigt wurde, und erteilte erst dann den Kommandeuren der I. und II. Armee den Marschbefehl über die Gebirgspässe nach Böhmen, wo sie sich bei Gitschin mit der Elbarmee vereinigen sollten.

Was in der Folge geschah, war, wie Fontane erklärte, weniger der strategischen Klarsicht der Oberbefehlshaber zu verdanken als dem Zusammenwirken von prosaischeren Faktoren. Die Hoffnung Benedeks auf einen Sieg über die Preußen, bevor sie sich vereinigen konnten, zerschellte schließlich an der

«(...) großen taktischen Ueberlegenheit [der preußischen Armee], wobei das Zündnadelgewehr eine nicht unwesentliche Rolle spielte; andrerseits an jener Fülle von Hemmnissen, die man kurzweg als ‹östreichisches System› zu bezeichnen pflegt. An geistigen Fähigkeiten gebrach es der östreichischen Heeresleitung keineswegs, wohl aber an moralischen, und das gut Angelegte, kühn und klar Gedachte, es ging in erster Reihe zu Grunde nicht an einem Verstoß gegen sogenannte Fundamental-Prinzipien, sondern es litt Schiffbruch eben am ‹System›, an Geheimnißkrämerei und Wichtigthuerei, an Rivalität und falscher Rücksichtnahme, an Mißtrauen und Eigensucht.»[33]

Der Schlüssel zur taktischen Schwäche der österreichischen Infanterie lag darin, daß sie sich in erster Linie auf das Bajonett verließ, und das wiederum war die Folge einer persönlichen Voreingenommenheit des Kaisers Franz Joseph. Die neuen Ausbildungsvorschriften aus dem Jahr 1862 verlangten bei jeder Offensive eine Schocktaktik und legten weniger Wert auf das Feuergefecht oder den Einsatz der Vorposten. Sowohl im Italienischen als auch im Dänischen Krieg schien sich diese Auffassung bestätigt zu haben, und es wurde kaum beachtet, daß die Österreicher es in keinem dieser Kriege mit einem Gegner zu tun gehabt hatten, der über eine starke Feuerkraft verfügte. Die Preußen verfügten mit ihrem Zündnadelgewehr jedoch über eine Waffe, mit der sie schon auf eine Entfernung von siebenhundert Schritt mit einer dreiundvierzigprozentigen Treffsicherheit fünf Schuß pro Minute abgeben konnten. Der Erfolg dieser Waffe im Dänischen Krieg, der von den anderen Mächten nicht mit der gebotenen Aufmerksamkeit registriert wurde, bestätigte die Taktik der preußischen Befehlshaber, die ein Vorgehen in offener Schlachtordnung und mit gezieltem Feuer für das aussichtsreichste hielten.

Die verheerende Wirkung dieser Taktik zeigt sich in Fontanes Berichten über die ersten Gefechte in diesem Krieg; er beschreibt darin einerseits die österreichisch-sächsischen Operationen gegen die preußische I. Armee zwischen der Iser und Gitschin, andererseits die österreichischen Versuche, das Überwinden der Gebirgspässe bei Nachod, Skalitz, Schweinschädel, Soor und Trautenau zu verhindern. Immer wieder erlitt die österreichische Seite wesentlich höhere Verluste als die Preußen. In Nachod fielen etwa 7372 Österreicher, dagegen nur 1210 preußische Soldaten;[34] bei Skalitz waren es 5577 auf österreichischer und 1412 auf preußischer Seite.[35] Selbst bei Trautenau, wo das österreichische X. Korps unter dem Kommando des ehemaligen österreichischen Oberbefehlshabers in Dänemark, Feldmarschalleutnant Ludwig von der Gablenz, das preußische I. Korps unter Bonin erfolgreich angriff und in den Biwakraum zurücktrieb, den es am Tag zuvor verlassen hatte, übertrafen die österreichischen Verluste diejenigen der Preußen um drei zu eins.[36] Man kann den verzweifelten Aufschrei eines österreichischen Landsers bei Königinhof verstehen, der an seine Frau schrieb: «Liebe Peppi! Ich werde Dich wohl nicht wiedersehen, denn der Preuße schlägt alles todt.»[37]

Dieser erhebliche Nachteil hätte sich vielleicht zu Beginn des Krieges durch eine energische Führung ausgleichen lassen. Aber Benedek hatte seine Lorbeeren in Italien geerntet, wo er praktisch seine ganze militärische Laufbahn zugebracht hatte, und so fehlte ihm die Erfahrung auf dem Kriegsschauplatz, auf dem er jetzt kämpfen mußte. Seine Unsicherheit wurde noch dadurch verstärkt, daß sein Generalstabschef, Generalmajor Gideon von Krismanic, der ehemalige Chef des topographischen Büros, ein Pedant und im Grunde ein ängstlicher Mensch war, der ungern Risiken einging; demoralisierend wirkte zudem der Umstand, daß der amtierende Chef des Generalstabes in Wien, Feldmarschalleutnant Alfred Freiherr von Henikstein, ein notorischer Neinsager und Pessimist, ebenfalls in Benedeks Hauptquartier Posten bezogen hatte. Entschlossenes Handeln war unter diesen Voraussetzungen kaum gefragt, und das führte wiederum zu Versäumnissen und Fehlern an anderer Stelle. So brauchten die Österreicher zum Beispiel viel zu lange, um ihre Truppen von Olmütz nach Norden zu verlegen, und ließen eine, wie sich zeigte, ungenügende Deckung gegen die II. preußische Armee zurück, als Benedek von Nikolsburg nach Gitschin vorrückte. Fontane war geneigt zu glauben, Benedek selbst sei für das Fehlschlagen des Iser-Feldzuges verantwortlich gewesen, und wies darauf hin, daß der Feldzeugmeister sich augenscheinlich nicht entscheiden konnte, ob die Iser-Linie (oder auch Gitschin) nun gehalten werden sollte oder nicht, und seinen Frontkommandeuren immer wieder neue, einander widersprechende Befehle zukommen ließ.[38]

Aber nicht nur das Versagen an der Spitze hatte negative Folgen, sondern es kam noch hinzu, daß auch in den unteren Rängen verantwortungslos gearbeitet und wichtigen Details nicht die notwendige Aufmerksamkeit geschenkt wurde. Im November 1866 verfolgte Fontane die Marschroute, die die Österreicher bei ihrem Rückzug von der Iser genommen hatten; sie verlief zwischen Podol und Gitschin durch bergiges Gelände. Besonders in der Nähe des Musky-Berges fiel ihm auf, wie viele für die Verteidigung gut geeignete Bastionen von den Österreichern nicht verstärkt worden waren, und er schrieb:

> «Wenig Umsicht, wenig guter Wille, wenig Entschlossenheit hätten genügt, diese Felsenmasse zu einer uneinnehmbaren Festung zu machen. Es war aber das Schicksal Österreichs, daß es an der einen oder anderen dieser Eigenschaften (oft an allen dreien) immer wieder und wieder gebrach.»[39]

Es war eine Kombination dieser Schwächen, die zu dem Verlust der kriegsentscheidenden Schlacht führte. Bis drei Uhr nachmittags am 3. Juli glaubte Benedek an den Sieg. Links von ihm hielten seine sächsischen Verbündeten eine starke Stellung bei Problus und verhinderten jedes weitere Vorrücken der Elbarmee unter Herwarth von Bittenfeld. Die in der Mitte eingesetzte preußische I. Armee lag in dem bewaldeten Gelände beiderseits des Flusses Bistritz unter ständigem Artilleriefeuer und war nahezu am Ende ihrer Kampfkraft. Hätte Benedek hier seine Reserven eingesetzt, wäre ihm der Sieg sicher gewesen. Doch auf Anraten seiner Adjutanten zögerte er eine Entscheidung immer weiter hinaus und beachtete dabei nicht die Vorgänge an seiner rechten Flanke, gegen die die preußische II. Armee langsam, aber sicher vorrückte. Die hier unter seinem Kommando eingesetzten Truppen machten den gleichen Fehler.

Die Schlüsselstellung für die Verteidigung der rechten Flanke lag beim Dorf Chlum, auf dem Gebirgskamm, zu dessen Füßen das Hauptquartier Benedeks bei Lipa lag. Chlum wurde von der Brigade des Generalmajors von Appiano gehalten, der jedoch kurz nach ein Uhr Teilen seiner unter Feuer liegenden Truppen befahl, sich von Chlum aus in eine Senke zurückzuziehen, die vom Gebirgskamm aus nicht einzusehen war. Fontane schreibt:

«Der Schutz, den diese veränderte Stellung momentan gewährte, sollte später teuer bezahlt werden. Die Offiziere hatten eine Vorahnung davon. Sie sagten sich, die Höhe, die man jetzt freiwillig aufgebe, werde binnen kurzem wieder erstürmt werden müssen. Aber der strikte Befehl ließ keine Wahl. (...) Die Verteidigung des Orts war dem Commandeur des Regiments Sachsen-Meiningen, dem Obersten Slaveczki, anvertraut. Wie es scheint, keine besonders glückliche Wahl. Er war kurzsichtig, schien von der Existenz einer II. preußischen Armee oder doch von der Möglichkeit ihres Erscheinens nur eine vage Vorstellung zu unterhalten und beantwortete bis zuletzt die Meldungen, die bei ihm eingingen, mit der stereotypen Phrase: *‹Sie sind ein Schwarzseher›.*»[40]

Gegen diese schwachen Verteidigungskräfte errangen die vorn eingesetzten Teile der II. Armee des Kronprinzen einen vollständigen Überraschungserfolg. Gegen drei Uhr stieß das 1. Bataillon des 1. Garderegiments zu Fuß aus dem Nebel nach Chlum vor, wobei alle Verteidiger in Gefangenschaft gerieten oder fielen. Gegenangriffe bewirkten nichts, und das Garderegiment wurde ohnedies bald verstärkt. Für Benedek war die Schlacht jetzt so gut wie vorüber. Seine Hoffnung, die Armee des Prinzen Friedrich Karl an der Bistritz zu schlagen, war vergeblich gewesen, sein Hauptquartier ließ sich nicht länger halten, und seine ganze Armee mußte damit rechnen, eingekreist zu werden.

Theodor Fontanes Geschichte des Österreichisch-Preußischen Krieges – deren dramatischer Höhepunkt die Erstürmung der Befestigungsanlagen von Chlum ist – zeichnet sich durch die Klarheit der Darstellung einzelner Gefechte aus, und zwar nicht nur derjenigen, die hier Erwähnung finden, sondern auch anderer, wie zum Beispiel der letzten heftigen Kämpfe, in deren Verlauf die Österreicher sich auf Königgrätz zurückzogen, und der preußischen Operationen gegen die Hannoveraner bei Langensalza und gegen das Armeekorps des Deutschen Bundes am Main. Daß Fontane sich so sehr auf die Schilderung der Kampfhandlungen konzentrierte, hinderte ihn daran, in einzelnen Abschnitten den entspannten Erzählton zu finden, den er in seinem Buch über den Dänischen Krieg angeschlagen hatte, wo er Seitenblicke auf die Geschichte der Kampfgebiete einflocht oder auf örtliche Legenden einging – wie etwa jene von den «feindlichen Brüdern» von Missunde – oder Gedanken über den Krieg an sich und die Reaktionen der Bevölkerung auf ihn einstreute.

In einem bemerkenswerten Fall lieferte er jedoch ein düsteres Gegenstück zu seinen beschwingten Impressionen über das Lagerleben im Buch über den Krieg in Schleswig-Holstein. Es handelt sich dabei um das Kapitel mit der Überschrift «Gitschin am 30. Juni». Er zeichnet darin eine Momentaufnahme dieser geschichtsträchtigen Stadt, in der einmal der kaiserliche Feldherr im Dreißigjährigen Krieg, Wallenstein, zu Hause gewesen war, am Tag unmittelbar nach der Schlacht, in der die Österreicher aus der Stadt vertrieben und gezwungen worden waren, sich nach Osten zurückzuziehen. In dieser beeindruckenden Passage wird Fontanes zunehmende Antipathie gegen den Krieg spürbar:

«Ganz Gitschin war ein Lazareth. An allem war Mangel, an Nahrung, an Verbandzeug, an chirurgischer Hülfe. (...) Verwundete Oestreicher und Preußen, die das schleswigsche Kreuz oder die Düppelmedaille trugen, erneuerten jetzt, in gemeinschaftlichem Leid, die alte Kriegskameradschaft und unterstützten sich gegenseitig mit Rath und Hülfe. Ein besonders ergreifendes, zugleich malerisches Bild gewährten die Kirchen. Hohe Processionslaternen, barock geschnitzt und roth bemalt, dazwischen Fahnen aus dem dreißigjährigen Kriege her, bestaubt, zerrissen, hingen oder standen an den Wänden hin; auf den Stufen des Altars aber hockten ungarische Husaren, die einen blau und gold, die andern in weiße Mäntel gehüllt; – das helle Mittagslicht fiel auf Adlerfeder und Kucsma. Italiener vom Regiment Sigismund lagen in den Gängen und Nischen umher, einer mit einer Rose zwischen den blassen Lippen; Böhmen vom 18. Jäger-Bataillon kauerten in den

Kirchenstühlen und blickten bittend nach dem Marienbilde auf, bittend um Hülfe oder – um Erlösung. Zur Seite, auf bloßen Fliesen und an die Pfeilerwand gelehnt, saß eine böhmische Frau; dicht neben ihr ein verstümmelter Soldat vom Regiment Gyulai. Die Frau, vor Ermattung, war eingeschlafen. Der Verstümmelte rührte sich nicht. Er hatte den Arm um seine Pflegerin gelegt und ihren Kopf an seine Brust gezogen. (...) 2000 Verwundete lagen am Abend des 30. in Gitschin; eine gleich große Zahl war in den Flecken und Dörfern, in unmittelbarer Nähe des Schlachtfeldes, untergebracht.»[41]

IV

Fontanes Geschichte des Krieges gegen Frankreich ist wahrscheinlich das beste seiner Kriegsbücher. Mit Sicherheit ist es das mit dem größten Elan geschriebene, zugleich dasjenige, das am wenigsten Aufhebens um Deutschland macht. Vielleicht lag das daran, daß Fontane, als er dieses Buch schrieb, bewußt die öffentliche Euphorie nach dem Sieg über Frankreich dämpfen wollte. Er, der den preußischen Sieg über Österreich auf «Massenerziehung, Ehrgefühl, Vaterlandsliebe, Zündnadel, Taktik, Oberleitung» zurückgeführt hatte,[42] war angewidert angesichts des Chauvinismus und «Sozialdarwinismus», die 1871 in Deutschland grassierten, und der – später auch von Nietzsche so scharf verurteilten – Vorstellung, der Krieg sei ein Sieg der deutschen Kultur gewesen.[43] Er hat nie auch nur einen Augenblick geglaubt, die Franzosen seien den Deutschen grundsätzlich unterlegen, auch wenn sie in diesem Krieg der technischen Überlegenheit ihres Gegners Tribut hatten zollen müssen. In dem Buch, in dem er das Mißgeschick schildert, das ihn nach dem Krieg in Frankreich ereilt hatte – als er in Domrémy bei den Recherchen für sein Kriegsbuch festgenommen und in Haft gesetzt wurde –, verärgerte er viele preußische Patrioten und auch seinen eigenen Sohn George, der damals Soldat war, indem er bemerkte, die Franzosen seien den Deutschen sehr ähnlich, und ihnen Tapferkeit, Schwung und Sinn für Humor bescheinigte.[44]

Die Verherrlichung der militärischen Leistungen Preußens in Frankreich durch die Presse beunruhigte ihn. Er spürte, daß solche Presseäußerungen unheilvoll waren, zur Selbstüberschätzung des Militärs beitrugen und den militärischen Einfluß auf die öffentlichen Angelegenheiten nach dem Krieg übermäßig stärkten. In seinem Bericht über seine Reise durch Nordfrankreich und Elsaß-Lothringen im Jahr 1871 zeichnete er ein wenig schmeichelhaftes Bild von den jungen preußischen Leutnants im Annexionsgebiet und schrieb, es sei ein fragwürdiges Glück, «von den Strebern, den Abenteuerlustigen, den Rastlosen und Ambitiösen regiert zu werden».[45] Während der Zeit seiner Haft in Moulins hatte er, da ihm kein anderer Lesestoff zur Verfügung stand, fünfzig Seiten von Rabous *La Grande Armée* gelesen, einem Loblied auf Napoleons Genie und auf die seinem Befehl gehorchenden Armeen. Das Buch wollte ihm keineswegs gefallen, und deshalb legte er es beiseite und dachte sich: «Solche Bücher (...) schreibst du selbst. Sind sie *ebenso*, so taugen sie nichts. Die bloße Verherrlichung des Militärischen, ohne sittlichen Inhalt und großen Zweck, ist widerlich (...).»[46]

An die anspruchsvolle Aufgabe, eine Geschichte des Französisch-Preußischen Krieges zu schreiben, ging Fontane im Bewußtsein der Schwierigkeiten heran, vor denen jeder stand, der trotz der vorhergehenden Euphorie den Versuch unternahm, ein möglichst objektives, vollständiges und vorurteilsfreies Buch vorzulegen. Das Ergebnis waren vier Bände mit insgesamt 1900 Seiten. Fontane begann seine Darstellung mit einer meisterhaften Schilderung der Atmosphäre, die im Juli 1870 in Bad Ems geherrscht hatte. Es folgten Berichte über den preußischen Einmarsch in Frankreich, den Sieg der Strategie Moltkes bei Sedan, den von der jungen französischen Republik ausgefochtenen *guerre à outrance*, die Gefechte um Orléans, die Belagerung von Paris und die verzweifelten aber erfolglosen Feldzüge von Chanzy, Faidherbe und Bourbaki. Was Fontane hier vorlegte, hielt selbst den strengsten Maßstäben stand.

Wichtiger als der Inhaltsreichtum des Werkes ist aber das Verständnis, das Fontane, wie schon in seinen beiden früheren Kriegsbüchern, für die Fehleinschätzungen, die Kommandeuren in der Hitze des Gefechts unterlaufen können, sowie für die Strapazen und Opfer aufbrachte, die die einfachen Soldaten auf sich nehmen mußten. Zuweilen arbeitete er auch mit gezielten Kontrasten zwischen der sentimentalen Schnulzenlyrik, die der Krieg hervorzubringen pflegt, und den Blutopfern, die er fordert. Ohne die Überlegenheit der Preußen in punkto Generalstabsarbeit, Koordination zwischen den verschiedenen Waffengattungen und Führungsqualität im geringsten abwerten zu wollen, die für die preußischen Siege auf dem Schlachtfeld entscheidend war, erinnert er seine Leser immer wieder daran, daß die preußische Armee es mit einem würdigen Gegner zu tun hatte. Seine Schilderung des blutigen Gefechts bei St. Privat endet mit den Worten:

«Die französische Armee, was nicht oft genug gesagt werden kann, war glänzend. Nie hatte das Kaiserreich, weder das erste noch das zweite, etwas Besseres ins Feld gestellt. Der Feind unterlag einer Macht, die ihm an Zahl, an Rechtsbewußtsein und allerdings auch an Führung überlegen war. Die Armeen selbst waren ebenbürtig.»[47]

Die gleiche Ausgewogenheit kennzeichnete seine Analyse der Taktik der Kontrahenten und der ausschlaggebenden Fehlentscheidungen. Fontane zögerte nicht, solche Fehler sehr deutlich herauszuarbeiten, wies aber meist im gleichen Atemzug darauf hin, daß im Krieg Fehler unvermeidlich sind. Bei seiner Beurteilung der Gefechtsführung Bazaines in der Schlacht von Vionville kam er zu dem Schluß, daß der französische Befehlshaber besser über die Stärke und die Marschroute des gegnerischen Armeekorps hätte informiert sein müssen, fährt dann aber fort:

«Genaue Kenntniß des Gegners, wo es sich um ganze, mit Truppen überdeckte Quadratmeilen handelt, ist unter den denkbar günstigsten Verhältnissen immer noch eine höchst schwierige Aufgabe. Im Drang der Stunden und Ereignisse aber gestaltet sich die Erlangung jeder derartigen exacten Kenntniß nahezu zur Unmöglichkeit. Die Meldungen reichen nicht aus oder widersprechen sich und das Beste fällt dem Calcül anheim. Der Calcül Bazaine's aber war ein berechtigter.»[48]

Was sein Buch *Der Krieg gegen Frankreich* so besonders attraktiv machte und es von anderen Darstellungen dieses Krieges unterschied, war die ungewöhnliche Rolle, die er ausländischen Beobachtern und Kommentatoren einräumte.[49] Die Zahl und Vielfalt der Zitate aus den Schriften britischer und französischer Politiker und besonders aus englischen und französischen Zeitungen zeigen nicht nur, wie gründlich sich Fontane mit den zeitgenössischen schriftlichen Zeugnissen beschäftigt hat, sondern tragen auch zur Objektivität des Buches und der Farbigkeit seiner Darstellung bei. Durch solche Zitate konnte Fontane die Glaubwürdigkeit seiner Ausführungen erhöhen und eine lebendige Vorstellung von den Zuständen in der Etappe und von den Auswirkungen des Krieges auf das Zivilleben sowie den praktischen Folgen der von der französischen Regierung nach Sedan erlassenen Notverordnungen vermitteln. In diesem Zusammenhang verdienen die glänzend eingesetzte Technik historischer Rückblicke zur Erläuterung regionaler Unterschiede sowie die sorgfältige Beschreibung geographischer Gegebenheiten besondere Anerkennung wie auch die Genauigkeit, mit der er die Persönlichkeiten beschreibt, die als Akteure bei den dargestellten Ereignissen eine Rolle spielen.

Der Krieg gegen Frankreich war, kurz gesagt, ein Buch, auf das noch der kritischste Historiker hätte stolz sein können, und auch Fontane selbst war durchaus zufrieden mit seiner Arbeit. Er mußte jedoch sehr bald feststellen, daß andere seine Meinung nicht teilten, und zu ihnen gehörten nicht nur die meisten zeitgenössischen Militärschriftsteller, sondern auch der König und Kaiser, dessen Triumphe das Buch feierte. Fontane hatte geglaubt, Anspruch auf eine gewisse Anerkennung dieses mit so viel Fleiß und Einsatz verfaßten Werkes durch seine Regierung zu haben. Als jedoch der preußische Innenminister den Kaiser auf das Buch aufmerksam machte und ihn fragte, ob er den Verfasser irgendwie auszuzeichnen gedenke, lehnte Wilhelm das ab. Fontane schrieb daraufhin seiner Freundin Mathilde von Rohr enttäuscht:

«Zwölf Jahre habe ich an diesen Kriegsbüchern Tag und Nacht gearbeitet; sie feiern, nicht in großen aber in empfundenen Worten, unser Volk, unser Heer, unsren König und Kaiser; ich bereiste 1864 das gegen uns fanatisirte Dänemark, war 1866 in dem von Banden und Cholera überzogenen Böhmen, und entging in Frankreich, nur wie durch ein Wunder, dem Tode. Unabgeschreckt, weil meine Arbeit das Wagniß erheischte, kehrte ich an die bedrohlichen Punkte zurück. Dann begann meine Arbeit. Da steht sie, wenn auch weiter nichts, das Produkt großen Fleißes, ihrem *Gegenstande* nach aber das Einzige repräsentirend, dem gegenüber man eine Art *Recht* hat das Interesse des Kaisers, als des persönlichen Mittelpunkts, des Helden dieser großen Epopöe (ich spreche nur vom Stoff) zu erwarten. Und eben dieser Held und Kaiser, gefragt ‹ob er einen Grund habe dem Verfasser dieses umfangreichen Werkes wohlzuwollen oder gnädig zu sein› verneint diese Frage.»[50]

Das war eine große Enttäuschung – ganz abgesehen von den nicht erfüllten finanziellen Hoffnungen, die der Autor an das Erscheinen der Kriegsbücher geknüpft hatte –, und sie war wohl besonders bitter, weil sich darin die Undankbarkeit derer zeigte, die sie ihm bereiteten. Fontane nahm es mit aller ihm möglichen philosophischen Gelassenheit. «Eh bien», schrieb er, «es muß auch so gehen. Aber freilich hat es mehr zu meiner Erbitterung als zu meiner Erbauung gedient.»[51] Er tröstete sich mit dem Gedanken, daß das Schreiben der Kriegsbücher als solches eine lohnende Sache gewesen sei, und sagte später, als Verfasser des Buches *Der Krieg gegen Frankreich* sei er zum Schriftsteller geworden.[52] Darauf wandte er seine Aufmerksamkeit dem Romanwerk zu, durch das er heute hauptsächlich bekannt ist.

BISMARCK

Otto von Bismarck und Theodor Fontane waren Zeugen fast eines ganzen Jahrhunderts. Bismarck, der Sohn einer alten Adelsfamilie mit Stammgütern in Pommern und Brandenburg, wurde am 1. April 1815 in Schönhausen in der Mark Brandenburg geboren und starb am 30. Juli 1898 in Friedrichsruh, unweit von Hamburg. Auch Fontane stammte aus der Mark Brandenburg; er kam am 30. Dezember 1819 als Sohn eines Apothekers in Neuruppin auf die Welt und starb am 20. September 1898 in Berlin. Ihre Lebensspanne reichte von der Zeit der Spätromantik über die Unruhen des Jahres 1848, die Neuordnung des politischen Gleichgewichts in den 1860er Jahren bis in die Ära des Imperialismus und Materialismus mit den sie begleitenden politischen, gesellschaftlichen und psychologischen Veränderungen.

Zwar läßt sich nicht nachweisen, daß die beiden Männer sich einmal näher kennengelernt oder gar einen Gedankenaustausch miteinander gepflegt hätten,[1] aber das soll uns nicht davon abhalten, einige bemerkenswerte Übereinstimmungen in ihrem Leben festzustellen. Sie hatten beide einen starken Sinn für Individualität und, wie Bismarck es ausdrückte, als er 1839 die Beamtenlaufbahn aufgab, das Verlangen, Musik zu machen, «wie ich sie für gut erkenne, oder gar keine».[2] Fontane verfügte allerdings bis 1876, als er schließlich seine Arbeit im Staatsdienst quittierte, nicht über die finanziellen Mittel, dieses Ziel zu erreichen. Beide betraten die Bühne der Öffentlichkeit in den Jahren 1847/49 während der revolutionären Unruhen – wenn auch auf verschiedenen Seiten der Barrikaden. Der Landjunker Bismarck, der drohte, seine Bauern zu bewaffnen und nach Berlin zu marschieren, um den König gegen die Revolutionäre zu verteidigen, legte das Fundament für seine spätere politische Laufbahn mit seinen ebenso eloquenten wie reaktionären Reden im Vereinigten Landtag von 1847 und als Abgeordneter der extremen Rechten im neuen Landtag von 1849. Fontane spielte eine bescheidenere Rolle und versuchte als radikaler Journalist die Revolution mit seinen Zeitungsartikeln zu verteidigen. In den folgenden Jahren gab es, zumindest oberflächlich, eine gewisse Übereinstimmung in ihrer politischen Haltung. Als Otto von Manteuffel während des Krimkrieges Chef einer reaktionären Regierung in Preußen war, bekleidete Bismarck den Posten eines Gesandten beim Deutschen Bund in Frankfurt am Main. Dort widersetzte er sich entschieden und am Ende erfolgreich dem Versuch Österreichs, die deutschen Staaten zu bewegen, an der Seite Frankreichs und Großbritanniens in den Krimkrieg einzutreten. Fontane war zu dieser Zeit deutscher Presseattaché in London, wo er sich darum bemühte, die britische Entrüstung über die weitgehend von Bismarck konzipierte und betriebene Neutralitätspolitik zu beschwichtigen. Nach seiner Rückkehr aus England Ende der 1850er Jahre arbeitete Fontane für die *Kreuzzeitung,* das Blatt der äußersten Rechten, das die Politik Bismarcks während seines Konflikts mit dem preußischen Liberalismus, der sich unmittelbar an Bismarcks Ernennung zum Minsterpräsidenten im September 1862 anschloß, entschieden unterstützte. Und in der Zeit danach, als Bismarck der Architekt des Vereinigungsprozesses war, hat Fontane seine Politik nicht nur bewundert und unterstützt, sondern auch die Kriege, die sich daraus ergaben, als historischer Schriftsteller begleitet.

Die beiden Männer haben nur bei einer einzigen Gelegenheit direkt und nachweislich miteinander zu tun gehabt, und zwar als Fontane Material für seine Geschichte des Krieges gegen Frankreich sammelte. Im Oktober 1870 gewann sein leidenschaftliches Interesse an der Geschichtsschreibung die Oberhand über seinen gesunden Menschenverstand. Er begab sich aus dem von den Preußen besetzten Teil Frankreichs in die französische Kriegszone, um den Geburtsort der heiligen Johanna von Orléans zu besuchen; dort wurde er von *Francs-tireurs* gefangengenommen, der Spionage verdächtigt und eingesperrt.[3] In dieser schwierigen Lage – als Fontane sie später einmal mit preußischen Offizieren erörterte, sagten ihm diese unverblümt: «Bei uns wären Sie erschossen worden!»[4] – war es Bismarck, der ihm zu Hilfe kam. In einer offiziellen Note bat er den amerikanischen Botschafter in Frankreich, Elihu B. Washburne, sich bei der französischen Regierung für «Dr. Fontane, ein preußischer Untertan und wohlbekannter Geschichtsschreiber», zu verwenden, der auf einer «wissenschaftlichen Reise» festgenommen worden sei und in Besançon festgehalten werde, wo er sich in Lebensgefahr befinde. Solche Maßnahmen gegen «einen harmlosen Gelehrten», fügte Bismarck hinzu, seien ungerechtfertigt; er bat Washburne, der französischen Regierung klarzumachen, daß Preußen, falls Fontane nicht entlassen werde, Gegenmaßnahmen treffen und französische Untertanen, die sich in einer ähnlichen Situation befänden, ebenso behandeln werde.[5] Washburne setzte sich in diesem Sinne für Fontane ein, der daraufhin tatsächlich auf freien Fuß kam.

Ob sich Bismarck noch an diesen Vorfall erinnerte, als Fontane zum bekannten Romanschriftsteller avancierte, wissen wir nicht; auch gibt es keinen Hinweis darauf, daß er jemals einen von Fontanes Romanen gelesen hat. Das liegt nicht daran, daß sich der Reichskanzler nicht für Literatur interessiert oder keine Zeit zum Lesen gehabt hätte. Im Gegensatz zu den Politikern unserer Tage, von denen man nur selten den Eindruck gewinnt, sie läsen irgend etwas anderes als die Ergebnisse von Meinungsumfragen, war Bismarck ein durchaus belesener Mann. In seinen Reden zitierte er häufig Schiller, Goethe und Shakespeare, seltener Horaz, Gellert, Uhland, Scheffel und den irischen Dichter Thomas Moore. Sein Lieblingsdichter war Schiller. Goethe hielt er für einen Bürokraten, der sich mehr für seine Stellung bei Hofe interessiert hatte als für Literatur. Seine Werke, besonders den zweiten Teil des *Faust*, hielt Bismarck für teilweise schwer verständlich. Demgegenüber schätzte er besonders die lyrischen Dichter, die er aus seiner Jugendzeit kannte, und seine Freundin, die Baronin von Spitzemberg, wußte zu erzählen, daß er in all seinen Wohnungen die Werke von Chamisso, Uhland, Rückert und Heine zur Hand hatte und auf seinem Schreibtisch, neben Akten, stets eines oder mehrere Bücher von ihnen zu finden waren. Er kannte die Historiker Taine, Mommsen und Ranke und hatte ihre Werke gelesen; zu letzterem unterhielt er eine besonders freundschaftliche Beziehung. Bismarck war aber auch mit den Werken einer Reihe ausländischer Schriftsteller recht vertraut. So bewunderte er George Eliot und hielt Turgenjew für den bedeutendsten modernen Schriftsteller. Wir wissen ferner, daß er eine Reihe zeitgenössischer Romane wie Spielhagens *Problematische Naturen*, Freytags *Soll und Haben* und die plattdeutschen Romane von Fritz Reuter[6] gelesen hat, und dürfen auch annehmen, daß er Fontanes Dichtungen kannte – mindestens die Gedichte, die der Verfasser ihm gewidmet, und seine Kriegsbücher, die er ihm zugesandt hatte.[7] Hingegen hat Bismarck, soweit wir wissen, keinen der Romane von Fontane gelesen. Das darf man bedauern, denn es wäre interessant gewesen zu erfahren, wie er auf die – gar nicht wenigen – Passagen reagiert hätte, in denen von ihm die Rede war.

I

Beide Männer zeichneten sich dadurch aus, daß sie Briefe schreiben konnten, die nicht nur ihren Empfängern Freude bereiteten, sondern – nach ihrer postumen Veröffentlichung – auch Tausenden anderer Leser. Als Thomas Mann 1910 in einem berühmten Essay über den alten Fontane schrieb,

> «(...) kein Schriftsteller der Vergangenheit oder Gegenwart [hat] mir die Sympathie und Dankbarkeit, dies unmittelbare und instinktmäßige Entzücken, diese unmittelbare Erheiterung, Erwärmung, Befriedigung erweckt, die ich bei jedem Vers, jeder Briefzeile, jedem Dialogfetzchen von ihm empfind»,[8]

da sprach er nicht nur für viele seiner Zeitgenossen, die den Charme der Briefe Fontanes an seine Familie und seine

Freunde entdeckten, sondern er verspürte auch, ohne sich dessen bewußt zu sein, fast die gleiche Begeisterung, welche die früheren Leser der Briefe des großen Zeitgenossen Fontane empfunden hatten. Als 1869 in Hesekiels *Buch vom Grafen Bismarck* erstmals einige von Bismarcks persönlichen und politischen Briefen erschienen, schrieb der Romancier und Bühnenautor Paul Heyse: «Würde dieser Herr statt mit Politik sich zu befassen, auf dem Felde der Novellistik auftreten, so würde er als ernsthafter Konkurrent um die Gunst des Publikums einzuschätzen sein.»[9] Und Fontane selbst schrieb 1890 an Georg Friedländer: «Bismarck hat keinen größeren Anschwärmer gehabt als mich, meine Frau hat mir nie eine seiner Reden oder Briefe oder Aeußerungen vorgelesen, ohne daß ich in ein helles Entzücken geraten wäre, (...).»[10]

Es ist interessant, diese beiden Meister in der Kunst des Briefschreibens miteinander zu vergleichen. Fontane hat erst im Alter jene Briefe geschrieben, die den allgemeinen Leser ganz besonders beeindrucken – eine Tatsache, die Thomas Mann zu der eigenwilligen Ansicht führte, daß die Briefe, die Fontane als junger Mann und um die Mitte seines Lebens verfaßt habe, unerheblich seien – Fontane habe erst alt werden müssen, um er selbst zu sein.[11] Bismarcks Briefe hingegen, die in seinen späteren Jahren zunehmend die Last politischer Besorgnisse zu tragen haben, verlieren für den Durchschnittsleser zunehmend an Reiz. Der Reichskanzler, der von Jugend an gewöhnt war, sich in seinen Briefen an Freunde und Kollegen offen zu allen möglichen Fragen zu äußern, war sich dieser Entwicklung durchaus bewußt und beklagte selbst, daß die Politik der Ruin des Briefschreibens sei: «Die Politik ist wie eine große Forelle, welche die kleine Forelle auffrißt. Denn die Forellen gehören zu den Raubfischen, wie Sie wissen, – so hat die Politik jedes andere Steckenpferd, das ich jemals gehabt habe, verschlungen».[12] Die Briefe seiner Jugend und der darauffolgenden Jahre hingegen beeindrucken und bewegen uns durch den Glanz ihrer Sprache und die Weite der Stimmungen und Gefühle. Das zeigt sich zum Beispiel in den hinreißenden Briefen an seinen Göttinger Freund

Scharlach, etwa dort, wo er seinen Entschluß berichtet, ein Leben auf dem Lande zu führen:

«Du wirst hier einen fettgemästeten Landwehroffizier finden, einen Schnurrbart, der schwört und flucht, daß die Erde zittert, einen gerechten Abscheu vor Juden und Franzosen hegt und Hunde und Bediente auf das Brutalste prügelt, wenn er von seiner Frau tyrannisiert worden. Ich werde lederne Hosen tragen, mich zum Wollmarkt in Stettin auslachen lassen, und wenn man mich Herr Baron nennt, werde ich mir gutmütig den Schnurrbart streichen, und um 2 Thaler wohlfeiler verkaufen; zu Königs Geburtstag werde ich mich besaufen, und vivat schreien, übrigens mich häufig anreitzen und mein drittes Wort wird sein: Auf Aehre! Superbes Pferd! Kurz, ich werde glücklich sein im ländlichen Kreise meiner Familie, car tel est mon plaisir.»[13]

Und nur wenige Leser werden nicht von der Zärtlichkeit und Leidenschaft seiner Briefe an seine Braut Johanna von Puttkamer berührt sein, auch wenn er sich hier zuweilen ins Didaktische oder Romantische verliert. Geradezu erstaunlich ist aber seine Fähigkeit, in uns das Gefühl für eine Landschaft zu wecken und uns empfinden zu lassen, wie Licht und Schatten in den Wäldern miteinander spielen, wie die Sonne den Schaum der Brandung am Meeresufer beleuchtet und wie uns die Stille im Park von Schönhausen an einem langen Sommernachmittag beglückt. So etwas erwarten wir nicht von jemandem, der beschlossen hat, für die Politik zu leben. Hier beherrscht er eine Kunst, die wir bei dem Verfasser der *Wanderungen* noch vermissen, vielleicht weil dieser sich stets mehr für die Menschen als für die Natur interessiert hat.

Bismarcks Briefe als junger Diplomat kennzeichnet eine Präzision der Sprache, die sowohl ein heiteres Selbstvertrauen als auch ein gewisses Vergnügen an den Zweifeln seiner Vorgesetzten widerspiegelt – so etwa in einem berühmten Brief an Leopold von Gerlach nach einem Aufenthalt in Paris:

«Sie schelten mich, daß ich in Babylon gewesen bin, aber Sie können von einem lernbegierigen Diplomaten diese politische Keuschheit nicht verlangen, die einem Soldaten, wie Lützow, oder einem unabhängigen Landjunker so wohl ansteht; ich muß

m. E. die Elemente, in denen ich mich zu bewegen habe, aus eigner Anschauung kennen lernen, soviel sich mir dazu Gelegenheit bietet. Fürchten Sie dabei nicht für meine politische Gesundheit; ich habe viel von der Natur der Ente, der das Wasser von den Federn abläuft, und es ist bei mir ein ziemlich weiter Weg von der äußern Haut bis zum Herzen.»[14]

Was nun die Briefe aus den Jahren betrifft, in denen er zum Chefberater des Königs geworden war, so zeigen sie deutlich, manchmal durch eine anscheinend zufällige Bemerkung oder einen lakonischen Hinweis, die Gefahren und Verantwortlichkeiten seiner Aufgabe – «Das lernt sich in diesem Gewerbe recht, daß man so klug sein kann wie die Klugen dieser Welt und doch jederzeit in die nächste Minute geht wie ein Kind ins Dunkle»[15] –, oder man sieht mit erschütternder Deutlichkeit, welche Opfer er hat bringen müssen, wie in dem Brief an seinen Freund Albrecht von Roon vom Dezember 1872, in dem er schreibt: «(...) der König, der als Reiter im Sattel sitzt, weiß wohl kaum, daß und wie er in mir ein braves Pferd zu Schanden geritten hat; die Faulen halten besser aus, (...)»[16] In den Briefen seiner Zeitgenossen wird man schwerlich eine Definition des Ethos der Staatskunst finden, die so klar und einfach formuliert ist wie seine Antwort auf einen Brief, in dem er für seine Rücksichtslosigkeit im Umgang mit seinen Gegnern kritisiert wurde.

«Wollte Gott, daß ich außer dem, was der Welt bekannt wird, nicht andre Sünden auf meiner Seele hätte, für die ich nur im Vertrauen auf Christi Blut Vergebung hoffe!
Als Staatsmann bin ich nicht einmal *hinreichend* rücksichtslos, meinem Gefühl nach eher feig, und das, weil es nicht leicht ist, in den Fragen, die an mich treten, immer *die* Klarheit zu gewinnen, auf deren Boden das Gottvertrauen wächst. Wer mich einen gewissenlosen Politiker schilt, thut mir Unrecht und soll sich sein Gewissen auf *diesem* Kampfplatze erst selbst einmal versuchen.»[17]

Fontanes Briefe hatten nichts von dem Dämonischen, das oft so charakteristisch für die Briefe Bismarcks war. Während letzterer sich mit der Welt der Politik und der nie endenden Akrobatik des Mächtegleichgewichts beschäftigte, waren die Themen Fontanes die private Sphäre, das

Leben in der Großstadt, an der See oder in den Kurorten im Gebirge, wo der deutsche Mittelstand die Sommermonate zubrachte. Sie berichten von den alltäglichen Sorgen und Problemen in der Familie, von der Art und Weise, wie das Berufliche und die gesellschaftliche Stellung die Beziehungen zwischen Individuen und Gruppen beeinflußten und welche Entdeckungen und Enttäuschungen dabei zu bewältigen waren – und natürlich auch von Erfahrungen mit der Presse, dem Theater und der Welt der Literatur, die seine eigene war. Die Rolle Fontanes war die des interessierten, aber nüchternen Beobachters, den die Indolenz und Dummheit, der er unter seinen Mitmenschen begegnete, amüsierte, immer aber auch ein wenig entsetzte, wobei er stets bemüht war, anderen dadurch zu helfen, daß er sie an seinen eigenen Erfahrungen teilnehmen ließ. Der moralische Ernst in dem zitierten Brief Bismarcks, in dem er sich mit der Kritik an der Behandlung seiner Gegner auseinandersetzt, läßt sich bei Fontane kaum finden. Im großen und ganzen kann man seine Briefe als Beispiele für Gesellschaftsklatsch im großen Stil beschreiben. Sie sind in einem entspannten und plaudernden Ton abgefaßt, wie man ihn bei einem Gespräch unter Freunden erwarten würde. Thomas Mann hat in ihrer Ausdrucksweise und Diktion jedoch eine deutliche Verwandtschaft mit der Ballade ausgemacht und ausdrücklich darauf hingewiesen, daß die Prosa der Briefe Fontanes, auch wenn sie zunächst nicht diesen Anschein erweckt, sorgfältig und bewußt gestaltet ist; jede noch so beiläufige Äußerung darin habe innere Form und zeige gedankliche Disziplin.[18]

Schon das allein macht es zum Vergnügen, Fontanes Briefe zu lesen, ganz abgesehen von den Schätzen, auf die man während der Lektüre stößt. Viele dieser Entdeckungen, die den Leser der Briefe Fontanes erwarten, kreisen um bestimmte Themen, zum Beispiel um den Begriff des «Genies»:

«‹Genie› definiere ich dahin: *gestörtes Gleichgewicht der Kräfte*; Dahse ist ein echtes Genie d. h. ein Wunder und ein Schafskopf zugleich. Diese Herrschaft einer bestimmten Kraft auf Kosten andrer Kräfte macht das normale Genie. Es gibt nun freilich noch

Kritischer Freund der Deutschen

Gordon A. Craig

WASHINGTON (dpa) Er ist ein kritischer Freund der Deutschen und ein Intimkenner ihrer problemreichen Geschichte. Kaum ein anderer ausländischer Historiker hat den Bundesdeutschen seit Jahrzehnten so gekonnt einen Spiegel ihrer Vergangenheit vorgehalten und gleichzeitig im angelsächsischen Raum Aufklärungsarbeit über die deutsche Politik und Kultur geleistet wie Gordon A. Craig. Er feiert heute im US-Bundesstaat Kalifornien seinen 85. Geburtstag. Von einem Rückzug auf das Altenteil war bei Craig bisher keine Spur. 1997 veröffentlichte er sein Werk „Über Fontane", und im Mai eröffnete seine Festrede in Neuruppin das Fontane-Jubiläumsjahr.

Als erzliberaler Geschichtsprofessor, im schottischen Glasgow geboren, hat er nicht nur mit einer Portion Witz und Wohlwollen den Weg der Deutschen verfolgt und nachgezeichnet. „Sein wiedergewonnenes Ansehen verdankt das Land dem Vertrauensvorschuß der Alliierten und dem gelungenen Aufbau einer lebensfähigen Demokratie", sagte Craig 1993, „nicht aber einem wie auch immer gearteten deutschen Nationalismus".

Gordon Alexander Craig lebt seit 1925 in den USA und wurde vor mehr als 35 Jahren Honorarprofessor der Freien Universität Berlin. Er ist Träger des Großen Bundesverdienstkreuzes sowie des Historikerpreises der Stadt Münster, der Goethe-Medaille und Mitglied im Orden Pour le mérite.

FABRIKNEUE VW-Käfer, hergestellt in Mexiko, bieten die Brüder Nicolas (l.) und Patrick Rosenow in München an. Die importierten Wagen müssen vor dem Verkauf auf europäische Sicherheits- und Umweltnormen umgerüstet werden. Foto: dpa

NOTIZEN

Tote Freundin vergraben

Düsseldorf (dpa). Ein Grundschullehrer in Kaarst hat vermutlich aus Eifersucht seine Freundin erstochen und im Garten vergraben. Die Polizei barg die Leiche gestern, etwa zehn Tage nach der Tat. Der mut-

El Niño tötete 21 700 Menschen

Paris (dpa). Das Wetterphänomen El Niño hat zwischen April 1997 und Juni 1998 den Tod von 21 700 Menschen verursacht. Außerdem richtete es Schäden in Höhe von 57,6 Milliarden Mark an, berichtet die fran-

abnorme Genies, die man vielleicht richtiger Halbgötter nennen sollte, Naturen von solcher allgemeinen Superiorität, daß ihnen überall hin die Bewunderung folgt und die das Perpetuum mobile entdeckt haben oder an einem Strick vom Monde herabgeklettert sein würden, wenn sie es nicht vorgezogen hätten, den Hamlet zu schreiben oder mit Elefanten über die Alpen zu ziehen.»[19]

Über seine zunehmende Misanthropie schreibt er:

«Ich bin nicht menschenfeindlich, aber menschenscheu; dazu kommt, daß mir die literarische Collegenschaft so wenig gefällt, (...) das sogenannte ‹höhere Schriftstellerthum›, das nur noch aus dem Bengelthum sich rekrutirt. Diese Klage ist freilich alt, die absterbende Generation hat immer so gesprochen, aber so gewiß es wahr ist, daß Nationen sich ändern, so ändern sich auch Stände. Die Franzosen, sonst so artig, sind jetzt rüpelhaft und dieselbe Bezeichnung läßt sich dem jungen Schriftstellerthum beilegen. Alle Bescheidenheit ist aus der Welt und in vielen Kreisen herrscht ein Ton, als ob man unter den Goldgräbern in Californien lebte.»[20]

Über die Schwierigkeit, Urlaubspläne zu machen, notiert er:

«Miethet man auf 8 Tage, so kann man sicher sein, 8 Wochen oder auch 18 ruhig an der betreffenden Stelle sitzen zu können, miethet man umgekehrt auf 18 Wochen so kommt schon nach 18 Stunden was dazwischen: man wird krank, oder ein andrer wird es, oder ein Prinz will einen mit nach Italien nehmen, oder ein Buchhändler oder eine Zeitung schreibt einem: für diesen Eröffnungs- oder Trauer-Feierlichkeits-Bericht (Lokal Petersburg oder Stockholm) zahlen wir Ihnen bei freier Reise 1000 Mark. (...) das Schicksal haßt es daß der Mensch irgend was vorausbestimmt, (...).»[21]

Zum Thema «Gassenhauer» äußert er sich wie folgt:

«Faucher sagte mir mal an einem unvergeßlichen Tage, wo ich in einem halben Dutzend Londoner Tavernen und Kaffeehäusern mit ihm umherkneipte: ‹Ja, es ist etwas Sonderbares mit dem Dichterruhm. Sehen Sie, da gibt es den Gassenhauer aus dem vorigen Jahrhundert: ‹Und wenn der Große Friedrich kommt Und klopft bloß auf die Hosen, Reißt aus die ganze Reichsarmee, Panduren und Franzosen› – nun, was meinen Sie wohl, was der alte Gleim für'n Gesicht gemacht haben würde, wenn man ihm damals gesagt hätte: ‹Ja, lieber Kanonikus, wenn Ihre berühmten

Grenadierlieder vergessen sein werden, wird der Gassenhauer noch leben›.»[22]

Und über die kleinen Freuden des Lebens:

«Die berühmte Nichten-Hochzeit – die übrigens hier in Berlin spielt – findet am 14. statt, am 12. Polterabend. Alles ist untereinander verstimmt und verfeindet; der Brautvater steht aber noch auf dem Standpunkt, daß er glaubt, die ganze Sache durch ein Tütchen mit Prallinés und ein Blumensträußchen (damit doch auch das ‹sinnig Poetische› zu seinem Recht kommt) zwingen zu können. Ganz Unrecht hat er nicht; finden sich doch 3 Reserveleutnants und wird getanzt, so löst sich schließlich alles in Wohlgefallen auf und noch die spätesten Geschlechter sprechen von dem herrlichen Tag, wo es mock-turtle-Suppe gab, die aber ‹echt› war.»[23]

Jeder Verehrer von Fontane hat seine eigene Liste solcher literarischer Perlen. Für mich gehört dazu vor allem Fontanes Schilderung seiner ersten Begegnung mit *Parsifal* in Bayreuth, als er sich, obwohl er eine Karte gekauft hatte, im letzten Augenblick entschied, das Theater zu verlassen. Später schrieb er:

«Es ist jetzt 9 Uhr, und wenn ich bedenke, daß frühestens nach abermals einer Stunde ‹Parsifal› zu Ende ist, so weiß ich nicht, wie ich diese Äonen innerhalb des Theaters hätte erleben wollen. Die Ouverture habe ich gehört und im Hinausgehen noch einen glimpse von der ersten Szene gehabt; dann bin ich langsam nach Hause geschlendert (ziemlich weit) und habe gelesen, dann bin ich in die Stadt gegangen und habe erst bei einem Konditor in der Nähe der großen Brücke (gegenüber der Kaserne) und dann bei dem vielgenannten Sammet zum zweiten Male Kaffee getrunken, weil ich doch 'was tun mußte. Dann wieder nach Hause, wo ich zwei Briefe schrieb. Diese Briefe brachte ich zur Post und ging wieder eine halbe Stunde spazieren. Dann las ich, wieder zu Hause angekommen, eine ganze Stunde und habe eben auf meinem Zimmer mein Abendbrot und meinen Tee zu mir genommen und – Parsifal ist trotzdem noch lange nicht aus. Die 1500, die heute drin waren, müssen wundervoll gesund sein, oder 750 davon haben nach drei Tagen – denn es regnet und ist hundekalt – Katarrh, Brechdurchfall, Magenerkältung und Rheumatismus. Der passionierte Mensch hält alles aus; ich meinerseits bin doch fast traurig, auf Reisen (und vielleicht auch sonst) immer ein Schwächling gewesen zu sein.»[24]

In den Briefen läßt sich natürlich sehr viel mehr finden als Trivialitäten dieser Art. Sie sind die beste Informationsquelle über Fontanes Ehe und seine Familie, über seine finanziellen Probleme, über seine zahlreichen Freunde aus den ersten Tagen des «Tunnels» bis hin zu jenen aus der Zeit, da er an führender Stelle den Modernismus im deutschen Theater förderte, über seine wechselnden Auffassungen über die deutsche Gesellschaft und Kultur, seine Enttäuschung über die preußische Aristokratie und sein sich zunehmend vertiefendes Bewußtsein der Schwächen des deutschen Bürgertums. Über politische Fragen hat Fontane, wie wir sehen werden, weniger zu sagen, wohl aber sehr viel über den größten Politiker seiner Zeit. In besonderer Weise ist Bismarck die beherrschende Gestalt in Fontanes Briefen. Er hat sich ständig mit ihm auseinandergesetzt und darum bemüht, seine historische Bedeutung für das Leben in Deutschland zu ermessen, vor allem aber hat er versucht, sich über seine eigenen Gefühle für oder gegen Bismarck klar zu werden und diese zu rechtfertigen.

II

Fontane durfte sich nicht darauf beschränken, seine Gedanken über den großen Mann nur in seinen Briefen und Tagebüchern zum Ausdruck zu bringen. Nach 1870 genoß Bismarck ein so hohes Ansehen, daß seine Geburtstage und die Jahrestage seiner großen Triumphe Anlässe offizieller Festlichkeiten wurden. Wenn das geschah, wurde auch von Fontane als einem der angesehensten Balladendichter des Landes erwartet, diese Gedenktage mit einem Gedicht zu feiern.

Man kann nicht behaupten, daß der Dichter sich dieser Aufgabe mit besonderer Freude entledigte, und ebensowenig, daß ihm bei solchen Gelegenheiten seine besten Gedichte gelungen sind. Fontane hat es immer mit großer Kunstfertigkeit verstanden, zu den Geburtstagen seiner Freunde Glückwunschgedichte und andere Gelegenheitsgedichte zu verfassen, aber nur ungern schrieb er etwas in dieser Art für eine öffentliche oder offizielle Feier. Solche Ereignisse luden allzusehr dazu ein, in Klischees zu verfallen, ja machten diese fast unausweichlich. Unter solchen Umständen waren die Erwartungen an einen Dichter stets zu hoch. Es war eine Sache für Fontane, seiner eigenen Neigung folgend, eine Ballade über Marschall Keith oder den alten Derfflinger zu schreiben – denn seine Leser, die keine persönliche Beziehung zu diesen Gestalten hatten, waren überrascht und entzückt, wenn er etwas Gutes vorzulegen hatte. Aber im Falle des Reichskanzlers waren die gleichen Leute, die immer alles besser wußten «als die Regierung, namentlich als Bismarck»,[25] auch diejenigen, die natürlich genau wußten, welche Art von Gedichten zu seinen Ehren geschrieben werden mußte, und die ihre Enttäuschung sehr deutlich zum Ausdruck brachten, wenn ein Werk nicht ihren Wünschen entsprach. Es war für Fontane stets peinlich, die Verantwortung für solche Arbeiten zu übernehmen, und seine Zweifel waren im allgemeinen gerechtfertigt.

Die beiden Oden, die er im April 1885 zu Bismarcks 70. Geburtstag verfaßte, leiden erkennbar unter diesem inneren Unbehagen. Das Gedicht «Jung-Bismarck», das in Paul Lindaus Zeitschrift *Nord und Süd* veröffentlicht wurde, sollte offenbar neben einer Abbildung Bismarcks stehen, die ihn in seinem 19. Lebensjahr zeigte. Es hob mit einer Strophe an, die von einer solch bestürzenden Banalität war, daß wahrscheinlich nur wenige Leser den Wunsch verspürt haben können, weiterzulesen:

In Lockenfülle das blonde Haar,
Allzeit im Sattel und neunzehn Jahr,
Im Fluge weltein und nie zurück –
Wer ist der Reiter nach dem Glück?
Jung – Bismarck.

Für die Leser, denen dies noch nicht genügte, fragt der Dichter nach dem Wesen jenes Glücks, das der junge Mann herbeisehnt, um dann – nachdem Germania an der Quelle mit leeren und vollen Krügen hantiert hat und die Krönungszeremonie in Versailles zelebriert worden ist – mit der überwältigenden Plattitüde zu schließen, daß es darin bestehe, für das Vaterland zu leben und zu sterben.[26]

Fontane scheint sich der Unzulänglichkeit dieses Machwerks bewußt gewesen zu sein und hat vielleicht – wie sich zeigte vergeblich – gehofft, daß ein zweites seiner Gedichte mit dem Titel «Zeus in Mission» an dessen Stelle treten könnte. Darin flüchtet er sich bedauerlicherweise in vom Thema abweichende humoristische Szenen und erzählt, wie der allmächtige Gott in der zweiten Hälfte des Jahres 1862 auf die Erde hinunterblickt und feststellt, daß die Menschheit, in sich zerrissen und uneins, ihre Kräfte vergeudet, indem sie versucht, Dinge zu erreichen, die der Mühe nicht wert sind. Um sie nun wachzurütteln und aus dieser Verwirrung zu befreien, beauftragt er Zeus, den Vater der olympischen Götter, auf die Erde hinunterzusteigen, Recht und Ordnung wiederherzustellen und die Feinde Deutschlands zu vernichten. Das gelingt Zeus durch ein bloßes Wackeln mit den Augenbrauen, die daraufhin wie Donner grollen:

> Und war's nicht Donner, waren es Kanonen.
> Missunde, Düppel. Hurra, weiter, weiter:
> Nußschalen schwimmen auf dem Alsensunde.
> Hin über Lipa stürmen die Geschwader,
> Ein Knäuel von Freund und Feind. Da seht ihn selber
> Der mit dem Helm ist's und dem Schwefelkragen.
> Und Spichern, Wörth und Sedan. Weiter, weiter,
> Und durchs Triumphtor triumphierend führt er
> All Deutschland in das knirschende Paris (...).[27]

Dieses Gedicht war nicht besser als das vorige. Damit, daß er Bismarck in der Uniform der Halberstädter Kürassiere auftreten ließ, die dieser 1866 in der Schlacht bei Königgrätz getragen hatte, wollte sich Fontane wahrscheinlich der Notwendigkeit entziehen, seine Einstellung zum Bismarck der Gegenwart näher bestimmen zu müssen. Der war, wie wir sehen werden, für ihn nicht mehr der Held, als den er ihn früher verehrt hatte. In jedem Fall war, wie Reuter schreibt, weder die Form des Gedichtes noch der Rückfall in eine nicht mehr wohlgelittene Gattung patriotischer Lyrik unter diesen Umständen angemessen.[28]

Das Ende Juli 1898 nach dem Tode Bismarcks verfaßte Gedicht «Wo Bismarck liegen soll» enthält lediglich die schlichte Botschaft, daß der Reichskanzler in jenen Wäldern beerdigt werden solle, die er so liebte. Es ist den Geburtstagsoden vorzuziehen, hat jedoch ebenfalls gewisse Schwächen; dazu gehören etwa der Rückgriff auf die germanische Mythologie und das Auftreten Widukinds als *deus ex machina.*[29] Bei der Durchsicht all dieser verschiedenen Versuche, dem Thema Bismarck gerecht zu werden, kommt man zu dem Schluß, daß Fontane sein bestes Bismarck-Gedicht 1892 verfaßt hat. Es trägt den Titel «Ja, das möcht ich noch erleben». Hier spricht der Dichter von den Dingen, die sich in jedem Leben wiederholen, und davon, daß es trotzdem stets irgend etwas gibt, was man noch erleben will.

> Hin stirbt alles, ganz geringe
> Wird der Wert der ird'schen Dinge;
> Doch wie tief herabgestimmt
> Auch das Wünschen Abschied nimmt,
> Immer klingt es noch daneben:
> Ja, das möcht' ich noch erleben.

Den Wunsch, an dessen Erfüllung ihm am meisten liegt, nennt er schon in den ersten Zeilen; es sind die politischen Überraschungen, die ihm im Lauf der Jahre soviel Vergnügen bereitet haben.

> Eigentlich ist mir alles gleich,
> Der eine wird arm, der andre wird reich,
> Aber mit Bismarck – was wird das noch geben?
> Das mit Bismarck, das möcht' ich noch erleben.[30]

Das ist in der Tat kein Gedicht über Bismarck, sondern vielmehr über Fontane.

III

Um die Osterzeit 1871 machte sich Fontane auf den Weg nach Nordfrankreich und ins Elsaß, um die Reise fortzusetzen, der im Oktober des Vorjahres seine Festnahme durch die *Francs-tireurs* ein so plötzliches Ende gesetzt hatte. Auf der

Bahnfahrt von Straßburg nach Saverne (das kurz zuvor in Zabern umbenannt worden war) kam er ins Gespräch mit einem älteren Mann in einem Pfeffer-und-Salz-Anzug, den er nach seinem Äußeren und seiner Sprache für einen schwäbischen Grundbesitzer hielt. Was der Mann über Kunst und Literatur zu sagen hatte, ließ Fontane jedoch vermuten, daß mehr dahintersteckte, und daher konnte er der Versuchung nicht widerstehen, sich vorzustellen. Nun erfuhr er, daß sein Mitreisender Friedrich Theodor Vischer, Professor in Zürich und Tübingen und Verfasser der Werke *Kritische Gänge* und *Ästhetik oder Wissenschaft des Schönen,* war.

In den folgenden zwei Tagen unterhielten sich die beiden Männer ausführlich über zahlreiche Fragen und gingen dabei natürlich auch auf die gewaltigen Veränderungen ein, die Frankreich und Deutschland erlebt hatten. Vischer sagte, er hasse jeden Partikularismus, besonders den der Guelfen, und sei restlos begeistert angesichts der Ereignisse des Jahres 1870 und der Gründung des Deutschen Reichs. Nur der Architekt, der das geleistet hatte, gefiel ihm nicht.

«Es dauert mich, daß es gerade dem Bismarck gelingen mußte. Ich habe neulich drucken lassen: Germania, nachdem sie der deutsche Michel mit seinen Liedern vergeblich umfreit hatte, verfiel endlich der Keckheit eines preußischen Junkers. Er griff zu und – hatte sie.»
«Nehmen wir an» – repliziert' [Fontane] lachend – «daß es der Germania gehen wird wie den Sabinerinnen; sie waren schließlich herzlich froh, und – Römer wurden geboren.»[31]

In den Jahren nach 1871 betrachtete man Bismarck in weiten Kreisen als den Mann, ohne den die Reichsgründung unvorstellbar gewesen wäre, den Helden der Stunde, dessen Name auf jedermanns Lippen war. Weil man ihn kaum kannte oder verstand, galt er zudem als eine geheimnisvolle Gestalt, als eine unberechenbare Kraft in der Politik; er wurde daher für die traditionell herrschende Klasse, die Angehörigen der akademischen Berufe und die Besitzenden, zu einem Anlaß ernster Meinungsverschiedenheiten, des Mißtrauens und sogar der Befürchtungen. Das Gespräch Fontanes mit Friedrich Theodor Vischer war sicherlich nicht das erste und auch nicht das letzte, in dem ihm deutlich wurde, wie sehr sich bei der Erwähnung des Reichskanzlers die Geister schieden. Als er sich nun seinen Berliner Romanen zuwandte, kam er auf die Idee, auch Bismarck eine Rolle in ihnen zuzuweisen, aber nicht als Figur, die mit anderen Figuren in der erzählten Geschichte in Beziehung tritt, sondern als eine Art Schatten, der, obwohl nie persönlich in Erscheinung tretend, doch stets gegenwärtig ist. Wie Fontane viele Jahre später an Maximilian Harden schrieb: «In fast allem, was ich seit 70 geschrieben, geht der ‹Schwefelgelbe› um und wenn das Gespräch ihn auch nur flüchtig berührt, es ist immer von ihm die Rede wie von Karl oder Otto dem Großen.»[32]

Literarisch konnte sich das sehr günstig auswirken. Es war die richtige Methode, die Beziehung der Romane zur gegenwärtigen Situation herzustellen und in ihnen einen wesentlichen psychologischen Aspekt der Jahre nach der Reichsgründung aufzuzeigen. Es handelte sich dabei um den großen Einfluß der Persönlichkeit des Reichskanzlers und seiner Politik auf alle Deutschen – ungeachtet ihrer Klassenzugehörigkeit –, der viele von ihnen veranlaßte nachzuahmen, was sie an ihm bewunderten. Sowohl Van der Straaten in *L'Adultera* als auch Treibel in *Frau Jenny Treibel* tragen entschieden Bismarcksche Züge und kultivierten sie bewußt. Was die handelnden Personen in den Romanen über Bismarck und seine Politik zu sagen hatten, erwies sich als ausgezeichnetes Mittel, um ihre Persönlichkeiten, Interessen und Vorurteile deutlich zu machen, auf diese Weise die Romanhandlung voranzubringen und zugleich Fontanes eigene Kritik am Preußentum und der preußischen Gesellschaft zu transportieren, ohne daß der Autor direkt Stellung zu beziehen brauchte.

Das erste Beispiel dafür ist *L'Adultera.* Der Roman spielt um die Mitte der 1870er Jahre. Damals erreichte der Boom der Gründerjahre seinen Höhepunkt; die preußische Regierung führte ihren Kulturkampf gegen den römischen Katholizismus, und die Furcht vor einem erneuten Krieg gegen Frankreich griff um sich. In jenem ersten und nicht sehr erfolgreichen Berliner Roman beschäftigte sich Fontane vor allem mit dem Element des Spiels im doppelten Sinne dieses Wortes – als Glücksspiel und als Leichtfertigkeit im Verhalten – sowie mit dem Problem der Originalität und Integrität in einer Gesellschaft, in der gewisse Menschentypen besonderes Ansehen genossen. Er benutzte den Topos Bismarck dazu, seinen Lesern diese Themen vorzutragen. Bei einem Essen im Hause Van der Straaten bietet der Gastgeber, ein Geschäftsmann, der während des wirtschaftlichen Aufschwungs in den ersten Nachkriegsjahren viel Geld verdient hat, seinem Schwager, der dem preußischen Generalstab angehört, eine Wette an. Er behauptet, daß es innerhalb von zwei Monaten zu einem Krieg, voraussichtlich gegen Frankreich, kommen werde. Sein Schwager erwidert in aller Ruhe, das sei sehr unwahrscheinlich; das einzige Problem, mit dem sich seine Kollegen gegenwärtig beschäftigten, sei die Frage, auf welchem Schauplatz ein rein hypothetischer Krieg zwischen Großbritannien und Rußland stattfinden könnte. Einer der anderen Gäste, ein Polizeirat, gibt dem Offizier recht und erwähnt den Namen Bismarck. Er sagt, der Reichskanzler habe sicher eine sehr genaue Vorstellung davon, welche Risiken in der gegenwärtigen Situation ein Krieg mit sich bringen würde. Nachdem er bei drei verschiedenen Gelegenheiten – 1864, 1866 und 1870 – alles riskiert und gewonnen habe, werde er nun kaum ein Vabanquespiel wagen.

Das wird von dem pensionierten Legationsrat Baron Duquede entschieden bestritten, der den Reichskanzler als einen Mann bezeichnet, der in jeder Beziehung überschätzt werde und dessen gewaltige Erfolge ihn anspornten, immer neue Risiken einzugehen, wodurch im Lande ein gefährlicher Heroenkult entstanden sei.

«Ja, meine Freunde, den Heroenkultus haben wir, (...) Bildsäulen und Denkmäler sind bereits da, und die Tempel werden kommen. Und in einem dieser Tempel wird sein Bildnis sein, und Göttin Fortuna ihm zu Füßen. Aber man wird es nicht den Fortunatempel nennen, sondern den Glückstempel. (...) Alles Spiel und Glück, sag ich, und daneben ein unendlicher Mangel an Erleuchtung, an Gedanken und vor allem an großen schöpferischen Ideen.»

Duquede wirft Bismarck vor, unter der Maske des Konservatismus einen revolutionären Radikalismus zu vertreten und «ein Dschingis Khan» zu sein, der mit Ideen arbeite, die er von anderen gestohlen habe. «Ich warne Sie vor Täuschung, vor allem aber vor Überschätzung dieses falschen Ritters, dieses Glücks-Tempelherrn, an den die blöde Menge glaubt, weil er die Jesuiten aus dem Lande geschafft hat. Aber wie steht es damit? Die Bösen sind wir los, der Böse ist geblieben.»[33]

Duquede wird von seinem Gastgeber ermutigt, der, obwohl er selbst ein Bewunderer Bismarcks ist, als echter Berliner zu viel Vergnügen daran hat, die Großen schlecht zu machen, um den Kanzler zu verteidigen. Aber die Diskussion verlagert sich auf andere Bereiche, die Themen Glücksspiel und Nachahmung bleiben im Raum stehen und werden noch ihren Teil zur Handlung beitragen.

In dem Roman *Cécile* wird die gleiche Methode angewandt, um der Geschichte einen vorläufigen Schauplatz zu geben und um das Milieu zu kennzeichnen, in dem die Heldin, die ehemalige Geliebte einer Persönlichkeit aus dem Herrscherhaus, nun zu leben gezwungen ist, umgeben von einer Fronde enttäuschter Neinsager in einer Welt, die von ihnen keine Notiz mehr nimmt. Zu den Enttäuschten – die übrigens auch in diesem Roman bei einem Abendessen zusammenkommen – gehört ein ehemaliger Beamter des Kultusministeriums, der Geheimrat Hedemeyer; ihm ist es nicht gelungen, mit seinen Schmähschriften gegen die katholische Kirche den neuen Minister Adalbert Falk für sich einzunehmen und seinen früheren Posten zurückzugewinnen. Sein Zorn richtet sich nun gegen Bismarck. Er erklärt mit unverhohlener Wut, die die reaktionäre Tafelrunde begeistert, der Reichskanzler sei ein «Dalai-Lama», der Ehrfurcht vor all seinen Ideen verlange – so auch zum Beispiel vor seiner Religionspolitik, die, wie Hedemeyer behauptet, sich nicht durchsetzen werde und schließlich zum Siege Roms führen müsse. Zudem sei Bismarck «die Omnipotenz», entschlossen, jede freie Meinungsäußerung zu unterdrücken, wie sich das in der Entlassung und Verfolgung des deutschen Botschafters in Paris, Harry Graf von

Arnim, zeige, der es gewagt habe, gegen seine Frankreichpolitik zu sein.[34]

Der Fall Arnim wird noch an einer anderen Stelle aufgegriffen, und zwar in einer sehr komischen Szene des Romans *Irrungen, Wirrungen*. Die tonangebende Rolle spielt dabei Botho von Rienäcker, ein Leutnant bei den Kaiserkürassieren in Berlin, der von seinem sehr konservativen Onkel aus der Provinz in das berühmte Schlemmerlokal «Hiller» zum Mittagessen eingeladen wird. Er bringt dazu seinen Freund von Wedell, Leutnant bei den Gardedragonern, in der Hoffnung mit, auf diese Weise vermeiden zu können, daß das Gespräch eine ihm unliebsame Wendung nimmt. Doch die Rechnung geht nicht auf. Eine beiläufige Bemerkung Bothos wird von seinem Onkel als Beleidigung seines ehemaligen Rittmeisters, Edwin von Manteuffel, des späteren Chefs des Militärkabinetts und Bismarck-Gegenspielers, aufgefaßt. Das genügt, um diesen zu einem Angriff auf den Reichskanzler zu veranlassen, den er als «Federfuchser» bezeichnet.

> «Aber nicht die Federfuchser haben Preußen groß gemacht. War der bei Fehrbellin ein Federfuchser? War der bei Leuthen ein Federfuchser? War Blücher ein Federfuchser oder Yorck? Hier sitzt die preußische Feder. Ich kann diesen Kultus nicht leiden.»

Als Botho ihn beruhigt hat, wendet sich der Onkel an Wedell und fragt ihn, was er von der Behandlung Harry Arnims durch Bismarck halte. Wedell erwidert taktvoll, in Angelegenheiten der hohen Politik sei der Schwächere immer gut beraten, wenn er nicht versuche, die Pläne des Stärkeren zu durchkreuzen, es sei denn, seine Motive seien unantastbar und seine Überzeugungen edel; dann habe er allerdings die Pflicht, seinen eigenen Standpunkt zu vertreten. Doch im Falle Arnims seien diese Voraussetzungen nicht erfüllt. Diese Antwort beeindruckt den Onkel, und er meint, sie werde auch seinem Pastor zu Hause imponieren. Damit ist er bei den Problemen in der Heimat angelangt und verwickelt Botho in eine Diskussion darüber, die in eben jenes Thema mündet, dessen Erörterung er hatte vermeiden wollen: die Erwartung der Familie, er möge sich entschließen, eine reiche Cousine zu heiraten, die auf seinen Antrag hoffe. Der Onkel hält ein so eindringliches Plädoyer, daß Botho erkennt, daß er nun seine romantische und von idealistischen Vorstellungen geprägte Beziehung zu Lene, einem Mädchen aus dem Volk, beenden muß.[35]

Die meisten Menschen in Fontanes Romanen äußern sich kritisch über Bismarck (die Ausnahme ist Innstetten in *Effi Briest*, der für ihn arbeitet und ihn bewundert). Dabei scheint der Reichskanzler die Menschen zum historischen Vergleich mit Tyrannen und Gewaltmenschen anzuregen. Baron Duquede sieht in ihm einen Dschingis Khan, Geheimrat Hedemeyer einen Dalai Lama; der alte General in *Die Poggenpuhls*, der ins Theater geführt wird, um sich Ernst von Wildenbruchs *Die Quitzows* anzusehen, muß sofort an Bismarck denken, als er erlebt, wie sich die Geschichte des rebellischen Dietrich von Quitzow entwickelt, und er sagt das auch in der Pause zu seiner Nichte, nicht ohne daß andere Theaterbesucher die Ohren spitzen.

«Merkwürdig, ganz wie Bismarck. Und dabei beide, so spielt der Zufall, wie Wand an Wand geboren; ich glaube, von Schönhausen bis Quitzövel kann man mit einer Windbüchse schießen, oder ein Landbriefträger läuft es in einem Vormittag. Wunderbare Gegend, diese Gegend da; Langobardenland. Ja, wo's mal sitzt, da sitzt es. Was meinst du, Leo?»[36]

Einen letzten Quasi-Auftritt hat Bismarck in Fontanes letztem Roman, *Der Stechlin*, in einem Gespräch zwischen dem alten Dubslav Stechlin und Graf Barby, das nach dem Tod von Kaiser Friedrich III. stattfindet. Barby meint, wäre der Kaiser nicht todkrank gewesen, so hätte er in Deutschland ein liberales Zeitalter einleiten können. Dubslav bezweifelt das entschieden und erklärt, die Junker hätten das zu verhindern gewußt.

«(...) mitunter ist mir's, als stiegen die seligen Quitzows wieder aus dem Grabe herauf. Und wenn das geschieht, wenn unsre Leute sich auf das besinnen, worauf sie sich seit über vierhundert Jahren nicht mehr besonnen haben, so können wir was erleben. Es heißt immer: ‹unmöglich›. Ah bah, was ist unmöglich? Nichts

ist unmöglich. Wer hätte vor dem 18. März den ‹18. März› für möglich gehalten, für möglich in diesem echten und rechten Philisternest Berlin! Es kommt eben alles mal an die Reihe; das darf nicht vergessen werden. Und die Armee! Nun ja. Wer wird etwas gegen die Armee sagen? Aber jeder glückliche General ist immer eine Gefahr! Und unter Umständen auch noch andre. Sehen Sie sich den alten Sachsenwalder an, unsren Zivil-Wallenstein. Aus dem hätte schließlich doch Gott weiß was werden können.»
«Und Sie glauben», warf der Graf hier ein, «an dieser scharfen Quitzow-Ecke wäre Kaiser Friedrich gescheitert?»
«Ich glaub es.»[37]

IV

Wieviel von alledem entsprach nun Fontanes eigenen Ansichten über Bismarck? Vermutlich sehr wenig. In seinen Romanen äußern sich ja fiktive Personen, deren Ansichten nicht zuletzt davon bestimmt waren, welche Rolle ihnen Fontane zugedacht hatte. Welche Standpunkte vertrat Fontane selbst in den politischen Fragen, die die von ihm geschilderten Personen so sehr bewegten? Das ist nicht leicht zu beurteilen, weil er uns kaum Anhaltspunkte dazu liefert.[38]

So ist es zum Beispiel schwer zu sagen, was Fontane über die Politik des Reichskanzlers in den 1870er Jahren dachte. Über den Kulturkampf, von dem Bismarck selbst im März 1873 in einer Rede im preußischen Herrenhaus sagte «(...) es handelt sich um den uralten Machtstreit, der so alt ist wie das Menschengeschlecht, um den Machtstreit zwischen Königtum und Priestertum»,[39] findet sich nichts in Fontanes Briefen mit Ausnahme einer kurzen Erwähnung des neuen preußischen Schulgesetzes.[40] Wir erfahren über Fontanes Meinung zu diesem Konflikt und seinen Auswirkungen aus seinen Briefen keinen Deut mehr als aus den einschlägigen Stellen in seinen Romanen. Das gleiche gilt für Bismarcks Bemühungen, die Sozialdemokratie zu vernichten, die bis zur Entlassung des Reichskanzlers im Jahr 1890 einen so tiefgreifenden Einfluß auf die deutsche Politik haben sollten. Im Juni 1878 hat Fontane allerdings in einem Brief an seine Frau Zweifel geäußert, ob irgendeine Kampagne dieser Art Erfolg haben könnte, und erklärt:

«Millionen von Arbeitern sind grade so gescheidt, so gebildet, so ehrenhaft wie Adel und Bürgerstand, vielfach sind sie ihnen überlegen. (...) Alle diese Leute sind uns vollkommen ebenbürtig und deshalb ist ihnen weder der Beweis zu führen, ‹daß es mit ihnen nichts sei›, noch ist ihnen mit der Waffe in der Hand beizukommen. Sie vertreten nicht bloß Unordnung und Aufstand, sie vertreten *Ideen*, die zum Theil ihre Berechtigung haben und die man nicht todtschlagen oder durch Einkerkerung aus der Welt schaffen kann. Man muß sie *geistig* bekämpfen, und das ist, wie die Dinge liegen, sehr, sehr schwer.»[41]

Eine vernünftige Ansicht, die Bismarck jedoch nicht teilen wollte. Warum vertrat Fontane sie nicht erneut, als die Gesetze gegen die Sozialdemokratie Gestalt annahmen? Denn Tatsache ist, daß er das nicht tat.

Zum Teil mag es vielleicht daran gelegen haben, daß Fontane immer nur ein sporadisches Interesse an politischen Fragen hatte und sich niemals über längere Zeit und gründlich mit ihnen auseinandergesetzt hat. Er hatte andere Dinge zu tun; in den 1870er Jahren nahmen ihn die Arbeiten an seinem letzten Kriegsbuch und die Vorarbeiten für seinen ersten Roman ganz in Anspruch. Es mag aber auch so sein, daß es ihm niemals angenehm war, wenn seine Ansichten denen Bismarcks widersprachen, den er lange Zeit als Helden und die große historische Gestalt seiner Zeit angesehen hatte; in einem gewissen Umfang sprach er ihn deshalb von Kritik frei. Als der Maler Menzel sich einmal öffentlich über jemanden äußerte, der «zu ‹wenig Grütze› in seinem Topf» hatte, schrieb Fontane, ob eine solche Bemerkung zulässig sei oder nicht, hänge von der Bedeutung Menzels ab. Sei er nur ein guter Maler, dann dürfe er so etwas nicht sagen; wenn er jedoch «allerersten Ranges, eine epochemachende No I, ein Sanspareil» sei, dann dürfe er es sagen. «Es ist wie mit unserm Reichskanzler», fuhr er fort. «Heißt er Schnökel oder Hasemann, so muß er der Glocke des Präsidenten gehorchen, heißt er Bismarck, so muß er *nicht* gehorchen.»[42]

Im März 1881, als Bismarck den preußischen Innenminister Botho Graf zu Eulenburg zum Rücktritt zwang, schrieb Fontane:

«Der Kanzler ist ein Despot; aber er darf es sein, er *muß* es sein. Wär' er es nicht, wär' er ein parlamentarisches Ideal, das sich durch das Dümmste, was es gibt, durch Majoritäten, bestimmen ließe, so hätten wir überhaupt noch keinen Kanzler und am wenigsten ein Deutsches Reich. *Das* ist andrerseits freilich richtig, daß neben einem solchen Despoten nur unselbständige Naturen oder Kräfte zweiten und dritten Ranges dienen können, und daß jeder freie Mann wohltut, bei Zeiten seinen Rückzug anzutreten. Der freie Mann tut dabei, was ihm ziemt; aber der Kanzler tut *auch*, was ihm ziemt, wenn er sich dadurch in seinem Tun und Lassen nicht beirren läßt.»[43]

Das ist schwerlich ein Beispiel für folgerichtiges politisches Denken und spricht nicht gerade für das Vertrauen Fontanes zu demokratischen Institutionen; es zeigt aber, daß er zehn Jahre nach der Einigung Deutschlands die Führung der deutschen Politik gern dem Mann überließ, der in seinen Augen der Reichsgründer war. «Wenn er niest oder Prosit sagt», schrieb er kurze Zeit später, «finde ich es interessanter als die Redeweisheit von 6 Fortschrittlern.»[44]

Andererseits beunruhigte es ihn, daß die Autorität des Reichskanzlers untergraben wurde, und zwar nicht durch seine Politik, sondern durch Charakterschwächen und besonders durch seine Neigung, Mitarbeitern und Untergebenen zu mißtrauen. Im April 1881 notierte Fontane, Bismarcks einst so enorme Beliebtheit sei sichtlich im Abnehmen begriffen, und die Leute fingen an zu sagen, er sei «ein großes Genie, aber ein kleiner Mann»[45]. Während Bismarck im Umgang mit seinen politischen Gegnern immer reizbarer wurde, begann Fontane seine frühere Meinung über die Gründe für dessen despotisches Verhalten zu revidieren. 1887 schrieb er, er habe gelegentlich das Gefühl, Bismarck «glaube sich, gottgleich, alles erlauben zu dürfen und geht von dem Lindauschen Satze aus: ‹ein Fußtritt vom Herzog von Ratibor ist immer noch besser als ein Kuß von Bleichroeder›.»[46]

Dennoch, als Deutschland in die verwirrende und tragische Situation des Dreikaiserjahres (1888) geriet und jeder objektive Beobachter erkennen mußte, daß sich Bismarcks Amtszeit ihrem Ende näherte, ergriff Fontane fast instinktiv Partei für ihn. Als eine liberale Zeitung Überlegungen zur geschwächten Stellung des Reichskanzlers unter dem neuen Kaiser Friedrich III. anstellte, reagierte er zornig und schrieb an seine Tochter:

«(...) nach dem Größten, das *politisch* in einem Jahrtausend geleistet worden ist (denn das Friedericianische ist kleiner und das Napoleonische flüchtiger gewesen) – sich von einem Judenbengel, hinter dem leider viele, viele stehn, sagen lassen zu müssen: ‹er sei nur ein *‹Diener›* gewesen und könne, wenn er hübsch artig sein wolle, in seinem *Dienst*verhältnis bleiben›. Unerhört; furchtbar! (...) Nun werden sie wohl alle aus ihren Sümpfen und Höhlen herauskriechen, und ihm Mätzchen machen und ihn ausätschen.»[47]

Die Hetzjagd, die zum Ende der kurzen Regierungszeit Friedrichs in Hofkreisen gegen den Kanzler begonnen und nach der Thronbesteigung Wilhelms II. verschärft betrieben wurde, fand Fontane entwürdigend. So schrieb er an seinen Freund Georg Friedländer, er stehe «im *Letzten*» ganz auf Bismarcks Seite und wünsche nur, daß er im Reichstag seinen Feinden entgegentrete und «eine jener Reden hält, die im Nu um den Aequator laufen».[48] Er bleibe, schrieb er, «trotz alledem und alledem» einer der «schwärmerischen Verehrer» des Reichskanzlers.[49]

Die Meinungsverschiedenheiten zwischen Bismarck und dem jungen Kaiser erwiesen sich als unüberbrückbar; am 18. März reichte der Reichskanzler sein Rücktrittsgesuch ein, 48 Stunden später erfolgte die Entlassung. Man hatte den Eindruck, ganz Berlin begleitete ihn auf dem Weg zum Bahnhof. Sein Abschied beraubte Fontane eines der größten Vergnügen seines Alters – die Reichstagsreden des Kanzlers zu lesen (oder sich von seiner Frau vorlesen zu lassen).[50] Schwerer jedoch wog der Verlust eines Elements, das Fontanes Welt bis dahin Bedeutung verliehen hatte: das des «großen Mannes», wie Jacob Burckhardt ihn einmal definiert hatte, ohne den «die Welt uns unvollständig schiene, weil bestimmte große Leistungen nur durch ihn innerhalb seiner

Zeit und Umgebung möglich waren und sonst undenkbar sind; – er ist wesentlich verflochten in den großen Hauptstrom der Ursachen und Wirkungen».[51] Fontane drängte es, eine Erklärung für Bismarcks Rücktritt zu finden, die ihm dieses Ereignis erträglich machte. So gelangte er zu der Überzeugung, der Kanzler sei «nicht an seinen politischen Fehlern – die namentlich, solange die Dinge im Fluß sind, sehr schwer festzustellen sind – sondern an seinen Charakterfehlern gescheitert. Dieser Riese hat was Kleines im Gemüt, und daß dies erkannt wurde, das hat ihn gestürzt.»[52]

Auch in den folgenden Jahren hat Fontane nie aufgehört, mit diesem Problem zu ringen. 1891 erklärte er seinem Freund Friedländer, Bismarcks Grundfehler sei der Mangel an Edelmut, der schließlich die «häßliche Form kleinlichster Gehässigkeit» annahm und ihn schon früher vernichtet hätte, wäre er nicht mit einem «infernalen Humor» ausgestattet gewesen.[53] Später bezeichnete er in einem weiteren Brief an Friedländer den Reichskanzler als eine Art Wallenstein, der öffentlich dem Kaiser seine absolute Loyalität zusicherte, aber privat das Loyalitätsprinzip einen «Mumpitz» nannte.[54] Noch später belegte er den alten Sachsenwälder mit einer Reihe antithetischer Ehrentitel, nannte ihn einen «Übermenschen und Schlauberger», «Staatengründer und Pferdestall-Steuerverweigerer», «Heros und Heulhuber».[55] Der Eifer, mit dem er diesesThema immer wieder neu variierte, läßt die Suche nach einem Standpunkt erkennen, der es ihm erlauben würde, Abstand von seiner bisherigen Begeisterung für den Reichsgründer zu gewinnen. So schrieb er an Bismarcks Geburtstag im Jahr 1895, seine Charakterschwäche

> «erfüllt mich mit gemischten Gefühlen und läßt eine reine helle Bewunderung in mir nicht aufkommen. Etwas fehlt ihm und gerade das, was recht eigentlich die Größe leiht. Jude Neumann, uns gegenüber, hat auch nicht geflaggt und Arm in Arm mit Neumann fordre ich mein Jahrhundert in die Schranken.»[56]

Und fast auf den Tag genau zwei Jahre später bekennt er: «Ich bin kein Bismarckianer, das Letzte und Beste in mir wendet sich von ihm ab, er ist keine edle Natur.»[57]

Das klingt so entschieden, daß man es ihm abnehmen möchte, wäre da nicht die Tatsache, daß Fontane in demselben Brief Bismarck gegen die Versuche des Kaisers und seines Gefolges in Schutz nimmt, die Leistungen des alten Herrn abzuwerten. Bismarck hatte im Leben Fontanes eine so große Rolle gespielt, daß dieser es kaum ertragen konnte, ihn herabgewürdigt zu sehen. Ja, selbst wenn seine eigene Kritik am Verhalten des Reichskanzlers von anderen wiederholt wurde, beeilte er sich, ihn zu verteidigen. Bei solchen Gelegenheiten war seine Haltung einerseits natürlich unlogisch, andererseits aber doch unmißverständlich: «An Bismarck wird auch herumgetadelt (ich mit), er bleibt aber Bismarck, und das ist gerade genug.»[58]

Heinrich Mann hat einmal geschrieben: «Wer aber in Werken, Briefen, Gedichten Fontanes immer wiederkehrt, ist sein Altersgenosse Bismarck – er sieht ihn groß und klein, er weiß über ihn mehr als seither jemand wissen kann.»[59] Das ist zu überzogen, um ernstgenommen zu werden. Was Fontane über Bismarck wußte, können wir nur aus dem ersehen, was er über ihn geschrieben hat. Viele Aspekte des Lebens und der Arbeit des Reichskanzlers haben die Aufmerksamkeit Fontanes, wie wir bereits festgestellt haben, nicht ständig fesseln können. So ist es zum Beispiel sehr bedauerlich, daß er sich augenscheinlich nicht gefragt hat, was die lange Dauer der Amtszeit Bismarcks für die nächste Generation der Deutschen bedeuten mochte. Fontane hat wohl nie geglaubt, daß diese Generation eines Tages für die Sünden Bismarcks würde bezahlen müssen, dafür zum Beispiel, daß er keine sachkundigen Nachfolger auf dem Gebiet der Außenpolitik ausgebildet und an einem anachronistischen politischen System festgehalten hat, mit dessen Hilfe er versuchte – und im Fall des Liberalismus mit Erfolg –, jede fortschrittliche Tendenz zu unterdrücken. Fontane interessierte sich für die Persönlichkeit Bismarcks, aber kaum für das eigentliche Wesen seines politischen Systems. Deshalb mußten seine Versuche mißlingen, Gestalt und Grenzen der Größe des Reichskanzlers auszuloten.

THEATER

Fontanes langjährige und erfolgreiche Tätigkeit als Theaterkritiker ergab sich fast zufällig, ohne daß er sich darum bemüht oder sie geplant hätte. Der Grund lag vielmehr darin, daß er zunehmend unzufriedener wurde mit seiner Arbeit als Redaktionsmitglied der *Kreuzzeitung*. Er hatte sich schon lange über die Art geärgert, wie die Herausgeber dieser Zeitung einerseits ihre christlichen Grundsätze in den Vordergrund stellten, sich aber andererseits weigerten, Verantwortung für das Wohlergehen ihrer Angestellten zu übernehmen, besonders wenn diese krank oder alt wurden. Im Lauf der Zeit erstarkte in Fontane der Wunsch, sich als freier Schriftsteller eine gesicherte Existenz zu schaffen. So faßte er, während seine Frau in London weilte, jenen Entschluß, den sie mit Sicherheit nicht gebilligt hätte, nämlich seine Stellung bei der *Kreuzzeitung* aufzugeben.[1]

Er rechnete mit einem beträchtlichen Honorar für den dritten Band der *Wanderungen* und für die Kriegsbücher, das, wie er hoffte, durch die Tantiemen für den Roman, den er schon seit langem plante, aufgestockt werden mochte. Er war überzeugt, diese neue Arbeit rasch beenden zu können. Doch schon bald zeigte es sich, daß sich diese Hoffnungen nicht erfüllten. Da verstarb überraschend der Theaterkritiker der *Vossischen Zeitung*, der vierundachtzigjährige Friedrich Wilhelm Gubitz, und die Redaktion machte Fontane das Angebot, die Aufgabe von Gubitz am Königlichen Schauspielhaus zu übernehmen. Bereitwillig übernahm er die neue Position, eine durchaus geachtete Stellung, war doch «der alte Gubitz» ein Mann von großer Zivilcourage gewesen, der in der Berliner Politik seit der Zeit der französischen Besetzung eine honette Rolle gespielt hatte; seine

Theaterkritiken erfreuten sich breiter Beliebtheit. Das konnte sich für seinen Nachfolger nur günstig auswirken und konsolidierte zugleich dessen finanzielle Situation.[2]

Zwar mag es Leute gegeben haben, die von dieser Berufung überrascht waren, doch niemand zweifelte an Fontanes Eignung für die Aufgabe. Er war keineswegs ein «Theater-Fremdling», wie der Schauspieler Theodor Döring, der sich offenbar einmal über ihn geärgert hatte, den neuen Kritiker nannte.[3] Er hatte sich seit jeher für das Theater interessiert und 1848, wie wir gesehen haben, sogar begonnen, ein revolutionäres Drama zu verfassen, das den Kampf zwischen Charles I. von England und Cromwell zum Thema hatte. Dieses Vorhaben gab er erst auf, als technische Schwierigkeiten ihm die Weiterarbeit zu sehr erschwerten. Er war ein Kenner der deutschen Klassiker, aber auch Shakespeares, und während seines Aufenthalts in England in den 1850er Jahren hatte er Aufsätze über das englische Volkstheater nach Hause geschickt, die auch scharfsinnige Vergleiche zwischen der englischen und deutschen Literatur enthielten.[4] Zudem kannte Fontane auch die Geschichte des Berliner Theaters, und in seinem Roman *Schach von Wuthenow* griff er auf einen echten Theaterskandal aus dem Jahr 1806 zurück, zu dem es bei einer Aufführung des Stücks *Die Weihe der Kraft* von Zacharias Werner (mit A. W. Iffland in der Rolle Luthers) gekommen war[5] – das erste Mal, daß der Reformator in einem deutschen Theaterstück auftrat –, und zwar um die aufgepeitschte Stimmung in Berlin am Vorabend der Schlacht bei Jena zu illustrieren.

Außerdem glaubte Fontane an die Bedeutung des Kritikers bei der Beurteilung von Theaterstücken und an seine eigene Fähigkeit, dieser Aufgabe gerecht zu werden. Wenn das Theater, wie Schiller gesagt hatte, eine moralische Einrichtung war, dann war es die Aufgabe des Kritikers, dafür zu sorgen, daß die gegebenen Möglichkeiten auch genutzt und nicht auf der Bühne verwässert oder verschenkt wurden. Nach einem Artikel über Gutzkows *Uriel Acosta* im Jahr 1873 antwortete Fontane einem Briefschreiber, der ihm vorhielt, in seinem Urteil zu streng gewesen zu sein:

«Meine Berechtigung zu meinem Metier ruht auf einem, was mir der Himmel mit in die Wiege gelegt hat: Feinfühligkeit künstlerischen Dingen gegenüber. An diese meine Eigenschaft hab' ich einen festen Glauben; hätt' ich ihn nicht, so legte ich heute noch meine Feder als Kritiker nieder. Ich habe ein unbedingtes Vertrauen zu der Richtigkeit meines Empfindens. Es klingt etwas stark, aber ich hab es, und muß es darauf ankommen lassen, wie dies Bekenntnis wirkt (...). Dabei weiß ich mich völlig frei von Namen-Anbetung und Literatur-Heroen-Cultus.
An die Richtigkeit meiner Empfindung glaub ich, aber der Versuch diese Empfindung hinterher zu *erklären*, wodurch erst eine ‹Kritik› entsteht, dieser Versuch mag unendlich oft mißlingen.»[6]

Das ist so aufrichtig, daß es schon fast unbescheiden anmutet. Aber wenn diese Sätze auch zu zeigen scheinen, daß Fontane seine neue Stellung mit vielleicht übertrieben großem Selbstvertrauen übernahm, so lassen sie doch auch ahnen, daß er sich als Kritiker stets um Ehrlichkeit bemühte. Er prüfte alles, was ihm begegnete, sehr gewissenhaft und sagte seinen Lesern, was er darüber dachte. Er versuchte niemals zu beweisen, daß seine Ansichten durch eine besondere ästhetische Theorie oder philosophische Grundsätze gerechtfertigt seien, sondern hielt daran fest, daß er selbst seine Theorie und die von ihm vertretenen Grundsätze verkörperte. Was dies auch sonst bedeuten mochte, es mußte den Leser wohl für ihn einnehmen. Marcel Reich-Ranicki, selbst ein Literaturkritiker von einigem Ansehen, hat einmal zutreffend geäußert: «Auf jeden Fall sind jene, die sich zu diesem Bekenntnis aufschwingen, ungleich ehrlicher als die Kollegen, die sich auf ein Gesetzbuch berufen, das nicht existiert und nicht existieren kann.»[7]

Darüber hinaus bedeutete das Selbstvertrauen Fontanes nicht, daß seine Einschätzungen unausgegoren waren. Im Gegenteil – er kannte das Theater als eine Welt, die von Menschen bevölkert war, die ihre Kunst leidenschaftlich liebten und höchst empfindlich gegenüber jeder Art von Kritik waren, besonders wenn sie von Leuten vorgebracht wurde, die nicht ihrem Metier angehörten. Er wußte, daß die Theaterleute ihren Narzißmus oft bis ins Lächerliche steigerten, aber er bewunderte sie und hütete sich davor, sie dadurch zu verletzen, daß er die Schwierigkeiten negierte, die ihnen zu schaffen machten; mußten sie doch Illusionen in einer Welt erzeugen, die stolz auf ihre Sachlichkeit war. Eine Theaterkritik zu schreiben war für ihn jedesmal aufs neue ein schwieriges Unterfangen, das er stets nur hinter verschlossenen Türen in Angriff nahm, nachdem er dafür gesorgt hatte, daß er auf keinen Fall gestört werden würde. Besucher, die eintrafen, als er sich gerade darum bemühte, die rechten Worte zu finden, waren nicht willkommen und wurden schon an der Haustür vom Dienstmädchen abgewiesen: «Bedaure, der Herr hat heute Kritik.»[8]

I

Wenn Fontane eine Theaterkritik zu schreiben hatte, besuchte er die Aufführung im Königlichen Schauspielhaus und saß auf dem Parkettplatz Nr. 23. Später erzählte er, das sei kein gewöhnlicher Theaterplatz gewesen, sondern ein Sitz an der Ecke zwischen den Proszeniums- und Parkettlogen, der ein Stück in den Gang hinausragte, so daß wer dort saß, ständig von Vorübergehenden angerempelt wurde.

«Das Häßlichste war die Abgesondertheit. Wer eine hohe Meinung von sich hatte, der konnte sich beglückt fühlen, hier ein Gegenstand der Aufmerksamkeit zu sein, wer dieses Gefühls entbehrte, für den war es peinlich. Für den Eitlen war Nummer 23 ein kurulischer Stuhl, für den weniger Eitlen ein Armensünderbänkchen. Denn man bilde sich nur nicht ein, daß ein Theaterkritiker ein Richter ist, weit öfter ist er ein Angeklagter. ‹Da sitzt dieses Scheusal wieder›, habe ich sehr oft auf den Gesichtern gelesen.»[9]

Das Haus selbst entsprach ganz der Tradition des Berliner Theaters aus den Anfängen der Regierungszeit Friedrichs II., als sich Karl Theophil Doebbelin und sein großer Nachfolger Iffland darum bemüht hatten, ein Theater zu gründen, das nicht vom Hof beherrscht wurde. Es stand an der Stelle, wo zur Zeit Friedrichs die ursprüngliche Französische Komödie und danach das von Langhans 1802 erbaute Schauspielhaus gestanden hatten; letzeres hatte sich mit der Aufführung der Stücke von Kotzebue einen Namen gemacht. Das Langhans-Theater brannte 1817 nach einer Probe für Schillers *Die Räuber* nieder; vier Jahre später entstand an der gleichen Stelle das neue Haus; es war einer der großen Würfe von Karl Friedrich Schinkel. Nach dem Abriß des Langhans-Theaters klaffte zwischen den beiden barocken Kirchen beiderseits des Gendarmenmarkts eine häßliche Lücke. Schinkel löste das Problem dadurch, daß er sein neues Theater so baute, daß dessen Flügel bis zur französischen Hugenottenkirche auf der einen und der deutschen Kirche auf der anderen Seite reichten und eine Einheit bildeten, die den Besucher noch heute beeindruckt. Gottfried Riemann schreibt:

«Schinkels Genie gab dem neuen Theater eine unvergleichliche Form mit seinem breiten Treppenaufgang, der beeindruckenden Fassade mit ihren ionischen Säulen, den beiden Hauptgiebeln und den seitlich aufsteigenden Gitterstrukturen. Es war im übrigen das erste architektonisch bemerkenswerte Theater, das in Deutschland gebaut worden ist.»[10]

Als wollte er seine Zeitgenossen daran erinnern, daß die wichtigsten Dinge als erste berücksichtigt werden müssen, bemerkte Kronprinz Friedrich Wilhelm (der spätere König Friedrich Wilhelm IV.) zum Schauspielhaus pointiert: «Ein vorzüglicher Bau. Und ist auch ein Theäterchen drin.»[11]

Was auch immer dieses Theater zur Zeit Ifflands, Ludwig Devrients und Karl Seydelmanns bedeutet haben mochte – zur Zeit Fontanes schien es entschieden an Qualität verloren zu haben, und daher ließ sich das Königliche Schauspielhaus auch nicht mit dem Burgtheater in Wien oder dem Théâtre Français in Paris vergleichen. Der dänische Kritiker Georg Brandes, der von 1877 bis 1883 in Berlin lebte, meinte, es sei eine Art «trauriger Guckkasten» gewesen, wie er in jeder Provinzstadt zu finden sei. Er sagte das durchaus nicht, weil es etwa den führenden Schauspielern an Talent gemangelt hätte, denn in Luise Erhartt, Minona Frieb-Blumauer und Clara Meier hatte das Königliche Schauspielhaus drei sehr beliebte Schauspielerinnen und in dem Charakterdarsteller Theodor Döring einen Mann, dessen Mephistopheles und Shylock das Publikum zutiefst erschütterten. Vielmehr schrieb Brandes die Tatsache, daß die Aufführungen manchmal weniger gut waren als diejenigen am Königlichen Theater in Kopenhagen, der Leitung des Theaters zu,

«(...) die keine vier Wochen in einem Land geduldet würde, wo sich die öffentliche Meinung gegenüber den Schrullen des Monarchen Geltung zu verschaffen wagte. In Deutschland opponiert man nicht gegen eine Willensäußerung Kaiser Wilhelms; man läßt die Vernunft vom Gehorsam gefangennehmen. Und so hat ein alter verstaubter Höfling, ein abgedankter Militär, der niemals Pulver gerochen und gleichwohl nicht den leisesten Schimmer von Kunst hat, ein Herr von Hülsen, dessen Gattin unter dem Namen Helene schwächliche Novellen schreibt, die Erlaubnis erhalten, das Nationaltheater nach seinem Bilde zu formen – und es gibt nicht die geringste Hoffnung auf seinen Abschied, bevor nicht der Tod ihn oder den Kaiser ereilt. Man weiß, daß kein anderer Theaterdirektor ihn ablösen wird, solange der Kaiser nicht die Augen schließt, und man weiß, daß seine Herrschaft ein Regiment der Geistlosigkeit ist. Er hat es weder verstanden, ein Repertoire zusammenzustellen, noch Schauspieler heranzuziehen. Auf sie und auf die Zuschauer hat er in des Wortes künstlerischem Verstand demoralisierend gewirkt.»[12]

Diese etwas einseitige Einschätzung war nicht unbeeinflußt von Brandes' Abneigung gegen das konservative Repertoire des Königlichen Schauspielhauses und davon, daß Stücke aus Frankreich oder den skandinavischen Ländern in den ersten Jahren des neuen Reichs ebensowenig gespielt wurden wie antike griechische Dramen. Für einen Mann vom Temperament Brandes' bot das Schauspielhaus am Gendarmenmarkt nur ein langweiliges und wenig attraktives Programm. Dabei übersah er jedoch die Tatsache, daß es nun einmal gerade das war, was das neue deutsche Publikum, die kultivierten, liberalen, patriotischen Leser der *Vossischen Zeitung*, die das Königliche Schauspielhaus besuchten, sehen wollten. Sie erwarteten, im Theater unterhalten zu werden, solange es nicht gegen die Regeln des Anstands und der Moral verstieß; noch wichtiger war die

Tatsache, daß sie durch anregende Interpretationen des Lebens sowie der menschlichen Bemühungen um Moral, Zivilcourage und das Schöne und Erhabene erbaut zu werden wünschten.

Das Königliche Schauspielhaus entsprach diesem Verlangen mit einem Spielplan, der im Vergleich mit anderen modernen Theatern sehr umfangreich war. So war etwa Shakespeare nicht nur mit seinen Tragödien reichlich vertreten, sondern auch mit den Publikumslieblingen *Twelfth Night* und *Midsummer Night's Dream*, dem romantischen *The Winter's Tale* und den historischen Dramen, besonders *Henry IV.*, Teil I und II und *Richard III.* Das letztgenannte Drama wurde in den Jahren 1828 bis 1887 allein in Berlin einhundertmal aufgeführt.[13] Shakespeare galt seit Erscheinen der Schlegel-Tieckschen Übersetzung zu Beginn des Jahrhunderts als «deutscher Klassiker», und daher war es nur selbstverständlich, daß seine Dramen regelmäßig auf dem Theaterprogramm erschienen. Jeder Protagonist am Berliner Theater seit der Zeit Seydelmanns hatte sich seine Sporen mit den bekannten Rollen aus Shakespeares Werken verdient. Immerhin war das Publikum sachverständig genug, um Dörings Shylock mit dem von Dessoir oder mit den Interpretationen von Schauspielern anderer europäischer Theater zu vergleichen, die gelegentlich Gastspiele im Königlichen Schauspielhaus gaben und sich dabei meist für eine Rolle aus Shakespeare entschieden wie etwa der berühmte italienische Schauspieler Ernesto Rossi, der 1881 als Hamlet gastierte.

Unter den deutschen Klassikern war Schiller mit *Kabale und Liebe*, der *Wallenstein-Trilogie*, *Maria Stuart*, *Die Räuber* und – zu patriotischen Anlässen – *Wilhelm Tell* der Beliebteste. Es war eine Wilhelm Tell-Aufführung, über die Fontane am 18. August 1870, auf dem Höhepunkt des Krieges gegen Frankreich, seine erste Besprechung in der *Vossischen Zeitung* schrieb.[14] Von Lessing wurden *Minna von Barnhelm* und *Emilia Galotti* häufiger aufgeführt als *Nathan der Weise,* von Goethe der *Egmont* häufiger als jedes andere seiner Dramen. Minna, Thekla und Klärchen waren, solange Fontane als Theaterkritiker tätig war, die beliebtesten Rollen aller

Gastschauspielerinnen.[15] Gerade das beste Stück Kleists, *Prinz Friedrich von Homburg*, wurde nur selten aufgeführt, denn der Anblick eines Fürsten, der um sein Leben fleht, war für Patrioten schwer zu ertragen, besonders für die männlichen Zuschauer, die sich statt dessen am bäuerlichen Humor von *Der zerbrochene Krug* ergötzen mußten. Von Grillparzer führte man bevorzugt *Des Meeres und der Liebe Wellen* und *Medea* auf.

Ein großer Teil des Theaterprogramms war der Darstellung der zeitgenössischen Gesellschaft gewidmet, wobei die komische Muse mehr zum Zuge kam als die tragische. Am erfolgreichsten waren die Theaterstücke von Charlotte Birch-Pfeiffer und Roderich Benedix, die sich lange Zeit großer Beliebtheit erfreuten. Charlotte Pfeiffer war schon im Alter von dreizehn Jahren Mitglied des Münchner Hoftheaters und hatte seither auf Gastspielreisen durch ganz Europa als Phaedra, Medea, Lady Macbeth und Maria Stuart geglänzt. Nach ihrer Heirat im Jahr 1825 entdeckte ihr Ehemann, ein Dr. Birch aus Kopenhagen, daß sie auch als Verfasserin von Theaterstücken Talent besaß, die zwar ausländischen Vorbildern nachempfunden, aber erregend, sentimental, durch und durch moralisch, unfehlbar geschmackvoll geschrieben waren. Auch waren sie, was ebenso wichtig war, gut komponiert, so daß sich alle aus der Handlung ergebenden Probleme gelöst hatten, bevor der letzte Vorhang fiel.[16] Sechs der von ihr verfaßten Stücke blieben während der ganzen 70er und 80er Jahre des 19. Jahrhunderts auf dem Spielplan des Königlichen Schauspielhauses. Am häufigsten gespielt wurden *Die Waise von Lowood* (1856) – nach dem Roman *Jane Eyre* – und *Die Grille* (1856) nach *La Petite Fadette* von Georges Sand.

Noch beliebter als Charlotte Birch-Pfeiffer war Roderich Benedix, der im Alter von zwanzig Jahren zur Bühne ging, in den Jahren 1855 bis 1859 Direktor des Stadttheaters in Frankfurt am Main wurde und dann bis zu seinem Tode 1873 in Köln und Leipzig wirkte. Benedix schrieb mehr als hundert Theaterstücke, die meisten von ihnen Komödien, in denen das Leben des deutschen Bürgertums in allen Einzelheiten so lebendig dargestellt wurde, wie dies Scribe und

Dumas mit ihren Stücken in Frankreich geleistet hatten. Dramen wie *Der Störenfried* und *Aschenbrödel* fanden im Königlichen Schauspielhaus ihre natürliche Heimat, wo sie von Akteuren wie Harry Liedtke, der mit seinen Rollen als «Onkel aus Amerika» hohe Popularität gewann, oder Veteranen wie Döring und Frieb-Blumauer in Vollendung auf die Bretter gebracht wurden.

Schließlich überrascht es auch nicht, daß ein großer Teil des Programms des Königlichen Schauspielhauses aus patriotischen Theaterstücken und historischen Dramen bestand, wenn man einerseits den glühenden Nationalismus, der in den 1870er Jahren in Deutschland herrschte, und andererseits das hohe Ansehen und die Breitenwirkung von Historikern wie Ranke, Droysen, Mommsen, Burckhardt und Treitschke in Rechnung stellt. Der Sieg über Frankreich inspirierte Karl Gutzkow zu seinem letzten Stück *Der Gefangene von Metz* (1871), Paul Heyse zu *Kolberg* (1870), dessen Thema der Befreiungskrieg gegen Napoleon war, und schließlich Karl Koberstein zu *Um Nancy* (1873), worin er das Scheitern der Intrigen Richelieus gegen Lothringen im Dreißigjährigen Krieg thematisierte. Die herrschende Zeitstimmung erklärt wahrscheinlich auch die Beliebtheit von Hans Herrigs *Konradin* (1884) – ein Werk, das die Ermordung Konrads von Hohenstaufen durch die Franzosen in Neapel im Jahr 1354 behandelt. Auch die Geschichte des Hauses Hohenzollern und Preußens fanden jetzt stärkere Beachtung als vor 1870. Sie waren jetzt nicht mehr nur Themen des sehr fleißigen Gustav von Putlitz (mit vollem Namen Gustav Gans Edler Herr zu Putlitz), der beispielsweise *Das Testament des großen Kurfürsten* verfaßte, ein 1859 entstandenes Stück, das aber zu Fontanes Zeiten noch häufig aufgeführt wurde, oder *Die Unterschrift des Königs*. Auch Ernst von Wildenbruch fand Anerkennung mit seinem Drama *Die Quitzows*, einem Stück über die räuberischen Barone, die im 15. Jahrhundert die Mark Brandenburg terrorisiert hatten und von Friedrich von Hohenzollern besiegt worden waren; es wurde 1888 ein sensationeller Erfolg.

Gustav von Putlitz war vielleicht am ehesten für seine Theaterstücke über die Hohenzollern bekannt, er schrieb aber auch eines, das in England spielte, *Wilhelm von Oranien in Whitehall,* und ein anderes über *Don Juan de Austria.* Heinrich Laube, dessen Stück über Schiller, *Die Karlsschüler* (1846), in den 1870er und 1880er Jahren immer noch auf dem Programm der Theater stand, hatte seinen größten Erfolg mit einem Werk über die Regierungszeit der Königin Elisabeth von England, *Graf Essex* (1856).

Aber es waren doch nicht nur patriotische Gefühle, die das Publikum veranlaßten, sich historische Dramen anzusehen. Viele Menschen besuchten das Theater zudem, um neue Dramen über Gestalten aus längst vergangenen Epochen, wie etwa den Kaiser Tiberius, zu sehen, über den Julius Grosse 1878 eine Tragödie schrieb. Der Theaterbesucher, der dramatische Aufführungen genießen und zugleich sein historisches Wissen erweitern wollte, hatte eine breite Auswahl: Da waren Albert Lindners *Brutus und Collatinus* (1879), Ernst von Wildenbruchs *Die Carolinger* (1883), *Der Mohr des Zaren* (1884), ein Stück von Richard Voss über das Leben am Hof Peters I., Rudolf Gottschalls *Pitt und Fox* (1874) und zwei Stücke, die stets die Zuschauer begeisterten: Ernst Brachvogels *Narziß* (1857) über Madame de Pompadour und die Französische Revolution und Karl Gutzkows *Uriel Acosta* (1846), eine Tragödie über die Streitigkeiten zwischen den Freidenkern und den orthodoxen Juden im 17. Jahrhundert.

Auch der eifrigste Theaterbesucher fand hier alles, was er sich nur wünschen konnte, und der fleißigste Theaterkritiker hatte mehr Inszenierungen zu besprechen, als er bewältigen konnte.

II

Einen der faszinierendsten Aspekte der Arbeit Fontanes als Kritiker bildete sein Verhältnis zum lesenden Publikum. Vom ersten Tag seiner Kritikertätigkeit an registrierte er sehr genau, welche Art von Theaterbesuchern rings um ihn her saßen und das gleiche wie er sahen und hörten. Er kannte ihre kulturellen Wertvorstellungen und Ansprüche, ihre kleinlichen Vorurteile und ihre Scheinheiligkeiten und wußte, welche Themen sie bevorzugten und was sie störte oder ihnen unangenehm war; auch wußte er um ihre Neigung, in den Dramen, die sie sahen, das wahrzunehmen, was sie darin finden wollten. Er hielt es für seine Pflicht als Kritiker, sie zu korrigieren, wenn er ihre Ansichten für falsch hielt, aber es war ihm klar, daß er das nicht zu direkt tun durfte; sie würden ihm nicht mehr folgen, wenn er versuchte, sie zu belehren, oder ihnen sagte, daß ihre Ideen keinen großen Wert hätten. Deshalb wollte er sein Ziel dadurch erreichen, daß er versuchte, das Vertrauen seiner Leser zu gewinnen und nicht *zu* ihnen, sondern im Plauderton *mit* ihnen zu sprechen; das war seine Stärke, er wollte ihnen Geschichten erzählen, die sie vielleicht amüsierten und sie das begreifen ließen, was er ihnen zu vermitteln suchte. Daraus formte er allmählich seine eigene Technik als Kritiker und die Rezeptur für seine große Beliebtheit sogar bei den Lesern, die nicht unbedingt mit ihm übereinstimmten.

Es ließe sich an vielen Beispielen zeigen, wie er dabei vorging. 1881 begann er eine Besprechung zu *Die Idealisten* von Gustav von Putlitz zu schreiben und erinnerte an das bedeutende Werk von Albertus Magnus *Die Welt der Tiere*. Darin gibt es ein Kapitel «Von den Eulen in Island», dessen Inhalt sich mit einem einzigen Satz ausdrücken läßt: «Island hat keine Eulen». So könne man auch fragen, fuhr Fontane fort, ob es in dem Stück von Putlitz irgendwelche Idealisten gebe: Und diese Frage lasse sich nur beantworten, wenn man versuche zu definieren, was ein Idealist sei. Offenbar gab es alle möglichen Arten von Idealisten, besonders in Deutschland, und vielleicht sei es ja hilfreich, die Geschichte eines von ihnen zu erzählen.

«Besagter Idealist hatte nämlich, wie zur Legitimierung seiner selbst, ein philosophisches Buch geschrieben und bot es einem namhaften Verleger an, mit dem er noch von der Schule her befreundet war, ja sich sogar duzte. Der Verleger ging darauf ein, und es entspann sich nunmehr folgendes Gespräch zwischen beiden. *Verleger:* ‹Ja, lieber Fritz, ich werde dein Buch nehmen und freue mich, dir ein Honorar von hundert Talern bewilligen zu können.› – *Idealist:* ‹Lieber Wilhelm, ich bitte dich, sprich nur nicht davon. Es ist das alles ja das Gleichgültigste von der Welt. Es lag mir ausschließlich daran, einer bestimmten Idee...› *Verleger:* ‹Nein, nein. Hundert Taler.› Und hiermit brach das Gespräch ab, beide Freunde jedoch setzten sich gleich danach in einen Pferdebahnwagen, weil sie denselben Weg hatten. Ein tiefes Schweigen herrschte vor, und man hörte nichts als das Knistern der Zettel oder dann und wann einen leisen Schrillton, wenn die Papiereckchen abgerissen wurden. Eben diesen Moment absoluter Stille wählte der Idealist, um, vielleicht unter dem Eindruck des Feierlichen, das vor etwa zehn Minuten abgebrochene Gespräch wieder aufzunehmen. Er beugte sich vor und sagte leise: ‹*Gold*, lieber Wilhelm?› – ‹Nein, *Kurant*›, antwortete dieser.»

Er fügte hinzu: «In dieser Geschichte haben wir unseren deutschen Idealisten from top to toe. Gott sei Dank stirbt er mehr und mehr aus, und nur in diesem neuesten Putlitzschen Schauspiele haben wir noch ein Musterexemplar.» Er mochte weder ihn noch das Stück, und seine Leser sollten ihm in dieser Auffassung folgen, und zwar aus eben jenen Gründen, die er dann näher ausführte.[17]

Hier haben wir ein Beispiel dafür, wie Fontane sich in das Bewußtsein seiner Leser hineinschmeichelte – worauf er sich so meisterhaft verstand und wodurch er die innere Abwehrhaltung seiner Klientel überwand. So konfrontierte er sie mit dem beunruhigenden Gedanken, daß vieles von dem, was sie selbst und der deutsche Bürger im allgemeinen als Idealismus ansahen, nicht mehr und nicht weniger als Eigennutz war. Das gleiche versuchte Fontane auch in seinem Roman *Frau Jenny Treibel* zu zeigen.

Ein anderer Kunstgriff, mit dem Fontane sich seine Leser gewogen machte, war seine Technik der außerliterarischen Bezüge, wie ein Kritiker es genannt hat – des Anführens von Vergleichsdaten, die ihnen halfen, sein kritisches Urteil nachzuvollziehen. Zur Erläuterung dieser Technik schrieb er einmal, wenn ein Kritiker sage: «Der Bolingbroke des Herrn X ließ die hofmännische Haltung vermissen», so sei das zu wenig konkret, um dem gewöhnlichen Leser eine Vorstellung zu vermitteln.[18]

«(...) wenn ich aber, nach einem lebhaft und richtig gehabten Eindruck, aus voller Überzeugung niederschreibe: ‹Sein Bolingbroke hatte die Haltung eines Landrats aus dem Neu-Vorpommerschen› oder ‹eines Rittmeisters vom Kürassierregiment Kaiser Nikolaus von Rußland›, so sag' ich damit etwas Anschauliches und setze den Leser auf einen Schlag in die Möglichkeit zu wissen, was der gestrige Gast vom Bolingbroke hatte und was nicht.»[19]

Schon zu Beginn der Arbeit als Kritiker machte es sich Fontane zur besonderen Aufgabe, sein Publikum zu veranlassen, selbst nachzudenken und nicht nur das zu wiederholen, was ihm erzählt wurde. Er hat es außerordentlich überzeugend getan, und das gelang ihm mit Hilfe der rhetorisch kunstvollen Konstruktion seiner Argumente. Ein Beispiel: Am 9. Mai 1874 fand eine Aufführung der *Iphigenie in Aulis* am Königlichen Schauspielhaus statt, bei der Luise Erhartt in der Titelrolle und Gustav Karl Berndal, ein enorm wandlungsfähiger Schauspieler, besonders in klassischen Rollen,[20] als Thoas auftraten. Frau Erhartt erhielt rauschenden Beifall und vierzehn Vorhänge, ein großer Triumph für die Schauspielerin. – Fontane teilte als einer von wenigen die allgemeine Begeisterung nicht. Während er Luise Erhartt für ihre Leistungen als Klärchen, Lady Milford und Madame de Pompadour bewunderte, weil dies, wie er glaubte, Rollen waren, die ihr lagen, hatte sie nach seiner Auffassung nicht das gleiche Einfühlungsvermögen in die Rolle der Iphigenie bewiesen; kurzum, ihr Auftritt sei von Anfang bis Ende danebengeraten, zu theatralisch, zu trivial, und habe gezeigt, daß sie kein wirkliches Verständnis für den Geist des Textes gehabt habe. Ihr Agieren sei im ganzen langweilig und melancholisch gewesen, und auch die anderen Schauspieler seien in dieser Atmosphäre nicht zur Wirkung gekommen. Sogar Berndal, «der doch sonst immer am Platze ist und Kleinem wie Großem gleichmäßig gerecht wird, zeigte Spuren unendlichen Gelangweiltseins. Ich kann es ihm nicht verdenken.»

Er sage das alles nicht gerne, schrieb Fontane. Es verletze die Gefühle der Menschen und, was noch schlimmer sei, es nütze gar nichts. *Iphigenie in Aulis* sei ein berühmtes klassisches Theaterstück, man werde es in derselben Inszenierung wieder aufführen, und die Erhartt würde wieder vierzehn Vorhänge bekommen, und wieder würde er das gleiche schreiben wie jetzt und deshalb als haßerfüllter Neinsager angegriffen oder mit erzwungener Höflichkeit von ein paar ehrlichen Männern verteidigt werden, die sich darum bemühten, ihn mit dem berühmten Zitat aus *Atta Troll* zu rechtfertigen:

Sehr schlecht tanzend, doch Gesinnung
Tragend in der zott'gen Hochbrust;
Manchmal auch gestunken habend;
Kein Talent, doch ein Charakter.

Das Publikum empfinde solche *Iphigenie*-Aufführungen als Gottesdienste, schrieb Fontane; ein verstorbener Freund habe vor Zeiten allen Ernstes gefordert, die modernen Deutschen sollten auf der Grundlage von *Nathan der Weise*, *Faust* und *Iphigenie* moralisch ermutigt und ethisch und ästhetisch gebildet werden. Das wäre ihm durchaus recht, meinte der Kritiker, doch wenn das geschehen sollte, dann müßte die Technik, mit der diese Werke aufgeführt wurden, radikal verändert werden. Am Ende kam Fontane zu dem überzeugenden Schluß:

«Das am Sonnabend Erlebte steht erheblich unter einer Nachmittagspredigt; auch nach der Seite des *Unterhaltlichen* hin. Ich habe die Angewohnheit, dann und wann, um 6 Uhr abends, in eine der alten gotischen Kirchen unserer Stadt zu gehen; der Name tut nichts zur Sache. Die versammelte Gemeinde besteht gemeinhin aus zehn Spittelfrauen und zwanzig Waisenmädchen, hinter deren blauschürziger Front sechs, sieben Verschlagene sitzen, die wohl auch aus Liebhaberei kommen, wie ich. Einmal habe ich, hinter einem Pfeiler versteckt, einen weinen sehen, was mich mehr erschütterte als drei Akte Trauerspiel. Erst wird, wie üblich, gesungen, wenn man es singen nennen kann; dann tritt ein Kandidat auf und spricht, was er vorher auswendig gelernt hat. Die Gaslichter brennen nur in engem Kreis um die Kanzel her, alles andre liegt im Halbdunkel; die grünen Vorhänge vor den hohen gotischen Fenstern bewegen sich leise im Zugwind, und die Pfeiler wachsen immer höher und höher und verlieren sich, nach oben zu, wie in grauem Gewölk. Derweilen fließt das

Wort ruhig weiter; die Frauen schlafen, die Kinder kichern; mitunter kommt ein Bibelspruch oder ein Zitat aus Luther und fällt weckend in mein Herz. Das sind Nachmittagspredigten. Wie weit, weit ab davon war der Iphigenien-Kultus am letzten Sonnabend.»[21]

III

Seine besten Kritiken schrieb Fontane stets, wenn er Shakespeare-Aufführungen besprach. Seit seiner Zeit in London, wo er, wenn immer möglich, jede Aufführung eines Shakespeare-Stückes besuchte, war seine Verehrung für den großen Engländer tief und unerschütterlich; offenbar um sein eigenes Verständnis zu vertiefen, verfaßte er sogar eine Übersetzung des *Hamlet*. Daß sein Berliner Publikum stets nicht nur eine Beurteilung der Leistungen seiner Schauspieler erwarten durfte, sondern auch eine Würdigung des größeren oder geringeren Erfolges, mit dem sie den Zuschauern die wahre Bedeutung des Stückes deutlich gemacht hatten, ist dieser Vertrautheit Fontanes mit dem Gegenstand zu verdanken, aber auch seinem Gespür für die erstaunliche Fähigkeit des Dichters, die Psychologie einer Situation oder die Beweggründe eines Verhaltens in Worte zu kleiden, und, mehr noch, für Shakespeares ausgeprägte «Theatrizität», seine Fähigkeit, die Handlung und die Form seiner Dramen streng aus dramaturgischer und psychologischer Logik und Notwendigkeit heraus zu entwickeln.

So schrieb Fontane am 17. November in einer bemerkenswerten Besprechung einer Aufführung des ersten Teils von *Henry IV.*, dieses Stück habe «das bei uns traditionelle Schicksal» gehabt, daß es das Publikum in den ersten drei Akten zum Lachen gebracht habe und in den letzten beiden zu Tode langweilte. Der Grund dafür, so glaubte Fontane, läge darin, daß die poetische Seite des Ritterlichen für moderne Schauspieler undarstellbar geworden sei. Nur «das Karikierte und Kriegsgurgelhafte» glücke ihnen, weil sich dabei ein gewisses «Drüberstehen» zum Ausdruck bringen lasse. Der Schlüssel zur Überwindung dieser Schwierigkeit und der Entkrampfung des Stücks im allgemeinen könne, so meinte Fontane, in der Rolle des Henry Percy liegen, in der enormen Kraft und Farbigkeit dieser Figur und ihren Stimmungswechseln vom Ritterlichen zum Bodenständig-Vernünftigen.

«Und doch ist es in gewissem Sinne die wichtigste Rolle des Stückes; sie bildet, mehr noch als die des Prinzen, durch den Ton, den sie anschlägt, die Vermittelung zwischen den humoristisch-genrehaften und den historischen Szenen und läßt, wenn sie nicht in besten Händen ist, die zwei letzten Akte beinahe ganz kahl und leer ausgehen.»[22]

Sehr ähnlich äußerte sich Fontane über die offensichtliche Zusammenhanglosigkeit zwischen den beiden Teilen des Stücks und schrieb, man könne nicht erwarten, daß Falstaff bei jedem seiner Auftritte komisch oder auf dieselbe Weise komisch sei. Die Zeit vergeht, und sie bewirkt subtile Veränderungen im Wesen, in den Stimmungen und in den Wünschen der einzelnen Personen, wodurch sich auch deren Beziehungen untereinander verändern. Das ist es auch, was zwischen den beiden Teilen des Dramas *Henry IV.* geschieht: die Zeit fordert ihren Tribut. Wer vom Teil II nur amüsiert werden wolle, werde diese Erwartung erfüllt finden von Justice Shallow, Doll Tearsheet und dem Ancient Pistol; aber den Sinn des Dramas könne nur der verstehen, der erkenne, welche grundsätzlichen Veränderungen in Falstaff selbst vorgehen.[23]

Fontane stellte stets hohe Anforderungen an die Leistungen der Schauspieler, und besonders bei Shakespeare verlangte er, jeder Schauspieler müsse sich bewußt werden, welche Art von Persönlichkeit er darstellen solle. Nach einer Aufführung von *Macbeth* im Dezember 1879 bemängelte er, der 2. Akt, in dem der König ermordet wird, sei von allen Schauspielern schlecht gespielt worden. Nur der Regen, der gegen die Mauern von Inverness prasselte, habe einen glaubwürdigen Eindruck vermittelt. Im übrigen aber habe die Aufführung viel zu wünschen übriggelassen, und Macbeth und besonders seine Gemahlin seien recht verwirrt und unsicher in ihren Bewegungen gewesen und außerdem viel zu laut. Fontane schrieb:

«Ich habe Macbeth nicht mehr gekannt und bin überhaupt unvertraut mit Mördermanieren. Aber so kann er nicht gewesen sein. Es ist ganz unmöglich. Man sehe sich doch nordische Männernaturen an, wie sie, bis diesen Tag, nicht bloß in Schottland und Skandinavien, sondern auch bei uns noch, auf dem alten Niedersachsengebiet, in Altmark, Braunschweig, Holstein und vor allem in Westfalen existieren, und frage sich, wie diese Männer ans Werk gehen. Mutmaßlich an *jedes* Werk. Sie sind fest auf sich gestellt und fahren aus ihrer statuarischen Ruhe erst heraus, wenn sie zum tödlichen Schlage ausholen. Es sind innerliche Naturen und innerlich kämpfen sie's durch, und wenn es ein Mord wäre. Und legen sich ihnen vorher ihre Gedanken auf die Lippe, wie's die Dichtung erheischt, so hören sie dadurch nicht auf, stille, starre, versteifte Naturen zu sein. Aber davon keine Spur in diesem Macbeth-Spiel. Dessoir wußte, daß man viele Rollen ganz und gar auf die *Unbeweglichkeit* hin spielen muß. Zuletzt sah ich ihn als Buttler. Es war vielleicht überhaupt seine letzte Rolle. Ein todkranker Mann, und nur *eine* Stellung und nur *ein* Ton. Und doch welche Wirkung! Mit dem starken Mittelaufwand zwingt man's nicht. Wozu der Lärm? Im Innern ‹lebt die schaffende Gewalt›.»[24]

Nicht immer haben die Schauspieler solche Kritik gerne gehört, und namentlich Theodor Döring, der auf seine Interpretation des Malvolio in *Twelfth Night* besonders stolz war, hat Fontane seine scharfe Kritik niemals verziehen. Fontane hat später geschrieben, daß Malvolio sich vielleicht am besten als eine «ganz in Borniertheit, Einbildung und Dünkel» getauchte Persönlichkeit charakterisieren ließe. Döring habe ihn dagegen wie einen eingebildeten Stutzer gespielt, besessen von dämonischer Eitelkeit, was durchaus akzeptabel gewesen wäre, hätte der Schauspieler diesen Eindruck nicht durch verstohlene Gebärden, nachdenkliches Stirnrunzeln und herablassendes Grinsen wieder zunichte gemacht. Döring habe gespielt, als säße er mit Freunden in einer Kneipe zusammen und würde ihnen erzählen, «so werd' ich das machen, (...) was meint ihr?», als sei das alles ein Scherz, und als amüsiere er sich auf Kosten des Dichters und seines Stücks. Das alles sei

«geistreich und interessant genug und echt Döringsch, aber, in gewissem Sinne, doch der Tod der Rolle. Denn das Grundwesen Malvolios besteht gerade darin, daß er eines solchen Heraustretens aus sich selbst absolut unfähig ist. Alle jene höheren Kräfte, die den Menschen befähigen, sich selbst zum Objekt der Betrachtung zu machen, fehlen ihm total; er steckt ganz in sich selbst und hat wohl innerliche Selbstschätzung, aber keine drüberstehende Selbstironie.»[25]

Nicht weniger streng ging Fontane mit Aufführungen der deutschen Klassiker ins Gericht. Über einen Akteur in einer Inszenierung von Schillers *Maria Stuart* schrieb er 1884: «Er steht stattlich-unbedeutend da und kaut Worte, dabei gelegentlich in einen Gemütlichkeitssingsang verfallend, der mehr an Dudelei als an Dudley erinnert.»[26] Seiner Meinung nach wurde Schiller am Königlichen Schauspielhaus schlecht gespielt – zu wenige Stücke, mit Ausnahme der *Räuber* und *Kabale und Liebe,* würden so besetzt, wie sie es verdient hätten; so würde der gelegentlich hervorragende Philip durch schwache Verkörperungen des Marquis Posa und des Don Carlos entwertet; allzu häufig klängen die Monologe wie Rezitationen an der Singakademie, und das falsche Pathos, mit dem sie vorgetragen würden, lasse den Eindruck entstehen, in den Kulissen werde Chopins Trauermarsch gespielt.[27] Andererseits war Fontane fasziniert von den Stücken selbst, die alles enthielten, was das Theater seiner Zeit verloren zu haben schien: Idealismus, Romantik und sprachliche Vollkommenheit.[28] Er sei, so schrieb er nach einer Aufführung von *Wallensteins Lager* und *Die Piccolomini* im Mai 1878, zu der Überzeugung gekommen, daß von allen Theaterstücken Schillers das letztere die vollendetste Schöpfung des Dichters sei, denn hier vereinigten sich zwei künstlerische Traditionen, die in letzter Zeit verlorengegangen seien, nämlich die Klarheit, der Stil und die Handlungsarmut des französischen Klassizismus (nach dem Fontane, wie er zugeben mußte, in diesen dekadenten Zeiten ein zunehmendes Verlangen empfand) und das Geschichtsbewußtsein und der Reichtum an scharf gezeichneten Charakteren bei Shakespeare. Leider litten *Die Piccolomini* ebenso wie die ganze Wallenstein-Trilogie daran, daß man nicht wisse, was man aus der Hauptfigur machen solle und ob man für sie Verständnis haben oder sie verachten müsse.[29]

Diese Vieldeutigkeit fehle in anderen, späteren Werken Schillers; Fontanes Bewunderung für *Wilhelm Tell* mit dem Rütli-Schwur, dem Apfel und den Küßnacht-Szenen sowie für *Maria Stuart* hat nie nachgelassen. Im letzteren Stück erlebte er im November 1879 die berühmte italienische Schauspielerin Adelaide Ristori in der Rolle der schottischen Königin.[30] Über *Kabale und Liebe* schrieb er im März 1879, dieses Stück habe nichts von seinem alten Zauber verloren, besonders die letzte Szene im 2. Akt (mit Lady Milford), die er mindestens zwanzigmal gesehen hatte, begeistere ihn jedesmal von neuem.[31]

Im Gegensatz dazu haben die Theaterstücke Goethes Fontane augenscheinlich weniger gut gefallen; nach einer der wenigen Aufführungen des *Torquato Tasso* im Oktober 1873 schrieb er, das Stück wirke auf ihn wie eine Illustration zu Talleyrands spöttischem Ausspruch, es gebe drei Arten menschlicher Wesen: Schwarze, Weiße und Prinzen.

«Hier muß es natürlich heißen: Prinzessinnen, woran sich dann unmittelbar eine Annexrubrik anreiht, in der noch die *Dichter* figurieren. Ach, wie gleichgültig zieht dieser verklärte Weimaraner Hof an unserm pflichtschuldiger Pietät *nicht* entkleideten, aber freilich modernen Sinn vorüber! Anderes, Größeres bewegt die Welt, und von den Ausnahmemenschen wendet sich das Interesse wieder dem *Menschen* selber zu. Wie dissolving views schwinden die Gestalten einer Epoche, die eben nur *dieser* angehörten.»[32]

Diese ehrliche Stellungnahme erklärt vielleicht am besten Fontanes Unvoreingenommenheit gegenüber Stücken mit zeitgenössischen Themen, ob dies nun Genredramen mit stark lokaler Färbung oder Stücke über psychologische Konflikte waren oder ob sie nur geschrieben wurden, um das Publikum zu amüsieren. Es läßt sich nicht leugnen, daß Fontane gewisse Vorurteile hatte. Er mochte keine Theaterstücke über am Hungertuch nagende Dichter oder über Professoren, die charakterlich nichts mit wirklichen Professoren zu tun hatten;[33] oder positiv gewendet: Er gab einem soliden Stück von Birch-Pfeiffer oder einem Stück von Benedix (über den er einmal schrieb: «Ich habe die Tugend und die Schwäche, für Benedix zu schwärmen») den Vorzug.[34] Auch schätzte er Stücke wie *Der Störenfried* mit einer Heldin, die das «norddeutsche Durchschnittsmädchen» war, «von mittlerer Figur und mittlerem Geist, aber von gutem Herzen und guter Büste, wie sie, Gott sei Dank, noch in Tausenden von Exemplaren vorkommen; (...).»[35] Im übrigen war er unvoreingenommen, und solange ein Stück gut geschrieben war und zeigte, daß der Verfasser über reichlich Phantasie verfügte, verlangte er nicht einmal, daß es realistisch wirke. In einer Kritik der Komödie *Der Freund des Fürsten* von Ernst Wichert schrieb er im Dezember 1879:

«Die wirklichen Lebensverhältnisse sind längst von unserer Bühne verbannt, und man stempelt sich nicht bloß vor der Welt, sondern auch vor sich selbst zu einem trockenen Philister, wenn man dergleichen von einem modernen Stücke verlangt. Und ich verlang' es wirklich nicht. Ich stelle mich vielmehr ganz und gar und ohne weiteres auf den Standpunkt des großen Publikums und bringe keinen anderen Wunsch und Willen mit als den einen: mich gut amüsieren, mir etwas Angenehmes vormachen zu lassen. Ich komme nicht als ein kritischer Don Quixote herangeritten, mit eingelegter Lanze begierig auf den Moment passend, wo zugestoßen werden kann. Oh nein. Ich spiele viel, viel lieber, um in romantisch-balladesken Vergleichen zu bleiben, den alten König Harald, der sich von heiteren Elfen überfallen und vom Sattel ziehen läßt. Aber die Elfen, die Elfen! Die müssen eben da sein, die kleinen graziösen, übermütigen Geschöpfchen, die jede Kritik entwaffnen.»[36]

IV

Die lange Reihe von patriotischen Theaterstücken, die das Theater während des Krieges gegen Frankreich und danach bot, erschöpfte die Geduld Fontanes. Er hatte Paul Heyses *Kolberg* bewundert, das am 22. August 1870, vier Tage nach der Schlacht von Gravelotte, seine Premiere feierte, weil es genau der damaligen Stimmung entsprach und die Opfer würdigte, die alle Durchschnittsdeutschen und ihre Familien jetzt und während des Krieges gegen Napoleon gebracht hatten, von dem Heyses Stück handelte.[37] Vier Jahre später, als Rudolf Gottschalls Stück *Herzog Bernhard von*

Weimar, das in der letzten Phase des Dreißigjährigen Kriegs spielte, auf die Bühne kam, wollte er von diesem Genre nichts mehr wissen. Über das Stück Gottschalls schrieb er:

«Das ganze Stück ist eine dramatisierte Turner- und Sängerfahrt mit aufgelegtem Fäßchen und Redeprogramm. Erste Nummer (Festrede): Gott schuf den *Deutschen* und freute sich. Zweite Nummer: ‹Sie sollen ihn nicht haben.› Drittens: ‹O Straßburg›. Viertens: ‹Die deutsche Maid› (Deklamation unter gütiger Mitwirkung einer Blondine). Fünftens: Wiederholung der Festrede. Zu gütiger Beachtung: Rückfahrt 9 1/2; der Zug hält bei Station Finkenkrug.»[38]

Fontane hatte nicht nur genug von der Art und Weise, in der solche Stücke aufgeführt wurden, von dem ganzen Pomp, den Fahnen und Trompetenstößen, die das Publikum schon aus *Wallensteins Lager* kannte, sondern mehr noch von dem Mangel an Erfindungsgabe, dem unablässigen Dreschen von leerem Stroh und der Hartnäckigkeit, mit der verkündet wurde, Deutschland sei Frankreich moralisch und geistig überlegen.

«Welche Kluft zwischen den Taten unseres Volks und denen unserer Dichter! In jener furchtbaren Stunde, als die Garde, ihren Sturm auf St. Privat unterbrechend, deckungslos auf freiem Felde lag und nichts hörte als das Zischen der Kugeln und das Klopfen des eigenen Herzens, das in bangen und doch so tapferen Schlägen an die lothringische Erde pochte, da wurde Elsaß-Lothringen unser. Die Zucht Friedrich Wilhelms I. und der kategorische Imperativ Kants, *die* waren es, die uns Metz und Straßburg wiedererobert haben. (...) Wir *haben* nun Elsaß und Lothringen und können ohne sonderliche Einbuße *eines* dafür aufgeben: unsere alte Weltstellung als Generalpächter der Sittlichkeit.»[39]

Zu allerletzt forderte Fontane, Verfasser von Theaterstücken, die in der Vergangenheit spielten, müßten, ob ihre Dramen nun die Menschen zur Vaterlandsliebe anregen sollten oder nicht, ein Gefühl für geschichtliche Zusammenhänge haben. Wenn die von ihnen geschaffenen Personen sich nicht so bewegten und sprächen, als lebten sie zur Zeit des historischen Geschehens und nicht in der Gegenwart, so sei alle Glaubwürdigkeit verloren, und es gehe dann nur noch um die Unterhaltung des Publikums durch

Schauspieler in auffallenden Kostümen. Andererseits dürfe der Dramendichter nicht vergessen, daß er kein Historiker, sondern ein Künstler sei, der das Recht habe, den Charakter und das Verhalten der historischen Gestalten in seinen Dramen zu interpretieren und auch im Dienste der Darstellungsabsicht weitere Personen zu erfinden. In einem solchen Drama werde nicht der vollständige Verlauf der Geschichte erzählt werden können, und es werde auch kleine Fehler geben. Das aber sei vertretbar; was jedoch nicht zugestanden werden dürfe, schrieb Fontane 1878 in einer Kritik von Gottschalls *Pitt and Fox*, seien moderne Anspielungen und Stereotypen, mit deren Hilfe man sich die Gunst des Publikums zu erschleichen hoffe.

«Dies auf *unerlaubten* Wegen Sicheinschleichen ist es, was an so vielen historischen Lust- und Schauspielen unserer Neueren und Neuesten mich verdrießt: der harmlose geschichtliche Blunder, das leichte Hinweggehen über die Korrektheitsfrage erscheint mir neuerdings irrelevant, und nur die historische *Verzerrung*, um, mit Hilfe derselben, auf einem politischen Hintertreppchen *das* zu erreichen, was auf der großen Freitreppe der Kunst nicht erreicht werden konnte, nur diese, auf persönlichen Vorteil bedachte Veruntreuung reizt mich nach wie vor.»[40]

Diese beanstandeten Mängel konnten sich gelegentlich bis zu einem kalkulierten Verlust an Plausibilität der Handlung auswachsen, und zwar auf Kosten der Leichtgläubigsten im Publikum. Karl Gutzkows *Uriel Acosta* (1846) war eine ganz außerordentlich beliebte Tragödie in Versform; sie handelt von einem jungen Freidenker, dessen Buch von den Führern seiner jüdischen Gemeinde verboten wird. Seiner Mutter zuliebe und wegen eines jüdischen Mädchens namens Judith, das er liebt, widerruft er die von ihm geäußerten Ansichten und unterwirft sich demütigenden Bußritualen. Aber seine Mutter stirbt, und seine Liebste heiratet, von ihrer Familie gedrängt, einen anderen. Daraufhin nimmt er seinen Widerruf zurück, Judith vergiftet sich, und Uriel begeht Selbstmord. Gutzkow war ein Meister der effektvollen Theateraufführungen, und mit einer guten Besetzung machte dieses melodramatische Stück einen nachhaltigen Eindruck auf das Publikum. Doch nach einer der ersten Aufführungen sagte Arnold Ruge, er könne sich beim besten Willen nicht vorstellen, daß die Pistole, mit der sich Uriel Acosta erschießt, wirklich geladen sei, und die Frage der Plausibilität dürfe man auch im Hinblick auf die Extravaganz von Judiths Verhalten und die Leidenschaftlichkeit ihrer Worte stellen. Sei es wirklich wahrscheinlich, daß sich Mitglieder jüdischer Gemeinden im 17. Jahrhundert so verhalten haben sollen wie die Schauspieler in Gutzkows Stück?

In seiner Kritik einer Aufführung im Januar 1879 sagte Fontane, er glaube das nicht. Er schrieb, der Ton des ganzen Stücks sei der des evangelischen Liberalismus der 1840er Jahre gewesen, als man geglaubt habe, das gegenwärtige System lasse sich abschaffen und man könne mit leeren Phrasen eine bessere Zeit heraufbeschwören.

«Freiheit morgens, Freiheit mittags, Freiheit abends; die Zeit, wo wir, nach glücklicher Absolvierung unserer Märztage, stolz darauf waren, das freieste Volk der Erde zu sein, weil wir einen Freiheitsparagraphen mehr hatten als alle anderen Nationen. Nicht die geringste Sorge darüber, daß die Tage bereits vor der Türe standen, wo der Freiheitswert dieser Papierparagraphen nicht größer war als seinerzeit der Geldwert der Assignaten.»

Das alles sei jetzt vorbei, schrieb Fontane, und ernstzunehmende Menschen bedienten sich nicht länger solch großer Worte, entweder weil sie erkannt hätten, wie gefährlich es sei, mit dem Feuer zu spielen, oder weil sie mit der ernsten Arbeit begonnen hätten, Worte zu Taten werden zu lassen. Aber leider lebe unter denen, die an sich gearbeitet hätten – den einzigen, mit denen politisch gerechnet werden müsse –, eine Gruppe, die Platen einmal «ein frohes Völkchen lieber Müßiggänger» genannt habe. Sie seien entweder zu jung, oder es fehle ihnen das Wissen, auch glaubten sie immer noch an die Kraft schöner Worte und seien bereit, sich von ihnen in diese oder jene Richtung treiben zu lassen. Solange sich dies so verhalte, werde es stets ein dankbares und gutgläubiges Publikum für *Uriel Acosta* geben. In letzter Analyse könne man sagen:

«Es ist ein Tendenzstück, ein Stück, das die verschwommenen Anschauungen einer überwundenen Epoche zum Ausdruck bringt. Meinungen sollen unterstützt, Bestrebungen gefördert werden, und so fehlt denn diesem Stück, wie den meisten Tendenzstücken, (...) der Stempel historischer Wahrheit.»[41]

Fontane neigte dazu, in seinem Urteil weniger rigoros zu sein, wenn sein preußisches Herz ins Spiel kam. So war es 1871 bei Heyses *Kolberg* und dann wieder im Fall des größten Bühnenerfolgs von 1888. Hierbei handelte es sich um Ernst von Wildenbruchs *Die Quitzows*, ein Werk, das seine Uraufführung im November des genannten Jahres im Berliner Opernhaus und ein Jahr später seine hundertste Aufführung erlebte. Dieses Drama in vier Akten erzählte in Versen und in Prosa die Geschichte der Quitzows, ein mit den Herzögen von Pommern verbündetes räuberisches Adelsgeschlecht, das im 15. Jahrhundert die Mark Brandenburg verwüstete, bis schließlich der Burggraf von Nürnberg, Friedrich von Hohenzollern, zum Markgrafen von Brandenburg ernannt wurde und seinen Raubzügen ein Ende bereitete.

Fontane kannte die bisherigen Arbeiten von Wildenbruchs, eines produktiven und erfolgreichen Dramatikers, recht gut, hielt aber nicht sehr viel von ihnen. In seiner ausführlichen Kritik der *Karolinger* vernichtete Fontane das Werk mit dem zweifelhaften Lob, es sei zwar besser als seine Vorgänger *Harold* und *Opfer um Opfer*, weise aber die gleichen Schwächen auf wie jene – besonders die ständige Effekthascherei, die nicht nur die Kunst, sondern auch den gesunden Menschenverstand auf den Kopf stelle.[42] Was jedoch *Die Quitzows* betraf, so erklärte er, was die anderen Kritiker auch gegen den Erfolg dieses Stücks einwenden mochten, er für seinen Teil lege die Waffen nieder und sei glücklich, sich geschlagen zu geben. Und vielleicht schon ein wenig unvorsichtig formulierte er, *Die Quitzows* seien nicht nur ein Berliner oder ein Brandenburger Theaterstück, sondern ein deutsches, das «als solches weit über die Territorien zwischen Havel und Spree hinaus seinen Siegeszug machen und alle partikularistischen Gefühle – wohin vor allem auch der *Provinzial*partikularismus unserer altpreußischen Provinzen gehört – siegreich überwinden wird.»

Als er die Sache noch einmal überdacht hatte, drückte er sich vorsichtiger aus, wie es damals wohl auch angemessen war, da neue Formen des Partikularismus, besonders in Süddeutschland, politische Beobachter zu beunruhigen begannen. Zu ihnen gehörte auch der Historiker Heinrich von Treitschke, der fürchtete, was 1871 gewonnen worden sei, könnte durch diesen Partikularismus gefährdet werden. *Die Quitzows* mochten den Berlinern und ihren Vettern in den preußischen Provinzen durchaus gefallen, aber in Bayern und Sachsen durfte man mit einer ähnlich freundlichen Aufnahme kaum rechnen. Fontane hatte dies auch erkannt, obwohl er die Deutung bevorzugte, es seien vielleicht nur die Schwächen der zweiten Hälfte des Stücks und sein übermäßig melodramatischer Ton, die die Aufnahme des Werks in die vaterländische Literatur verhinderten.

Wie auch immer, er hielt Wildenbruchs Drama für gelungen, und es war weniger seine Preußenfrömmigkeit als vielmehr die Tatsache, daß er die Geschichte Preußens sehr genau kannte, die ihn veranlaßte, so zu denken. Er lobte Wildenbruchs «kühnen Realismus» und zögerte nicht, diesen mit jenem des anderen Bühnengewaltigen seiner Zeit zu vergleichen, des Norwegers Ibsen. Lobend wies er darauf hin, daß Wildenbruch aus bloßen zwei Zeilen einer alten pommerschen Ballade eine der überzeugendsten Gestalten in seinem Drama geschaffen hatte, den Schmiedegesellen Köhne Finke, und rühmte seine Kompositionskraft, die auf einer erstaunlichen Fähigkeit beruhe, den Geist der Quitzow-Epoche zu erfassen, ohne sich von den für sie so charakteristischen monotonen und verwirrenden Ereignissen ablenken zu lassen. Es gebe nichts Langweiligeres, schrieb Fontane, als die Wiederholung der stets gleichen Geschichten in verschiedenen Gegenden – Bötzow und Köpenick, Pommern und Sachsenherzog, Überfälle und Viehdiebstähle, die Ermordung von Dorfschullehrern, Belagerungen und Fluchten, Ritterlichkeit und das Recht zur Privatfehde, weitere Viehdiebstähle, Alarmläuten und Kyrieeleison und Donnerwetter und die allumfassenden

Verwünschungen der Übelstände durch die braven Märker, ob sie nun adelig waren oder nicht.

«Aber in diesem ganzen trostlosen Sumpfdickicht hat sich Wildenbruch *nicht* verirrt, am wenigsten ist er drin steckengeblieben, sondern hat, unter Ausübung einer geradezu glänzenden Ausscheidungskunst, diesen ganzen kolossalen Wirrwarr auf ein paar bestimmte Linien und Punkte zurückzuführen gewußt und dadurch (...) ein Etwas erreicht, das von dem, der sich historisch und dramatisch auf das speziell hier Gegebene versteht, nicht genug bewundert werden kann.»

Es sei nicht statthaft zu sagen, der Autor habe leichtes Spiel gehabt, weil er nur das vorliegende Material nach seinem Geschmack bearbeitet habe. Das sei so wie die Geschichte mit dem Ei des Kolumbus; jeder könne den Trick anschließend wiederholen und beweisen, daß es kein Kunststück sei. Von wegen.

Fontane war durchaus bereit zuzugeben, daß das Stück seine Schwächen hatte. Aber er beharrte darauf, es sei ein hervorragendes Beispiel dafür, wie man mit historischem und dramatischem Gespür auch eine verworrene Vergangenheit durch das Stilmittel der Reduktion in eine verständliche Form bringen könne. «Das Ganze ist und bleibt eine Sache, der wir uns von Herzen zu freuen haben.»[43]

V

Als der englische Kritiker William Hazlitt 1821 seine Rückschau auf das Bühnengeschehen des Jahres damit begann, daß er zur Jahrhundertwende zurückblickte, sah er keine Anzeichen für eine Verschlechterung der Situation, sondern vielmehr eine Wende zum Besseren. Das *semper varium et mutabile* des Dichters, so schrieb er, könne auch für das «unbeständige Bühnenwesen gelten – hier gibt es die unausweichlichen Unterschiede gleich Ebbe und Flut, hervorgerufen dadurch, daß es dem Einfluß des Gefühls der Bevölkerung und der Schwäche des Materials unterworfen ist, aus dem es sich zusammensetzt. Man darf von seinem typisch fließenden und schattengleichen Wesen nicht erwarten, daß es sehr lange an der gleichen Stelle verharrt, weder beim Zustand der Vollkommenheit noch bei dem der Verderbtheit.»[44]

Doch das Theater im Deutschland des 19. Jahrhunderts schien Hazlitts Auffassung zu widerlegen – zeigte es doch wenig Neigung, sich überhaupt zu verändern. In den Jahren, in denen Fontane als Theaterkritiker arbeitete, wurden die Klassiker so aufgeführt, wie dies zu Beginn des Jahrhunderts üblich gewesen war, und daher rührten Fontanes Klagen über die phantasielosen Aufführungen der *Iphigenie in Aulis*. Zugleich blieben Stücke aus den 1840er Jahren wie Birch-Pfeiffers *Dorf und Stadt* und Heinrich Laubes *Die Karlsschüler* auf dem Spielplan, und sogar Ifflands *Die Jäger*, ein 1783 geschriebenes, moralisierendes Theaterstück, wurde noch im Januar 1878 zum Ärger Fontanes gelegentlich gegeben. In einer scharfen Kritik schrieb er:

«Der Ton, der durch das ganze Stück hin klingt, ist der der Sentimentalität. Es war dies der Ton der Jahrzehnte, in denen das Stück entstand; daher die große Wirkung desselben in und zu seiner Zeit; aber diese Zeit liegt nun zurück, und so gewiß wir aus den Hexenprozessen des sechzehnten und siebzehnten Jahrhunderts heraus sind, so gewiß sind wir auch aus den Rührseligkeiten des achtzehnten heraus. (...) Wir sind entweder viel, viel weiter oder viel, viel mehr zurück, und beides ist ein Vorteil. Nur noch der Philister mit seinem ewigen Hange, zwischen zwei Stühlen zu sitzen, wird in diesem Stücke nach wie vor seine Rechnung finden.»[45]

Als Philister bezeichnete Fontane die Theaterbesucher aus dem gebildeten Mittelstand, die die Künste pflegten, solange sie entschieden moralisch waren und ihre materialistische Philosophie nicht bedrohten. Ihr Geschmack war es, der seine Vorbilder in der Vergangenheit und nicht in der Zukunft, in dem vom Gefühl getragenen, nicht aber vom Realismus bestimmten Drama fand.

Doch Hazlitt hatte recht, wenn er glaubte, daß keine Kunst, die von den Gefühlen der Öffentlichkeit abhängig war, auf Dauer die gleiche bleiben könne, und Ende der 1880er Jahre setzte mit der sogenannten naturalistischen Rebellion eine Ära grundstürzender Veränderungen in Malerei, Literatur und Theater ein. In Berlin war das eine

Rückkehr zu den Idealen der Jungdeutschen Bewegung der 1830er Jahre, die alles verachtete, was klassisch war oder das Klassische nachahmte, die Goethe und Schiller ablehnte und Börne und Heine an ihre Stelle in das Pantheon stellte, um die Aufmerksamkeit auf die gegenwärtigen gesellschaftlichen Probleme zu lenken, etwa auf die gesellschaftliche Benachteiligung der Frauen und das Elend der Armen in den Großstädten. Im Bereich des Theaters waren die Führer dieser Bewegung Heinrich und Julius Hart, die 1882 die Zeitschrift *Kritische Waffengänge* herausbrachten, und Maximilian Harden, Paul Schlenther und Otto Brahm, die gemeinsam mit den Brüdern Hart 1889 den Verein Freie Bühne gründeten; dies stellte einen für die Geschichte des Berliner Theaters außerordentlich bedeutenden Vorgang dar. Damit endete an den Berliner Bühnen die provinzielle, kleinkarierte Ära; dort wandte man sich nun den Werken von Ibsen und Strindberg zu und ermutigte die deutschen Dramatiker, die gleichen Themen wie jene zu behandeln.

Daß diese Veränderungen auf starken Widerstand stießen, versteht sich fast von selbst, und Fontane äußerte sich dazu in seiner Kritik einer Aufführung von Ibsens *Geistern*, der ersten Veranstaltung des Vereins Freie Bühne. Man werde von jetzt an, so schrieb er, viel darüber hören, daß es das Theater früherer Zeiten, in dem es das Ideale betonte, besser verstanden habe, die Herzen des Publikums zu gewinnen und es zu lehren, wie man ein glücklicheres Leben führt. Das dürfe man getrost bezweifeln, aber selbst wenn es wahr wäre, so würde es doch nichts an der Tatsache ändern, daß die Heldentaten der Vergangenheit die gegenwärtige Generation nicht mehr interessieren.

«Die klassischen Aufführungen schaffen seit geraumer Zeit das Seitenstück zu den leeren Kirchen. Der Aufführungspomp ist ein trauriger Notbehelf. Und in dieser Not sprang der Realismus ins Dasein, der das Kunstheil auf dem entgegengesetzten Wege suchte. Wenn es das Paradies nicht mehr sein konnte, so sollt' es dafür ein Garten des Lebens sein.»

Die in diese Richtung führenden Wege endeten oft in der Wüste, aber schließlich, so schrieb Fontane, sei er überzeugt, daß die Schönheit entdeckt und deutlicher erkannt werden würde als zuvor, weil die Augen gelernt haben würden, klarer zu sehen.[46]

Von Anfang an hatte Fontane viel Verständnis für die neue Bewegung. Das hieß aber nicht, daß er ein passionierter Bewunderer Ibsens war. Vieles von dem, was der norwegische Dramatiker schrieb, fand er übertrieben und ermüdend; er kritisierte ihn dafür, daß er in seinen Stücken die Probleme so lange traktierte, bis sie seine Hörer langweilten. Auch bezeichnete er eine der größten Heldinnen von Ibsen, Nora, in *Ein Puppenheim,* als «die größte Quatschliese, die je von der Bühne herab zu einem Publikum gesprochen» habe, und in einem Gespräch mit Paul Schlenther sagte er, in etwa dreißig Jahren werde Ibsen nur noch eine Witzfigur sein.[47] Ibsens Stärke lag in seiner Fähigkeit, zum Kern des menschlichen Lebens vorzustoßen, in der Neuartigkeit und Gewagtheit der Probleme, die er aufgriff, in der Einfachheit seiner Sprache, in seinem Talent zur Charakterdarstellung sowie in der Sparsamkeit und Folgerichtigkeit, mit der er die Handlung zu ihrem logischen Abschluß führte[48] – all dies Qualitäten, die nach Fontanes Ansicht das deutsche Theater bereicherten, wenn man sie zum Vorbild nahm. Aber größer als Ibsen war nach Fontanes Ansicht Gerhart Hauptmann, dessen Theaterstück *Vor Sonnenaufgang* am 20. Oktober 1889 seine Premiere erlebte. An Friedrich Stephany von der *Vossischen Zeitung* schrieb er, Hauptmann sei ein Räuberhauptmann, Ibsen nur ein Kadett. Hauptmann zeige alle Stärken Ibsens, aber keine seiner Schwächen, und Leute wie Stephany, denen die Bewegung nicht gefiel, die er repäsentierte, sollten nicht glauben, daß er nur Schnapsdramen schreiben könne.

«Der Realismus wird ganz falsch aufgefaßt, wenn man von ihm annimmt, er sei mit der Häßlichkeit ein für allemal vermählt; er wird erst ganz echt sein, wenn er sich umgekehrt mit der Schönheit vermählt und das nebenherlaufende Häßliche, das nun mal zum Leben gehört, verklärt hat.»

Indessen gebe es in all diesen neuen Dramen etwas, das den älteren fehle und sie unterernährt oder sogar tot erscheinen

Verein Freie Bühne.

Sonntag, den 20. October 1889.

Vor Sonnenaufgang.

Soziales Drama in fünf Aufzügen von **Gerhart Hauptmann.**

Krause, Bauerngutsbesitzer	Hans Pagay.
Frau Krause, seine zweite Frau	Louise von Pöllnitz.
Helene, Krause's Tochter erster Ehe	Elsa Lehmann.
Hoffmann, Ingenieur, verheirathet mit Krause's anderer Tochter erster Ehe	Gustav Kadelburg.
Wilhelm Kahl, Neffe der Frau Krause	Carl Stallmann.
Frau Spiller, Gesellschafterin bei Frau Krause	Ida Stägemann.
Alfred Loth	Theodor Brandt.
Dr. Schimmelpfennig	Franz Guthery.
Beibst, Arbeitsmann auf Krause's Gut	Paul Pauly.
Guste, Mägde auf Krause's Gut	Sophie Berg.
Liese, Mägde auf Krause's Gut	Clara Hayn.
Marie, Mägde auf Krause's Gut	Antonie Ziegler.
Baer, genannt Hopslabaer	Ferdinand Meyer.
Eduard, Hoffmann's Diener	Edmund Schmasow.
Miele, Hausmädchen bei Frau Krause	Helene Schüle.
Die Kutschenfrau	Marie Gundra.
Golisch, genannt Gosch, Kuhjunge	Georg Baselt.

Ort der Handlung: ein Dorf in Schlesien.

Regie: Hans Meery.

Nach dem ersten Akt findet eine Pause statt.

Dritte Aufführung der Freien Bühne:

Sonntag, den 17. November, 11½ Uhr pünktlich:

Henriette Maréchal.

Drama in drei Akten von **Edmond** und **Jules de Goncourt.**
Deutsch von **Fritz Mauthner.**

Druck von R. Boll, Berlin N.W.

Besetzungszettel der ersten Aufführung
von Gerhart Hauptmanns
Vor Sonnenaufgang

lasse.[49] Was nun Hauptmann betreffe, so sei es unsinnig, ihn als jemanden abzutun, der kein Talent habe. In einem Mann, der so etwas schreiben könne wie *Vor Sonnenaufgang,* stecke mehr «als hinter der andern Blase, die alle bloß nach der ‹Tantieme› schielen».[50]

Fontane beendete seine langdauernde Tätigkeit für die *Vossische Zeitung* in den ersten Monaten des Jahres 1890. Zugleich erlahmte auch sein Interesse für das Königliche Schauspielhaus, das keines der erregenden neuen Stücke herausbrachte. Statt dessen näherte er sich mehr und mehr dem Verein Freie Bühne an und schloß feste Freundschaft sowohl mit Paul Schlenther als auch mit Otto Brahm. Diesen Veränderungen entsprach es auch, daß er seine Laufbahn als angesehener Kritiker mit einer Reihe von Besprechungen der Inszenierungen des Vereins in der epochemachenden Saison 1890 beendete. Es handelte sich dabei außer um Ibsens *Geister* und Hauptmanns *Vor Sonnenaufgang* um *Henriette Marèchal* von Edmond und Jules de Goncourt, ein Theaterstück, das 1865 bei seiner Erstaufführung in Paris einen Skandal ausgelöst hatte, aber inzwischen trotz seiner literarischen und technischen Brillanz all denen veraltet erschien, die in Hauptmann bereits den kommenden Mann sahen. Weitere Dramen dieser Reihe waren Björnstjerne Björnsons *Ein Handschuh*, in dem es um die Frage ging, ob eine Frau von ihrem Verlobten die gleiche voreheliche moralische Integrität verlangen dürfe, die er von ihr erwartete; Leo Tolstois *Die Kraft der Dunkelheit*, ein realistisches Drama über das Leben einer Bauernfamilie, dessen Themen außereheliche Liebesbeziehungen, uneheliche Kinder, Gewalt und Tod waren; Ludwig Anzengrubers *Das vierte Gebot*, ein Wiener Volksstück über die beiderseitigen Pflichten von Eltern und Kindern, dessen Theatralik der Erstaufführung im Jahr 1877 zu einem großen Erfolg verhalf; *Die Familie Selike* von Arno Holz und Johannes Schlaf, ein neues Stück, dessen Darstellung des grenzenlosen Elends der Armen in Berlin nach Fontanes Ansicht weit über das hinausging, was Hauptmann und Tolstoi geschrieben hatten, und sich nicht mit den hergebrachten Ansichten darüber aufhielt, was auf der Bühne gezeigt werden dürfe; Arthur Fitgers *Von Gottes Gnaden*, ein altmodisches Drama über den Mißbrauch des göttlichen Rechts, das Fontane kritisierte, weil es keine historische Glaubwürdigkeit und keine Beziehung zur neuen Bewegung hatte; und schließlich Hauptmanns *Das Friedensfest*, eine Familienkomödie der Irrungen mit tragischem Ende, die zeigte, daß die Einschätzung des ersten Hauptmannschen Theaterstücks nicht falsch war, wenngleich das neue Stück weniger Kühnheit und Genialität verriet. In einer abschließenden Stellungnahme zu den Bühnenereignissen der Saison schrieb Fontane, jener neue, der Zukunft aufgeschlossene Geist und der Sinn für soziale Verantwortung seien zu loben, man müsse jedoch daran denken, daß jeder, der in unbekannten Gewässern Segel setze und nach Inseln Ausschau halte, damit rechnen müsse, sowohl Calibans als auch Mirandas zu finden.[51]

Bei Hans-Heinrich Reuter heißt es, man müsse bis zu Lessings *Hamburgischer Dramaturgie* zurückgehen, um etwas zu finden, das sich mit dieser Reihe von Theaterkritiken vergleichen lasse.[52] Dies mag vielleicht ein wenig übertrieben sein, denn Fontanes Kritiken waren selten Teil eines größeren Theoriegebäudes, und niemals waren sie auf philosophische Prinzipien gegründet wie etwa Lessings Schriften über das Theater. Der Unterschied wird deutlich in Lessings Behandlung des Dramas *Richard III.* von Shakespeare, über das er in der *Hamburgischen Dramaturgie*, wo er, von Aristoteles ausgehend, schreibt, das Stück sei keine wirkliche Tragödie, und in den Kritiken Fontanes über die Aufführungen des gleichen Werks in den Jahren 1873, 1877 und 1879, in denen er sich viel mehr für das konkrete Bühnengeschehen, die Aufführung, interessiert.[53] Auch hatte Fontane keine bestimmten Angriffsziele wie Lessing in dem Drama Voltaires. Dennoch erinnert Fontanes Modernismus an Lessings Verteidigung des bürgerlichen Trauerspiels gegen die unnatürlichen Beschränkungen der Vergangenheit, und mit seinem treffsicheren Stil und seiner engagierten Argumentationsweise glich er in vieler Hinsicht dem großen Kritiker aus dem 18. Jahrhundert.

Wahrscheinlich wäre es ihm ziemlich unangenehm gewesen, mit Lessing verglichen zu werden. So schrieb er, kaum daß er seine Arbeit als Theaterkritiker der *Vossischen Zeitung* aufgegeben hatte, an seine Tochter:

«Ich habe mich nie für einen großen Kritiker gehalten und weiß, daß ich an Wissen und Schärfe hinter einem Manne wie Brahm weit zurückstehe, habe das auch immer ausgesprochen, aber doch muß ich, für natürliche Menschen, mit meinen Schreibereien ein wahres Labsal gewesen sein, weil doch jeder die Antwort auf die Frage ‹weiß oder schwarz›, ‹Gold oder Blech› daraus ersehen konnte; ich hatte eine klare, bestimmte Meinung und sprach sie muthig aus. *Diesen* Muth habe ich wenigstens immer gehabt. Ich sagte zu Wildenbruch: ‹nein, das geht nicht; das ist talentvoll aber Unsinn›, und als er endlich die Quitzows brachte sagte ich mit gleicher Deutlichkeit: ‹ja, der alte Wildenbruch tobt und wuracht auch hier noch herum, aber es ist so viel von Genialem da, daß ich seinem Unsinn Indemnität ertheile.› Zu solchem runden Urtheil rafft sich von den Modernen keiner auf; wie die Schatten der Unterwelt schwankt alles hin und her und sieht einen traurig an; deutlich werden sie nur, wenn sie einen ausgesprochenen Feind (der dann meistens ein ganz kleiner Doktor ist) beim Schopf fassen, um ihn vor versammeltem Volk zu skalpiren. Das machen sie dann ganz nett.»[54]

HISTORISCHE ROMANE

Die Behauptung, Fontanes erster Roman sei auch sein bester gewesen, würden die meisten Leser für töricht halten. Sein Buch *Vor dem Sturm* ist von der Kritik kaum beachtet worden und blieb im Ausland praktisch unbekannt. Als es erschien, schrieb selbst ein so aufrichtiger Bewunderer der Theaterkritiken Fontanes wie Julius Rodenberg in sein Tagebuch, es sei «ein albernes Buch» – «ich frage mich immer: Was wird nun kommen? Werden sie wieder über Land fahren (mit den Ponies)? Werden sie sich wieder zu Tisch setzen? Werden sie wieder schlafen gehn?» –, und fast alle, die von dem Buch überhaupt Notiz nahmen, schienen von seinem zwanglosen Stil, dem langsamen Fortgang der Ereignisse und der großen Zahl der handelnden Personen verwirrt – waren diese doch so gründlich beschrieben, wie es ihrer Bedeutung in der Erzählung keineswegs entsprach. Hinzu kam die Tatsache, daß in jenem Roman, der in Preußens heroischer Zeit, in den Jahren 1812–1813 spielt, alle darin beschriebenen vaterländischen Unternehmungen schmählich gescheitert waren.

Erst nach dem Zweiten Weltkrieg, als die Deutschen des Heroismus überdrüssig waren und sich, wie Heinz Ohff formulierte, wehmütig nach einem Abschnitt der Geschichte umsahen, der nicht durch die Verbrechen Hitlers belastet war, wurde das Buch wiederentdeckt.[1] Man begann zu begreifen, daß die Dinge, die man bisher als Schwächen der Fontaneschen Erzählung angesehen hatte, in Wirklichkeit seine Stärken waren: Mit seiner Schilderung des Lebens in Berlin und im Oderbruch in der ersten Phase der Erhebung gegen Napoleon; des Alltags von Landadel und Bauern in den Dörfern; der Atmosphäre am

Hof und an den Universitäten oder der Art und Weise, wie die großen Ereignisse, die die Welt erschütterten, das Privatleben gewöhnlicher Menschen in allen Bereichen beeinflußten – ob es sich bei ihnen nun um Teppichfabrikanten in Berlin oder Dorfschulzen in der Mark handeln mochte – hatte Fontane einen Teil der Geschichte Preußens so umfassend und wirklichkeitsgetreu wiedergegeben, daß dies der einzige deutsche Roman wurde, der in einem Atemzug mit dem zweifellos bedeutenderen *Krieg und Frieden* von Tolstoi genannt werden durfte. Zudem ist es ein Werk, das den Geist der Freiheit atmet und dessen Lektüre großes Vergnügen bereitet.

Unter den anderen historischen Erzählwerken Fontanes ist das bedeutendste *Schach von Wuthenow*, ein kurzer Roman, der am Vorabend des Zusammenbruchs des Friderizianischen Preußen im Jahr 1806 spielt. Bemerkenswert ist dieses Buch vor allem als Schilderung der begeisterten Stimmung in der Hauptstadt unmittelbar vor der Niederlage bei Jena; um diese zu vermitteln, hat Fontane zahlreiche zeitgenössische Quellen benutzt. In *Schach* hat Fontane seine literarisch verkleidete Kritik an Preußen, die er in *Vor dem Sturm* noch dem polnischen Patrioten Graf Bninski in den Mund gelegt hatte, weiterentwickelt, und insofern ist der Roman das erste Beispiel für seine Kritik an der Politik der Zeit mit den Mitteln der Literatur. Das ist ein bedeutender Schritt auf dem Weg zu seinen Gesellschaftsromanen.

I

In einem Brief an Wilhelm Hertz über seine Pläne für das Buch, das dann mit dem Titel *Vor dem Sturm* erschien, äußerte sich Theodor Fontane so vage, daß er damit seinen Verleger zur Verzweiflung gebracht haben muß. Fontane gestand, er habe nie darüber nachgedacht, ob das Buch ein Roman werden sollte oder nicht, und wenn ja, welche Regeln bei einem solchen Unterfangen zu beachten seien. Im Gegenteil, Fontane wollte etwas schreiben, das seinen eigenen Neigungen und seiner Eigenart entsprach, ohne sich an eine bestimmte Form zu halten. Er wollte auf Morde, Feuersbrünste und von großer Leidenschaft geprägte Erzählungen verzichten und beabsichtigte vielmehr, zahlreiche für die Mark Brandenburg typische Persönlichkeiten zu porträtieren – also Menschen aus deutsch-wendischen Familien, die dem Buch eine besondere Note geben würden – und zu zeigen, wie die Ereignisse von 1812 und 1813 auf diese Menschen gewirkt hatten. Es sei seine Absicht, so sagte er, sichtbar zu machen, wie eine große Idee das Leben ganz einfacher Menschen beeinflußte, ohne dabei auf sensationelle Ereignisse zurückzugreifen. «Anregendes, heitres, wenns sein kann geistvolles Geplauder (...) ist die Hauptsache an dem Buch.»[2]

Hier erkennt man den Verfasser der *Wanderungen*, der sich daran erinnert, daß ihm sein Talent zum Plaudern schon in der Vergangenheit geholfen hat, bei der Darstellung historischer Ereignisse jede Trockenheit zu vermeiden, und daß diese Gabe ihm auch hier von Nutzen sein könne. So schreibt er im gleichen Brief an Hertz: «Man muß nicht *alles* sagen wollen, dadurch wird die Phantasie des Lesers in Ruhestand gesetzt und dadurch wieder wird die Langeweile geboren.»[3] Das kann den Verleger kaum beruhigt haben, nachdem Fontane ihm rundheraus eröffnet hatte, es sei noch nicht ausgemacht, ob sein Buch eine Handlung oder einen Helden haben werde, der ihm Kontinuität verleihen und es zusammenhalten könnte. Der Langmut, den Hertz an den Tag legte, als Fontane dann beschloß, das «märkische Projekt» auf später zu verschieben – nach Fertigstellung seiner Kriegsbücher – mag ein Indiz dafür sein, daß er das Projekt nicht sehr ernst nahm.

Indessen scheint Fontane selbst zu der Überzeugung gelangt zu sein, daß sein erster Entwurf für das Buch fundamentale Schwächen habe und daß eine lockere Folge von Gesprächen darüber, wie diese oder jene Gruppe auf den bevorstehenden Sturz Napoleons reagierte, kaum genügen würde, die Leser für das Fehlen jener dramatischen Ereignisse und Geschichten voller Leidenschaften zu entschädigen, die er ihnen vorenthalten wollte. Auch kam er wohl zu dem Schluß, daß es keine schlechte Idee wäre, andere Schriftsteller zu konsultieren, deren Bücher von gesellschaftlichen und politischen Krisen sowie von großen Veränderungen in der Menschheitsgeschichte handelten. Da er nicht viel von den historischen Romanen Felix Dahns und Julius Wolfs oder von Gustav Freytags *Die Ahnen* hielt – also von Büchern, die nach seiner Ansicht von rückwärtsgewandten Menschen für ihresgleichen geschrieben waren – gab es keine andere Möglichkeit als die, sich dem Erfinder des modernen historischen Romans zuzuwenden, Sir Walter Scott, und noch einmal den Prinzipien jener Werke zu folgen, die in den ersten Jahrzehnten des 19. Jahrhunderts Europa buchstäblich im Sturm genommen hatten.

Über Scotts Romantheorie und über den Einfluß, den sie auf Fontane ausübte, haben wir bereits im zweiten Kapitel gesprochen,[4] und was dort gesagt wird, muß hier nicht wiederholt werden. Es lohnt sich jedoch, an dieser Stelle auf einen Aspekt der Arbeitsweise Scotts eigens hinzuweisen: nämlich auf die besondere Rolle seiner Helden. Diese bestand darin, beide Seiten der gesellschaftlichen und ideologischen Auseinandersetzungen – und um die ging es eigentlich in seinen Romanen – zu zeigen, ohne von vornherein einer Seite den Vorzug zu geben. Edward Waverley (im gleichnamigen Roman) und Francis Osbaldistone (in *Rob Roy)* hatten wenig Ähnlichkeit mit den Helden der sentimentalen Romane in Scotts eigener Epoche oder der Zeit danach; jene beherrschten stets das Geschehen, siegten in jedem Kampf ohne fremde Hilfe und führten am Schluß auch noch die Prinzessin heim. Scotts Helden waren dagegen durchschnittlich begabte junge Männer aus guten Familien, ehrenhaft, anständig und mutig, setzten sich aber weder jemals mit großer Leidenschaft für eine bestimmte Sache ein, noch sprachen sie einmal deutlich ihre politischen Ansichten aus; sie waren in jeder Gesellschaft wohlgelitten, ohne irgendwie aufzufallen, waren hilfsbereit, wenn Hilfe benötigt wurde, und immer gute Zuhörer. Oft waren sie verwandtschaftlich mit beiden Parteien verbunden, die sich in dem gesellschaftlichen oder politischen Konflikt gegenüberstanden. Unvoreingenommen nahmen sie den ideologischen Disput der beiden Seiten zur Kenntnis; gelegentlich versetzte sie ihre Mittelstellung in die

Lage, Vertreter der streitenden Parteien zusammenzuführen, wobei es zu Konfrontationen und Diskussionen über ihre Differenzen kam. Während sich ihr eigenes Schicksal zu einer Geschichte entwickelte, die das Interesse der Leser weckte (man denke an Edwards unbeabsichtigten Verrat, der ihm vergeben wurde, weil er sich in der Schlacht von Prestonpans durch besondere Tapferkeit auszeichnete, oder an die Verfolgung von Francis durch den ihm feindlich gesonnenen Vetter Rashleigh und seine Liebe zu der stolzen Diana Vernon), vermittelten sie zugleich Einsichten in den allgemeineren historischen Prozeß, um dessen Darstellung es Scott eigentlich ging.

Wenn wir die endgültige Fassung von *Vor dem Sturm* mit der Skizze in dem Brief an Hertz von 1866 vergleichen, wird deutlich, was Fontane Scott zu verdanken hat, denn der fertige Roman zeichnet sich durch Stringenz und eine echte Beziehung zu den historischen Vorgängen aus, die ursprünglich keineswegs geplant waren. Die Erzählung erhält dadurch Form und Dynamik, daß sie eins ist mit dem Leben eines Mannes, der sich mit einer Scottschen Figur vergleichen läßt: mit Lewin von Vitzewitz, einem romantisch veranlagten Idealisten, zu Beginn der Handlung fast so naiv wie Edward Waverley. Eine umfassendere «ideologische Dimension» erhält sie durch eine Reihe von in die Geschichte eingefügten Konfrontationen und Debatten, wie auch Scott sie als literarisches Mittel benutzt hat. Auch in der Entwicklung der Handlung folgt Fontane den gleichen Regeln wie Scott: Über historische Persönlichkeiten (Könige, Kriegsherren, Staatsoberhäupter) spreche man besser, als daß man sie auftreten lasse und zu Protagonisten der Erzählung mache. Ein Autor sei bei der Beschreibung militärischer Zusammenhänge gut beraten, wenn er sich auf das beschränke, was er selber beherrscht und was für seine Leser einsichtig ist; daher empfehle es sich, eher kleine militärische Aktionen statt ganzer Schlachten und Feldzüge darzustellen. Übernatürliche Vorgänge und Personen mit magischen Kräften würden die Phantasie einiger Leser anregen, müßten aber um der Wahrscheinlichkeit willen vom Verfasser selbst und von jenen, die ihn in der

Erzählung vertreten, mit äußerster Skepsis behandelt werden. Die in der Erzählung agierenden einfachen Leute – seien sie Angehörige schottischer Clans oder Bewohner märkischer Dörfer – sollten gelegentlich im Interesse der Glaubwürdigkeit ihre eigene Sprache sprechen dürfen; der Gebrauch dieses Stilmittels dürfe aber nicht so weit getrieben werden, daß dadurch der Leser verwirrt werde. Wenn zum Beispiel Lewins Kutscher seinen Herrn im märkischen Dialekt anredete, sollte dieser ihm auf Hochdeutsch antworten. Fontane hat vielleicht nicht alle künstlerischen Grundsätze Scotts so getreulich befolgt wie diese, aber im großen und ganzen ist unübersehbar, daß er sich sehr intensiv mit ihm auseinandergesetzt hat.

Ebenso wichtig war für Fontane Willibald Alexis, auch wenn die Erkenntnisse, die er diesem Autor des mittleren 19. Jahrhunderts verdankte, vor allem negativer Art waren. Alexis war der Verfasser einer Reihe vaterländischer Romane über die preußische Mark, wobei zwei von ihnen, *Ruhe ist die erste Bürgerpflicht* und *Isegrimm,* zur gleichen Zeit und in der gleichen Gegend spielen, in der Fontane seine historischen Romane anzusiedeln gedachte. Anfang der 1870er Jahre hat Fontane alle Romane von Alexis noch einmal gelesen und 1872 in Julius Rodenbergs *Salon für Literatur, Kunst und Gesellschaft* einen Artikel über den Autor veröffentlicht.

Willibald Alexis ist heute fast völlig vergessen. Vielleicht kennt noch jemand seine dem Roman *Cabaris* vorangestellte Ballade «Friedericus Rex, unser König und Herr», in der Alexis den König, als er ins Feld zieht, die prachtvollen Verse sprechen läßt:

Nun adiö, Lowise, wisch ab das Gesicht,
Eine jede Kugel die trifft ja nicht,
Denn träf' jede Kugel apart ihren Mann,
Wo kriegten die Könige ihre Soldaten dann!

Die Musketenkugel macht ein kleines Loch,
Die Kanonenkugel ein weit größres noch;
Die Kugeln sind Alle von Eisen und Blei,
Und manche Kugel geht manchem vorbei.

Daß seine Prosawerke heute ganz in Vergessenheit geraten sind, ist angesichts der Energie und Vorstellungskraft von Alexis, der Gründlichkeit seiner historischen Forschungen, seiner Begabung, Charaktere zu beschreiben und lebendig landschaftliche Reize zu schildern, eine Ungerechtigkeit. Er wurde 1798 als Georg Wilhelm Häring in Breslau geboren, zog dann nach dem Tod seines Vaters mit der Familie nach Berlin, wo er die Schule besuchte. Er meldete sich freiwillig zu den Colberger Grenadieren und kämpfte in der Schlacht bei Waterloo. Nach dem Friedensschluß studierte er an den Universitäten Berlin und Breslau Jura und wurde 1820 Referendar in der preußischen Zivilverwaltung. Von Anfang an fühlte er eine stärkere Neigung, einen literarischen Beruf auszuüben als Rechtswissenschaften zu betreiben, und begann auf diesem Gebiet mit verschiedenen literarischen Formen zu experimentieren. Der historische Roman entsprach seinen Neigungen am besten; Mitte der 1820er Jahre veröffentlichte er die Romane *Walladmor* und *Schloß Avalon*, gab jedoch vor, es handele sich dabei um Übersetzungen «Frei nach dem Englischen des Walter Scott». Sein öffentlicher Erfolg setzte mit einer Reihe vaterländischer Romane ein, die in den Jahren 1832 bis 1856 entstanden; dann aber mußte er aus gesundheitlichen Gründen auch diese Tätigkeit aufgeben, auch wenn er noch bis 1871 lebte.

Seine erste patriotische Erzählung und zugleich das erste Buch, das unter dem Pseudonym Willibald Alexis veröffentlicht wurde, war *Cabanis* (1832). Es spielt zur Zeit Friedrichs des Großen und schildert das Leben einer aristokratischen Familie aus der französischen Kolonie in Berlin. Es folgte *Der Roland von Berlin* (1840). Schauplätze der Handlung waren Berlin, Neukölln und die Mark Brandenburg in den Jahren 1442 bis 1448. Darin wird der Konflikt zwischen den ersten Hohenzollern und den führenden Bürgern der beiden Nachbarstädte dargestellt. *Der falsche Waldemar* (1842) handelt vom Auftreten eines Mannes, der sich 1347 als Markgraf Waldemar von Brandenburg ausgab und behauptete, dieser sei nicht 1319 gestorben. Ein größerer Erfolg und das Werk von Alexis, das man in Antiquariaten bis heute wahrscheinlich am ehesten findet, war *Die Hosen des*

Herrn von Bredow (1846–1848). Die Handlung spielt zur Zeit der Rebellion des niederen Adels in Preußen am Beginn des 16. Jahrhunderts. Das Schicksal einiger Vertreter dieses Standes während der frühen Reformationszeit wird in dem 1848 folgenden Roman *Der Wärwolf* beschrieben. 1852 erschien das Buch *Ruhe ist die erste Bürgerpflicht*. Sein Thema ist der Verfall der Bürgertugenden und des politischen Anstands in den beiden Jahren vor der Schlacht von Jena 1806. Das Buch *Isegrimm* (1854) behandelt die Erneuerung Preußens nach der Schlacht bei Jena, die Befreiungskriege und die Entwicklung des Landes im *Vormärz*.

In seinem Aufsatz in Rodenbergs *Salon* schrieb Fontane mit viel Verständnis über Leben und Karriere von Alexis, äußerte sich aber auch durchaus kritisch, was im Licht seiner eigenen späteren Arbeit außerordentlich interessant ist. Von den Romanen lehnte er nur einen ab: *Der falsche Waldemar* war in seinen Augen ein völlig unbefriedigendes Werk, vor allem deshalb, weil er die Motive des Protagonisten romantisiere und so wenig plausibel sei, daß die Geschichte für den kritischen Leser an Glaubwürdigkeit verliere. Fontane betont indessen, daß in allen Romanen, die im Mittelalter spielten, ein Mißverhältnis bestehe zwischen der vom Verfasser aufgewendeten Kraft und dem bearbeiteten Stoff. Er stellte die Frage, ob die in dem Buch *Der Roland von Berlin* geschilderten Ereignisse wirklich so interessant oder so bedeutsam seien, daß sie der Mühe Alexis' wert waren. Nur wenigen Schriftstellern war es gegeben, das Mittelalter wirklich lebendig darzustellen – Fontane neigte zu der Ansicht, daß Viktor Scheffel, der Verfasser des *Ekkehard* (1855), eine rühmliche Ausnahme war[5] –, und da Alexis über das Leben in Berlin des frühen 15. Jahrhunderts nur wenig wußte, konnte er seinen Romanfiguren kaum individuelle Züge verleihen. Fontane fand sie durchweg schemenhaft, «Gattungsgestalten» wie die Totentanz-Figuren in der Marienkirche in Berlin, die uns nicht als Menschen entgegentreten und zu interessieren vermögen. Was nun die historische Bedeutung der von Alexis geschilderten Ereignisse betrifft, so neigte dieser offenbar zu dem Glauben, das Berlin des 15. Jahrhunderts sei ein Hort der Freiheit und der bürgerlichen Tugenden gewesen, was sicherlich nicht zutrifft. Wahrscheinlich wußte er sogar, daß dies ein falsches Bild war, und hielt trotzdem daran fest.

«(...) aus der ethischen Absicht heraus, dem Bourgeoistum von 1840 einen Anstoß zum Bessern zu geben, erzählte er ihm ein historisches Märchen von der Freiheit und Herrlichkeit der Berliner Ratmannen von 1440. Was anfangs Tendenz war, wurde schließlich (wie es immer geht) zu einer Art von Überzeugung; das künstlerische Gebilde trat an die Stelle der Wirklichkeit und riß den Bildner mit sich fort. Er enthusiasmierte sich selbst.»[6]

Auch in den anderen Romanen, die im Mittelalter spielen, hat Alexis sein großes Talent als Schriftsteller daran verschwendet, ein im Grunde unzutreffendes Bild der gesellschaftlichen Verhältnisse zu zeichnen. Als Ausnahme bezeichnete Fontane das bekannteste Buch von Alexis, *Die Hosen des Herrn von Bredow*. In diesem Zusammenhang lobte er besonders die humoristische Begabung von Alexis und das Geschick, mit dem er die Verschwörung des niederen Adels gegen den Kurfürsten Joachim I. in Beziehung zu den elchledernen Hosen eines Herrn von Bredow setzte. Doch auch hier lag eine große Schwäche in der fehlenden Herausarbeitung individueller Charaktere. In dem darauffolgenden Buch *Der Wärwolf* war diese Schwäche noch gravierender. Auch ließ sich kaum erkennen, worauf sich der Buchtitel bezog – womöglich sollte er nur die Neugier der Leser wecken.

Noch kritischer beurteilte Fontane das Buch *Cabanis*, einen Roman über die Regierungszeit Friedrichs des Großen. Zwar räumte er ein, daß sich Alexis sehr eingehend mit der Geschichte der französischen Kolonie beschäftigt habe; als Zeit- und Sittenbild der Berliner in jener Epoche sei das Buch vortrefflich. Jedoch beanstandete Fontane, daß es viel zu lang sei, die Figuren sich «immer wieder von derselben Seite» zeigten und keinerlei Entwicklung durchliefen. Dasselbe bescheinigte er dem Roman *Ruhe ist die erste Bürgerpflicht*, in dem der Leser es mit zu vielen Einzelpersonen zu tun bekommt, die zu schnell nacheinander auftreten, ohne daß ein Anhaltspunkt dafür geliefert wird, welche von ihnen eine Haupt- und welche eine Nebenrolle spielen werden.

Wie bereits erwähnt, behandeln die beiden Romane *Ruhe ist die erste Bürgerpflicht* und das etwas später erschienene Buch *Isegrimm* Themen, mit denen sich auch Fontane in seinen historischen Romanen eingehend beschäftigt hat: Niedergang und Verfall des friderizianischen Preußen und seine spätere Erneuerung. Sein Urteil über sie ist daher von besonderem Interesse. Bei mehreren Gelegenheiten soll Fontane den einen oder anderen der beiden Romane als die ihm liebsten Romane von Alexis bezeichnet haben, und in seinem Aufsatz für Rodenbergs *Salon* lobt er diese Bücher geradezu überschwenglich. Einschränkend bemerkt er jedoch, die liberale politische Haltung von Alexis habe diesen dazu verführt, auch in diesen beiden späten Romanen – wie schon in seinem *Der Roland von Berlin* – die Wirklichkeit leuchtender oder düsterer darzustellen als sie war. Das gelte insbesondere für seine Darstellung des moralischen Verfalls des Bürgertums in Preußen vor 1806. Fontane schreibt, er habe diese Jahre nicht als so düster empfunden wie Alexis, was an sich nicht besonders wichtig sei, wäre da nicht das «Übermaß von psychologischer Teilnahme, die er [Alexis] dem moralisch Häßlichen zuwendete». Alexis, fährt Fontane fort,

> «weilt länger und liebevoller über demselben, als ein *Roman*, der doch zunächst nach ästhetischen Gesetzen beurteilt sein will, es statthaft erscheinen läßt. (...) Die Dichtung hat andere Wahrheitsgesetze als die Geschichte.»[7]

Alles in allem habe Alexis niemals das Zeug gehabt, so beliebt zu werden wie Scott und hätte das auch nicht verdient. Seine Forschung ging zu sehr ins Detail, seine «historischen Untersuchungen» waren zu schwierig, seine Dialoge zu endlos, um die Aufmerksamkeit des großen Publikums zu fesseln und innere Beteiligung hervorzurufen. Vor allem aber, so Fontane, fehle es ihm an Humor, jedenfalls kam er nicht über den «Kleinhumor» hinaus.

> «Scott aber, in sein Tartanplaid gewickelt, ritt über die Grampians seiner Heimat, und die Schlösser und die Hütten, die Könige

und die Kätner lagen gleichmäßig zu seinen Füßen, und nichts barg das Leben, zu dem er nicht, in spielenden Gestalten, eine heiter-superiore Stellung genommen hätte. Die Vorurteile steigerten nur noch den Effekt. Er war der Großhumorist, weil er persönlich groß und frei war. Wo W. Alexis eine ähnliche Position einzunehmen versucht, bleibt er, als Kind seiner Zeit und seines Landes, in der *Ironie* stecken. Er spöttelt, er persifliert; aber seine Seele bringt es zu keinem olympischen Lachen. Er war eben kein Olympier.»[8]

Als Theodor Fontane seinen ersten Roman zum Abschluß brachte, machte er sich wahrscheinlich keine Gedanken über seine eigenen Qualifikationen zum Olympier. Aber er hatte einen Roman schreiben wollen, der ihm selbst gefallen sollte, und um dieses Ziel zu erreichen, hatte er die Fehler jenes Schriftstellers zu vermeiden gesucht, der gelegentlich als der märkische Scott bezeichnet worden war, und sich bemüht, es dem wirklichen Scott gleichzutun.

Fontane beendete den Roman in einer bedrückenden Phase seines persönlichen Lebens. 1876 hatte er die Position eines Ersten Sekretärs an der Preußischen Akademie der Künste übernommen – wie man annehmen darf vor allem, um seiner Frau einen Gefallen zu tun, der es darauf ankam, ein materiell abgesichertes Leben zu führen und die davon träumte, daß ihr Mann einmal Geheimrat würde.[9] Sehr bald mußte Fontane feststellen, daß er einen schlimmen Fehler gemacht hatte. Seine neuen Kollegen respektierten seine literarischen Leistungen nicht, behandelten ihn von oben herab und erwarteten umgekehrt von ihm Unterwürfigkeit. Fontane kündigte daraufhin seine Stellung, was zu unangenehmen protokollarischen Schwierigkeiten führte, denn seine Ernennung war vom Kaiser persönlich unterschrieben worden, so daß es lange dauerte, bis die Kündigung wirksam wurde, die im übrigen fast seine Ehe zum Scheitern gebracht hätte.[10] Das Buchprojekt, dem er sich jetzt mit einer geradezu aus Trotz erwachsenden Energie zuwandte, half ihm, diese Schwierigkeiten zu überwinden. An seine Freundin Mathilde von Rohr schrieb er:

«Ja, der Roman! Er ist in dieser für mich trostlosen Zeit mein einziges Glück, meine einzige Erholung. In der Beschäftigung mit ihm vergesse ich, was mich drückt. Aber wenn er überhaupt noch zur Welt kommt, so werde ich, im Rückblick auf die Zeit in der er entstand, sagen dürfen: ein Schmerzenskind. Er trägt aber keine Züge davon; er ist an vielen Stellen heiter und nirgends von der Misere angekränkelt. Dies letztre kann ich mit voller Bestimmtheit behaupten. Ich glaube auch sagen zu dürfen, *Ihnen* wird er gefallen und die Hoffnungen, die Sie in Ihrer großen Güte immer daran geknüpft haben, werden nicht ganz unerfüllt bleiben. Ich empfinde im Arbeiten daran, daß ich *nur* Schriftsteller bin und nur in diesem schönen Beruf – mag der aufgeblasene Bildungs-Pöbel darüber lachen – mein Glück finden konnte.»[11]

III

Fontane wäre nie auf den Gedanken gekommen, *Vor dem Sturm* als «vaterländischen Roman» zu bezeichnen. Er hatte sich, wie wir gesehen haben, von dem übersteigerten Nationalismus distanziert, der in den 1870er Jahren in Deutschland herrschte, und seine «Kriegsbücher» – nicht nur in *Der Krieg gegen Frankreich*, sondern auch *Kriegsgefangene* und *Aus den Tagen der Okkupation* – ließen so viel Verständnis für den ehemaligen Feind erkennen, daß sein Sohn, selbst Hauptmann im Heeresdienst, ihm deshalb Vorwürfe machte. Zur Zeit der Veröffentlichung im Winter 1878 schrieb er an seinen Verleger und bat ihn, dafür zu sorgen, daß die Rezensenten die wahren Absichten kennenlernen sollten, die er mit dem Buch verfolgte. Das Buch sei, wie er schrieb,

«der Ausdruck einer bestimmten Welt- und Lebens-Anschauung; es tritt ein für Religion, Sitte, Vaterland, aber es ist voll Haß gegen die ‹blaue Kornblume› und gegen ‹Mit Gott für König und Vaterland›, will sagen gegen die Phrasenhaftigkeit und die Carikatur jener Dreiheit. Ich darf sagen – und ich fühle das so bestimmt, wie daß ich lebe, – daß ich etwas in diesem Buche niedergelegt habe, das sich weit über das herkömmliche Romanblech, und nicht blos in Deutschland erhebt (...).»[12]

Die Geschichte beginnt damit, daß ihr Held, Lewin von Vitzewitz, im Dezember 1812 zur Weihnachtsfeier nach Hause fährt in das im Oderbruch zwischen Frankfurt an der Oder und Küstrin gelegene Dorf Hohen-Vietz. Herr über den Familienbesitz, der sich hier seit den Tagen der Askanierherrschaft befindet, ist jetzt Lewins Vater, Berndt von Vitzewitz, ein tatkräftiger Vertreter des Landadels mit guten Beziehungen zum Hof, jedoch zum Melancholiker geworden, weil er den Tod seiner vor sechs Jahren verstorbenen Frau nicht verwinden kann. Sie war während der Unruhen, die auf die Niederlage bei Jena folgten, von einem Offizier der französischen Besatzungsarmee beleidigt worden, den Berndt daraufhin im Duell erschossen hatte. Hausherrin auf Hohen-Vietz ist jetzt Lewins Schwester Renate, deren ruhiger Alltag durch die endlosen Klatschgeschichten der Tante Schorlemer, die vorher einer Herrenhuter Gemeinde in Grönland angehörte, ihre amüsierte Teilnahme an den archäologischen Forschungen des Dorfpastors Seidentopf und die Freundschaft mit der verwaisten Marie belebt wird. Marie, die Tochter eines reisenden Schaustellers, der vor einiger Zeit in dem Dorf starb, ist jetzt das Mündel des Dorfschulzen Kniehase. In dem in der Nähe gelegenen Dorf Guse lebt Berndts älteste Schwester Amelie, deren Mann früher als Offizier in der Armee Friedrichs des Großen gedient, aber nach der Schlacht bei Leuthen seinen Abschied genommen hatte, weil er sich vom König ungerecht behandelt fühlte und sich dem Hof von Friedrichs Bruder Heinrich anschloß. Die seit langem verwitwete Tante Amelie hat aus Guse eine Insel französischer Kultur gemacht. Hier verkehren zahlreiche ältere Mitglieder des örtlichen Adels, die sich immer noch dem Geist Friedrichs des Großen zutiefst verbunden fühlen.

Lewin ist Student in Berlin und gehört dem Verein Kastalia an, dessen Mitglieder – junge Offiziere, Beamte und Studenten – die Künste ebenso pflegen wie Fontanes «Tunnel» in den 1840er Jahren. Einer der Kastalier ist Tubal Ladalinski; er stammt aus einer polnischen Adelsfamilie, die sich nach der letzten Teilung Polens der preußischen Krone zugewandt hat. Lewin ist häufig Gast im Hause Ladalinski in Berlin, während Tubal ihn ebensooft in Hohen-Vietz besucht. Die Beziehung zwischen beiden Familien wird immer enger, Tubal und Renate kommen sich näher, und Lewin verliebt sich in Tubals Schwester Kathinka.

Fontane beschreibt dieses Netz von Beziehungen, das sich als Folge der Ereignisse in der großen Welt sehr bald grundsätzlich verändert, mit Ruhe und Sorgfalt im Detail und ist auch bereit, das Tempo der Erzählung für Anekdoten und historische Rückblicke zu opfern. Man kann sich leicht vorstellen, daß es vielen seiner Zeitgenossen ebenso wie Julius Rodenberg schwergefallen ist zu verstehen, warum Tante Schorlemer so viel über Grönland parlieren darf oder weshalb Fontane mit solchem Vergnügen die Auseinandersetzungen zwischen Pastor Seidentopf und seinem Freund, dem Frankfurter Justizrat Turgany, über die germanische oder slawische Herkunft ihrer archäologischen Funde schildert. Aber solche Szenen – und selbst andere, die mit der Romanhandlung noch lockerer verbunden sind, wie etwa die Schilderung einer Abendgesellschaft bei Frau Hulot, Lewins Berliner Wirtin, oder die Szene in einem Berliner Lokal, wo der Gefreite Klemm vier Berliner Bürgern eine eigenwillig-abwegige Lektion über militärische Strategie erteilt – sind durch Fontanes Absicht gerechtfertigt, ein möglichst vollständiges Bild der preußischen Gesellschaft zu zeichnen, aber auch durch die geistreiche und humorvolle Erzählweise und die beträchtliche Fähigkeit zur Darstellung von Charakteren. Fontanes spätere Romane, wenn auch sehr viel disziplinierter verfaßt, zeigen, daß er aus den Experimenten in *Vor dem Sturm* viel gelernt hat.

Die treibende Kraft in diesem Roman aber ist Napoleon Bonaparte, dessen schwindendes Schlachtenglück die Politik des preußischen Staats beeinflußt, der mit ihm verbündet ist, und sich auf das Privatleben all seiner Bürger auswirkt, gleichgültig, welchem Stande sie angehören. Am 26. Dezember 1812, zwei Tage nachdem Lewin in die Ferien nach Hause gefahren ist, bringt die *Berlinische Zeitung* Berichte über die verlorene Schlacht des Kaisers an der Beresina. Das veranlaßt den Gefreiten Klemm, eine Woche später in dem Restaurant auf dem Windmühlenberg seinen Vortrag zu halten, und überzeugt Berndt, daß die Zeit in den Ostprovinzen reif ist für eine allgemeine Erhebung gegen die französischen Besatzungstruppen. Am Weihnachtstag sagt er seinem Sohn:

«Es begräbt sich leicht im Schnee. Nur kein feiges Mitleid. Jetzt oder nie. Nicht viele werden den Njemen überschreiten, *über die Oder darf keiner!*»[13]

Weder Lewin noch der alte Prinz Ferdinand, der Bruder Friedrichs des Großen, den Berndt wenige Tage nach diesem Gespräch zusammen mit seinem Sohn in Berlin trifft, billigen diesen Plan. Lewin sagt seinem Vater, er sei kein Freund dessen, was man jetzt die «spanische Kriegsführung» nenne, und als Sohn einer französischen Mutter halte er es für unzulässig, einer demoralisierten Armee in den Rücken zu fallen. Fürst Hardenberg teilt ihm mit, der König habe nicht die Absicht, das Bündnis mit den Franzosen zu kündigen und werde es keinem Kommandeur in der Provinz erlauben, gegen die Franzosen vorzugehen.

Doch die Ereignisse gleiten der Regierung aus der Hand. Am 30. Dezember schließt der Befehlshaber des preußischen Kontingents in der Napoleonischen Armee, General Yorck von Wartenburg, die Konvention von Tauroggen mit den vorrückenden Russen ab, zieht seine Kräfte aus den französischen Stellungen heraus und nimmt eine neutrale Position ein. Dies erfährt Lewin auf einem Ball im Berliner Haus der Familie Ladalinski unter Umständen, die, obwohl er dies zunächst nicht erkennt, das Scheitern seiner romantischen Träume, das Herz Kathinkas zu gewinnen, ankündigen. Das Bekanntwerden von Yorcks Vorgehen empört den polnischen Grafen Bninski, einen Bewunderer Napoleons und zudem Bewerber um die Hand von Kathinka, so sehr, daß er sich heftig über die preußische Treue äußert; dies veranlaßt Kathinka, ihn mit anderen Augen wahrzunehmen und die pro-preußische Gesinnung ihres Vaters in Frage zu stellen.

Unterdessen erregt die Nachricht vom Frontwechsel Yorcks die Öffentlichkeit, und viele Menschen glauben, der Augenblick der Befreiung von der französischen Herrschaft sei gekommen. An der Universität hält der Philosoph Fichte eine Vorlesung vor den im Hörsaal dicht gedrängten Studenten über den «Begriff des wahrhaften Krieges». In Erwartung der bevorstehenden Kämpfe sieht sich der Verein Kastalia gezwungen, sein gewohntes Programm abzuändern. Nach der Vorlesung von Fichte lernt Lewin den jungen Dichter Hansen-Grell kennen und lädt ihn ein, noch am gleichen Abend vor der Vereinssitzung in seinem Zimmer bei Madame Hulot ein Gedicht vorzulesen. Hansen-Grell, die Fontane-Figur im Roman, weckt die Begeisterung seiner Zuhörer mit folgenden Versen über den Marschall Friedrichs des Großen, Seydlitz:

> Sie reiten über die Brücken,
> Und Friedrich scherzt: ‹Je nun,
> Hie Feind in Front und Rücken,
> Seydlitz, was würd' Er tun?›
> Der, über die Brückenwandung
> Spornt halblinks nach vorn,
> Der Strom schäumt auf wie Brandung –
> Ja, Calcar, das ist Sporn.[14]

Danach lauschen die Versammelten einem weiteren Gastredner, einem Rittmeister von Hirschfeldt, der aus seinen Erinnerungen an den Krieg in Spanien vorliest. Wenig später versammeln sich die Mitglieder des Vereins zu einem Frühstück bei dem preußischen Leutnant Jürgass, der ihnen einen Augenzeugenbericht über die Schlacht bei Borodino gibt. Die kriegerische Begeisterung erreicht ihren Höhepunkt auf einer Schlittenfahrt zum Kloster Lehnin, wo die ganze Gesellschaft diniert, unterhalten von einigen Mitgliedern ihrer Runde, die, als Mönche verkleidet, ein Napoleon-Gespenst erscheinen lassen, das mit «Pereat!»-Rufen [Verrecken soll er!] vertrieben wird. Auf der Heimfahrt von diesem Ausflug gesteht Lewin Kathinka, daß er sie liebe und sie heiraten möchte, doch sie antwortet ihm nur: «Du bist ein Kind». Wenige Tage darauf erfährt er von Tubal, daß sie mit Bninski geflohen ist. Zutiefst verzweifelt kehrt Lewin nach Hohen-Vietz zurück und erleidet einen Zusammenbruch. Nachdem seine Schwester ihn gesund gepflegt hat, schließt er sich in seiner Hoffnungslosigkeit dem Aufstand gegen die französische Besatzung in Frankfurt an, den sein Vater schon Anfang des Jahres geplant hatte.

In diesem Zusammenhang ist es bemerkenswert, daß Fontane bei der Schilderung der Entstehung und Ausführung dieses Projekts nicht der Versuchung erliegt, den Aufstand als großartiges vaterländisches Unternehmen darzustellen. Er betont vielmehr die moralische Seite des ganzen, die Frage der Loyalität und die Fragwürdigkeit der Motive Berndts. In einer Passage, die von Scott stammen könnte, debattieren Berndt, sein Dorfschulze Kniehase und der Konrektor der Frankfurter Schule, Othegraven, über diese Fragen. Berndt erwähnt eine Reihe jüngst erfolgter Einbrüche und Raubüberfälle und bezeichnet Deserteure der Grande Armée als die Täter, während Kniehase – zutreffenderweise, wie sich zeigt – ortsansässiges Gesindel verdächtigt. Nun verlangt Berndt, daß in jedem Dorf ein Landsturm organisiert werden solle; dieser müsse die kleinere Aufgabe erst erledigen, um dann auch zur Lösung der größeren bereit zu sein, wenn die französische Armee versuche, die Oder zu überschreiten. Als Kniehase erwidert, in diesem Falle müsse der König das Kommando übernehmen, dem sie alle Treue schuldeten, erklärt Berndt, er sei dem König zwar seine Loyalität schuldig, es gebe jedoch noch eine andere Loyalität, die für Herrscher und Untertanen gleichermaßen gelte, und das sei die Treue zum eigenen Land.

«Der König ist um des Landes willen da. Trennt er sich von ihm, oder läßt er sich von ihm trennen durch Schwachheit oder falschen Rat, so löst er sich von *seinem* Schwur und entbindet mich des meinen.»[15]

Kniehase erwidert, wenn der König nicht das Kommando übernehme, sei nichts zu machen, denn der König sei alles für die Bauern, die der Krone die Trockenlegung des Oderbruchs sowie den Bau ihrer Kirchen und Häuser verdankten. Der Dorfschulze bleibt auch ungerührt, als Berndt eine leidenschaftliche Predigt über die Heiligkeit der Erde hält, nicht zuletzt auch weil seine Frau, die als Opfer eines von Franzosen verübten Übergriffs gestorben ist, darin beerdigt wurde.

«Da hab ich zum *anderen* Mal erfahren, was Erde ist, Heimaterde. Es muß Blut drin sein. Und überall hier herum ist mit Blut gedüнget worden; bei Kunersdorf ist eine Stelle, die sie das ‹rote Feld› nennen. Und das alles soll preisgegeben werden, weil ein König nicht stark genug ist, sich schwacher Ratgeber zu erwehren? Nein, Kniehase: *mit* dem König, solang es geht; *ohne* ihn, wenn es sein muß.»[16]

Berndt bittet den Konrektor, ihn zu unterstützen, und Othegraven, ein tief religiöser Mann, lenkt das Gespräch nun auf die moralischen Aspekte: Preußen sei seit jeher ein royalistisches Land und seinen Herrschern zutiefst verbunden gewesen. Es wäre jedoch schändlich, blinden Gehorsam zur höchsten Tugend eines Volkes zu erklären. Diese Position käme der Freiheit und der Liebe zu. Im Vertrauen auf diese Tugenden und in der Hoffnung, daß es auf die Dauer nicht zu einem Bruch zwischen König und Volk kommen werde, müßten die Untertanen sich zum Handeln entschließen und dabei dem König zeigen, daß sie auf seiner Seite stünden, selbst wenn ihr Verhalten vom Gegenteil zu zeugen scheine. Das sei eine Sache des Herzens. «(...) *sich entscheiden ist schwerer als gehorchen.* Schwerer und oft auch treuer.»[17] Schill und Hofer hätten gewußt, daß ihre Herren sich für die Untätigkeit entscheiden mußten, aber ihr Herz habe ihnen gesagt, daß sie selbst für ihr Land zur Tat schreiten müßten.

Die handelnden Figuren sprechen bei Fontane im allgemeinen mehr für sich selbst als für ihn, und er war sich mit Sicherheit der Schwächen dieser Argumentation bewußt. In dieser Situation genügt sie jedoch, um Kniehase davon zu überzeugen, daß er seine Opposition aufgeben müsse, und so werden Pläne für den Aufstand geschmiedet. Aber die Erwartungen Berndts erfüllen sich nicht. Die französischen Deserteure, gegen die ein strenges Vorgehen vorbereitet wird, erweisen sich als ein paar Diebe aus einem Nachbardorf. Ein Plan, die Regimenter des Korps Oudinot, die im Biwak bei Schloß Guse liegen, zu überfallen und die Kriegskasse, die sie angeblich mitführen, zu rauben, scheitert, als ihr Befehlshaber die Gefahr wittert und seine Truppen aus der Gefahrenzone herausführt, bevor die Falle zuschnappt. Als schließlich der Angriff auf die französischen Garnisonstruppen in Frankfurt beginnt, stellt sich heraus, daß es sich hier nicht um eine demoralisierte Truppe handelt, wie Berndt geglaubt hat, sondern um eine gut ausgebildete Reserveeinheit, die sofort und entschlossen reagiert. Die aus Bauern bestehenden Landsturmverbände müssen sich unter schweren Verlusten zurückziehen. Hansen-Grell fällt in diesem Gefecht, Othegraven wird gefangengenommen und von den Franzosen hingerichtet, Lewin wird in Küstrin ins Gefängnis gesteckt und sieht dort einem ähnlichen Schicksal entgegen.

An dieser Stelle läßt Fontane, ein strenger Kritiker des übertriebenen Patriotismus seiner Zeit, Berndt von Vitzewitz seine eigenen Motive mitleidlos prüfen:

«Berndt, täusche dich nicht, belüge dich nicht selbst. Was war es? War es Vaterland und heilige Rache, oder war es Ehrgeiz und Eitelkeit? Lag bei *dir* die Entscheidung? Oder wolltest du glänzen? Wolltest du der erste sein? Stehe mir Rede, ich will es wissen; ich will die Wahrheit wissen.› (...) Arme kleine Menschennatur! Und ich dachte mich doch größer und besser. Ja, sich besser dünken, da liegt es; Hochmut kommt vor dem Fall. Und nun welch ein Fall! Aber ich bin gestraft, und diese Stunde bereitet mir meinen Lohn.»[18]

Generalmajor von Bamme, der kleine Zietener Husar, der zum Kreis von Tante Amelie in Guse gehörte und als Berufssoldat auserkoren war, den Angriff gegen Frankfurt zu führen, wird durch diese Kämpfe ebenfalls um eine Erfahrung reicher. Er neigte stets dazu zu glauben, einer den gewöhnlichen Bürgern überlegenen Gesellschaftsschicht anzugehören, und gesteht Berndt nun, daß dieser Glaube schwer erschüttert worden sei.

«Es ist nichts mit den zweierlei Menschen. Eines wenigstens glaubten wir gepachtet zu haben: den Mut, und nun kommt dieser Kakerlaken-Grell und stirbt wie ein Held mit dem Säbel in der Hand. Von dem Konrektor sprech ich gar nicht erst; ein solcher Tod kann einen alten Soldaten beschämen. Und woher das alles? Sie wissen es. Von drüben; Westwind. Ich mache mir nichts aus diesen Windbeuteln von Franzosen, aber in all ihrem dummen Zeug steckt immer eine Prise Wahrheit. Mit ihrer Brüderlichkeit wird es nicht viel werden und mit der Freiheit auch nicht; aber mit dem, was sie dazwischengestellt haben, hat es was auf sich. Denn was heißt es am Ende anders als: Mensch ist Mensch.»[19]

Mit Sicherheit spricht hier nicht Bamme, sondern Fontane selbst, und was er sagt, ist die deutlichste Bestätigung seiner Behauptung, *Vor dem Sturm* sei Ausdruck seiner «Welt- und Lebensphilosophie».

Gegen Ende des Romans schlägt Fontane ein Tempo an, das in scharfem Kontrast zur mählichen Erzählweise in den vorangegangenen Kapiteln steht. Mit Hilfe von Hoppenmariecken, einer Person wie aus einem Roman von Scott, einem «Kobold», wie Othegraven sie nennt, die manche als Hexe und andere als Diebin fürchten, die jedoch von Lewin stets geschützt wurde, wird eine Möglichkeit gefunden, ihm in seine Küstriner Gefängniszelle Nachrichten zu übermitteln, die ihn über draußen getroffene Vorbereitungen für seine Befreiung unterrichten. Bei der Durchführung des Unternehmens wird jedoch Tubal tödlich verwundet und stirbt, nachdem er Hohen-Vietz erreicht hat.

Der Roman endet also damit, daß Berndt durch die Weiterungen der von ihm in Gang gesetzten Ereignisse geläutert wird, daß Renate ihren Verlobten verliert und Lewin und Marie zueinander finden und eine Verbindung schließen, die dem Hause Vitzewitz wahrscheinlich zu neuem Glück verhelfen wird. In diesem, dem schwächsten Teil seines Buches schildert Fontane das alles recht beiläufig. Er teilt dem Leser zwar mit, daß Lewin Marie liebt, läßt ihn das aber nicht miterleben und vermittelt ihm keine Vorstellung davon, wie ihr gemeinsames Leben aussehen wird.[20] Desgleichen läßt er Renate, die in den ersten Kapiteln des Buches als attraktive und interessante junge Frau auftritt, mit bedauerlicher Plötzlichkeit zu einer alten Dame mutieren, die sich in ein Kloster zurückzieht und ein Tagebuch führt.

Gleichwohl ist der Roman eine beeindruckende Leistung, und man darf durchaus fragen, warum. Über *Vanity Fair*, ein Werk, das Fontane aufrichtig bewunderte (und das übrigens ebenfalls einen mißratenen Schluß hatte), hat der Kritiker F. R. Leavis einmal spöttisch geäußert, es habe «dem Leser nichts zu bieten, sofern er mehr verlangt als nur die ‹Erfindung von Charakteren› und so weiter».[21] Dieser Vorwurf wurde auch gegenüber Fontane erhoben, aber in seinem Fall ist er, ebenso wie bei Thackeray, denkbar ungerecht. In Wirklichkeit ist Fontanes erster Roman genau das, was ein historischer Roman sein sollte. Er läßt eine glaubhafte Welt entstehen, in der glaubhafte Persönlichkeiten leben. Preußischen Lesern im 19. Jahrhundert sagte er: «So sind wir einmal gewesen.» Für Nichtdeutsche zeichnete er ein interessantes Bild einer fremden Kultur, zeigte sie in all ihrer Vielfalt in einer von Krisen gekennzeichneten Zeit. Wer sich für Napoleon interessierte, konnte hier neue Erkenntnisse darüber gewinnen, wie dessen Ehrgeiz sich auf das Leben gewöhnlicher Menschen auswirkte, auch wenn sie nicht in den Zentren der Macht, sondern in den Nebengelassen der Geschichte lebten, wo aber gleichwohl bedeutende Entscheidungen getroffen wurden, die gewisse Auswirkungen auf seinen Sturz hatten. Das alles so zu berichten, daß eine gute Geschichte daraus wurde, war keine geringe Leistung.

In Fontanes Werdegang als Schriftsteller kennzeichnet *Vor dem Sturm* das Entstehen eines neuen Geistes der Kritik an jenem Preußen, das Fontane in seinen *Balladen* und in den *Wanderungen* idealisiert hatte. Diese Haltung gründete wohl zum großen Teil in seiner Ablehnung des arroganten Nationalismus als Folge des Sieges über Frankreich. Vielleicht war sie aber auch mitbestimmt durch seine unerfreulichen Erfahrungen mit der preußischen Bürokratie während seiner kurzen Zugehörigkeit zur Preußischen Akademie der Künste oder seinen nicht verwundenen Ärger darüber, daß seine Kriegsbücher nicht gebührend anerkannt worden waren. Das Nachdenken über die weniger erfreulichen Aspekte des Preußentums ließ ihn jedenfalls nie ganz los, als er die Arbeit an *Vor dem Sturm* zum Abschluß brachte. Das hat den Text des Romans zwar nicht negativ gefärbt, ist aber auch nicht völlig ohne Folgen geblieben. Man könnte den Grafen Bninski, der sich um die Hand von Kathinka beworben hatte, für ein Sprachrohr dieser Ansichten des Autors halten – jenen polnischen Patrioten und Bewunderer Napoleons, der den Preußen nach

Tauroggen Mangel an Loyalität vorwirft[22] und später in einem leidenschaftlichen Gespräch mit Kathinka Preußen als raubgieriges und gewinnsüchtiges Land bezeichnet:

«Denn alles, was hier in Blüte steht, ist Rubrik und Formelwesen, ist Zahl und Schablone und dazu jene häßliche Armut, die nicht Einfachheit, sondern nur Verschlagenheit und Kümmerlichkeit gebiert. Karg und knapp, das ist die Devise dieses Landes. (...) Angenähtes Wesen, Schein und List und dabei die tiefeingewurzelte Vorstellung, etwas Besonderes zu sein. Und woraufhin? Weil sie jene Rauf- und Raublust haben, die immer bei der Armut ist. Nie ist es satt, dieses Volk; ohne Schliff, ohne Form, ohne alles, was wohltut oder gefällt, hat es nur *ein* Verlangen: immer mehr! (...) Seeräubervolk, das seine Züge zu Lande macht! Aber immer mit Tedeum, um Gott oder Glaubens- oder höchster Güter willen. Denn an Fahneninschriften hat es in diesem Lande nie gefehlt.»[23]

Am Vorabend des Angriffs auf Frankfurt werden diese Gefühle von dem preußischen Leutnant Hirschfeldt, dem Stabschef von Bamme, in einem Gespräch mit Tubal Ladalinski zum Ausdruck gebracht:

«Ich war lange draußen, und draußen lernt es sich. Jeder, der zurückkommt, wird durch nichts so sehr überrascht als durch den naiven Glauben, den er hier überall vorfindet, daß im Lande Preußen alles am besten sei. Das Große und das Kleine, das Ganze und das einzelne. Am besten, sag ich, und vor allem auch: am ehrlichsten. Und doch liegt unser schwacher und schwächster Punkt gerade nach dieser Seite hin. Welche Politik, die wir seit zwanzig Jahren gemacht! Lug und Trug, und wir mußten daran zugrunde gehen. Denn gleichviel, Staat oder Person, wer wankt und schwankt, wer unzuverlässig und unstet ist, wer Gelöbnisse bricht, mit einem Worte, wer nicht Treue hält, der ist des Todes.»[24]

IV

Solche Aussagen, in denen sich die zunehmend pessimistischen Gedanken Fontanes über die gesellschaftlichen und politischen Tendenzen in Deutschland Ausdruck verschafften, finden sich noch häufiger in dem darauffolgenden Roman *Schach von Wuthenow*. Er spielt im Herbst 1806 in Berlin und ist, bei aller Sorgfalt der historischen Einbettung, eine Parabel für Fontanes eigene Epoche, ein ausladender Exkurs über das Thema seines Briefs an Mathilde von Rohr und die Stellungnahme Hirschfeldts gegenüber Tubal Ladalinski in *Vor dem Sturm,* über die kurzsichtige Selbstzufriedenheit, die Ablehnung jeder Veränderung und die verzerrten Ehrbegriffe, die in der deutschen Oberschicht herrschten. Obwohl *Schach* im wesentlichen ein Gesellschaftsroman war und in dieser Hinsicht ein interessanter Vorläufer von solchen späteren Werken, wie *L'Adultera* und *Unwiederbringlich,* stellte Fontane die handelnden Personen und ihre Probleme in einen historischen Zusammenhang. Dabei rechnete er damit, daß seine Leser wußten, was nach den von ihm beschriebenen historischen Ereignissen geschehen war, und daß sie die Beziehung zwischen der privaten Tragödie, die er in dem Buch schilderte, und dem nationalen Unglück, das darauf gefolgt war und sich durchaus wiederholen konnte, herstellten.

In *Schach von Wuthenow* wird der historische Hintergrund im ersten Kapitel ganz kurz skizziert, als Frau von Carayon und ihre Gäste sich über den jüngsten Versuch des preußischen Außenministers Graf von Haugwitz, den französischen Kaiser Napoleon zu beschwichtigen, unterhalten. Napoleon beschuldigte nämlich seit seinem überwältigenden Sieg über Österreich und Rußland bei Austerlitz im Dezember 1805 Preußen immer wieder der Neutralitätsverletzung und droht nun, preußisches Territorium zu besetzen. Haugwitz' Mission war augenscheinlich erfolgreich verlaufen, hat er doch die Weichen für die Abtretung Hannovers an Preußen gestellt; diese aber wird von preußischen Patrioten und Militärs strikt abgelehnt, die Kriegsparolen verbreiteten. In dem Gespräch im Hause Carayon wird die Mission jedoch von dem Reserveoffizier von Bülow entschieden verteidigt, der jüngst aus dem Ausland nach Preußen zurückgekehrt ist. Dort hat er, wie Leutnant Hirschfeldt in *Vor dem Sturm,* viel über sein eigenes Land gelernt, besonders, daß nicht alles Wichtige in der Welt nur zwischen Nuthe und Notte geschehen muß und daß Mirabeau nicht fehl ging, als er Preußen mit einer Frucht verglich, die schon zu faulen begann, bevor sie reif war.[25] Ein herausfordernder und scharfer Kritiker, der in dem Roman die Funktion hat, andere durch seine drastischen Formulierungen aufzubringen, wenn sie sich nicht der Wahrheit stellen wollen, ist dieser Bülow Fontanes, der dem historischen Freiherrn Dietrich von Bülow, einem begabten Militärschriftsteller und Bewunderer Napoleons, nachgezeichnet ist; er hatte den Sieg des Korsen bei Austerlitz als ein modernes Actium gedeutet und zugleich scharfe Kritik an seinem eigenen Land geäußert, das dies weder erkennen wollte noch durchschaute, wie sehr das friderizianische System einer Reform an Haupt und Gliedern bedurfte. Überbordende Anmaßung und paranoide Geisteshaltung kennzeichneten den Mann, der schließlich für verrückt erklärt wurde und 1807 im Gefängnis in Riga starb.[26]

Als auf dem Empfang im Hause Carayon ein neuer Gast, Rittmeister Schach von Wuthenow, hereinkommt und erzählt, daß der Pöbel das Haus Haugwitz belagerte, lärmte und mit Steinen werfe, um gegen den Vertrag zu protestieren, und als sein Kamerad Alvensleben die Befürchtung äußert, man werde dafür das Regiment Gensdarmes verantwortlich machen, das, wie jedermann wisse, die Politik von Haugwitz ablehne, bekennt Bülow Farbe und sieht sich zu den folgenden Äußerungen veranlaßt:

«Nicht mit Unrecht, (...) Warum führen die Herren, die jeden Tag klüger sein wollen als der König und seine Minister, warum führen sie diese Sprache? Warum politisieren sie? Ob eine Truppe politisieren darf, stehe dahin, aber *wenn* sie politisiert, so politisiere sie wenigstens richtig. Endlich sind wir jetzt auf dem rechten Weg, endlich stehen wir da, wo wir von Anfang an hätten stehen sollen, endlich hat Seine Majestät den Vorstellungen der Vernunft Gehör gegeben, und was geschieht? Unsere Herren Offiziere, deren drittes Wort der König und ihre Loyalität ist, (...) gefallen sich plötzlich in einer ebenso naiven wie gefährlichen Oppositionslust, und fordern durch ihr keckes Tun und ihre noch keckeren Worte den Zorn des kaum besänftigten Imperators heraus.»[27]

Dagegen wendet sich Schach mit großer Leidenschaft, und der Ausbruch eines politischen Streits zwischen den beiden kann nur durch die Geschicklichkeit der Gastgeberin vermieden werden, die das Gespräch auf ein anderes Thema lenkt.

Aber im Mittelpunkt des Romans von Fontane steht nicht die Gegnerschaft zwischen Bülow und Schach, obwohl es noch zu weiteren Auseinandersetzungen zwischen den beiden kommt, die Fontane nutzt, um den schablonenhaften Zuschnitt der politischen Ansichten Schachs zu beleuchten. Es ist vielmehr die Beziehung zwischen Schach und den beiden Frauen, Josephine von Carayon, einer gutaussehenden charmanten Witwe von siebenunddreißig Jahren, die in der Gesellschaft eine geachtete Stellung einnimmt, und ihrer attraktiven und idealistischen Tochter Victoire, deren Schönheit derjenigen ihrer Mutter gliche, wenn ihr Gesicht nicht durch Narben entstellt wäre, die sie sich mit fünfzehn Jahren durch eine Pocken-Erkrankung zugezogen hat. Schach, ein gesellschaftlich gewandter Mann, ist ein häufiger Gast bei den Empfängen im Hause Carayon, und man nimmt allgemein an, er hoffe, Josephine zu heiraten, obwohl er damit keine Eile zu haben scheint. Victoire fördert diese Verbindung, obwohl auch sie selbst sich von Schach angezogen fühlt. In einem Gespräch mit Bülow und anderen Offizieren in dem Weinlokal Sala Tarone äußert Alvensleben schließlich die Ansicht, Schach sei ein solch eingefleischter Ästhet, daß eine solche Heirat für ihn nicht in Frage käme, denn der würde es für unmöglich halten, Victoire in der Gesellschaft zu präsentieren, und es wäre ihm gewiß peinlich, sie Personen in höherer Stellung als seine Tochter vorzustellen. Der Gedanke, daß diese Verbindung unmöglich sei, scheint Bülow zu befriedigen, der Josephine bewundert, weil sie den Charme der Aufrichtigkeit und Natürlichkeit besitzt; Schach hingegen hält er für pedantisch, aufgeblasen und darüber hinaus für

«die Verkörperung jener preußischen Beschränktheit, die nur drei Glaubensartikel hat: erstes Hauptstück ‹die Welt ruht nicht sicherer auf den Schultern des Atlas, als der preußische Staat auf den Schultern der preußischen Armee›, zweites Hauptstück ‹der preußische Infanterieangriff ist unwiderstehlich›, und drittens und letztens, ‹eine Schlacht ist nie verloren, solange das Regiment Garde du Corps nicht angegriffen hat›. Oder natürlich auch das

Regiment Gensdarmes. Denn sie sind Geschwister, Zwillingsbrüder. Ich verabscheue solche Redensarten, und der Tag ist nahe, wo die Welt die Hohlheit solcher Rodomontaden erkennen wird.»[28]

Bald darauf fährt Schach mit Mutter, Tochter und der alten Tante der Mutter in einer Kutsche nach Tempelhof – zu einer jener Landpartien, die Fontane in seinen Romanen regelmäßig beschreibt –, wo sie im Restaurant einen Tisch bestellen und dann einen Spaziergang durch die Felder unternehmen, um sich die alte Dorfkirche anzusehen. Auf dem Rückweg bietet Schach Victoire seine Begleitung an, und sie unterhalten sich über den Templerorden und seinen Begründer Philippe le Bel, wobei sie leichthin bemerkt, ihr seien alle geschichtlichen Gestalten mit diesem Beinamen unsympathisch. «Ich hoffe, nicht aus Neid», setzt sie hinzu. «Aber die Schönheit, das muß wahr sein, macht selbstisch, und wer selbstisch ist, ist undankbar und treulos.»[29] Schach sagt sich, diese Äußerung habe bestimmt nicht ihm gegolten, hat aber doch das Gefühl, sie sei aus einer ‹dunklen Ahnung› heraus getan worden. Als sie das Dorf erreichen, wartet er, bis das andere Pärchen sie eingeholt hat, und betritt nicht an Victoires, sondern an Josephines Seite das Lokal, so, als wolle er die Richtigkeit der These Alverslebens und der Äußerung Victoires bestätigen.

Victoire errät die Beweggründe für sein Verhalten, fühlt sich dadurch aber paradoxerweise noch mehr zu ihm hingezogen. Auch Schach stellt fest, daß er viel an sie denkt. Auf einem Herrenabend, zu dem Prinz Louis Ferdinand ihn eingeladen hat (der, wie den meisten damaligen Fontane-Lesern bewußt gewesen sein dürfte, einige Monate später, nach dem Einmarsch Napoleons in Preußen, bei Saalfeld fiel), reagiert der Prinz, der schon viele Frauengeschichten hinter sich hat, höchst interessiert auf das, was er über die Carayons zu hören bekommt, und erinnert sich, die junge Victoire einmal gesehen zu haben und von ihrer Schönheit beeindruckt gewesen zu sein. Als Schach ihm sagt, letztere habe inzwischen sehr gelitten, weigert sich der Prinz, dies zu glauben, und hält Schach einen Vortrag über die weibliche Schönheit. Er spricht von einer *beauté du dia-*

ble, bei der sich Kraft, Feuer und Leidenschaft unter einer Maske der Häßlichkeit verbergen und die eine höhere Form der Schönheit sei, weil sie «wie durch ein Fegefeuer gegangen ist». Er äußert den Wunsch, seine Bekanntschaft mit den Carayons zu erneuern, und kündigt an, seine Freundin Pauline werde ihnen einen Besuch abstatten und eine Begegnung arrangieren.

Wenige Tage darauf (nach einer großen Parade der Armee auf dem Tempelhofer Feld, die ein Beobachter vorausschauend die «Abschiedsrevue der fridericianischen Armee» nennt) besucht Schach das Haus Carayon und trifft dort Victoire allein an. Er berichtet ihr von der bevorstehenden Einladung, warnt sie jedoch und sagt, der Prinz sei «abwechselnd ein Helden- und ein Debauchenprinz»[30], dessen Bekanntschaft man vielleicht nicht besonders pflegen sollte. Sie erwidert, sie sei nicht in der Lage, die Moral der Gesellschaft zu beurteilen, aber in jedem Fall habe sie aufgrund ihrer Verunstaltung die Freiheit, ihre eigenen Entscheidungen zu treffen. Er fragt sie, ob sie ihre Ideen dem Buch entlehne, das sie gerade lese, denn er nimmt an, es sei ein Band der Werke Rousseaus. Sie sagt, es handele sich vielmehr um ihren Lieblingsschriftsteller Mirabeau, der ebenso wie sie ein pockennarbiges Gesicht gehabt habe, und wenn sie könnte, so würde sie seinen Namen gern dem eigenen anfügen. Sie äußert diese Worte mit einer solchen Leidenschaft und Verbitterung, daß sie ihm vollkommen verwandelt scheint; Schach, der dabei an die fürstliche Darlegung der *beauté du diable* denken muß, wird von Zuneigung übermannt, ergreift ihre Hand und gesteht ihr seine Liebe. Victoire gibt sich ihm hin...

Doch in den folgenden Tagen kehrt Schach zu seiner reservierten Art zurück, und Victoire spürt, daß er keine Veränderung in ihren Beziehungen wahrhaben will. Nun offenbart sich Victoire ihrer Mutter, nachdem ein Arzt festgestellt hat, daß sie schwanger ist, und Josephine stellt daraufhin Schach in einer der brillantesten Szenen des Buches, die viel über ihren und seinen Charakter verrät, zur Rede. Sie erklärt zunächst freundlich, sie habe nicht die Absicht, eine Szene zu machen oder eine Moralpredigt zu halten, eröffnet ihm, daß Victoire ihr die Wahrheit berichtet, sie jedoch gebeten hat, sie für sich zu behalten, ganz die liebende Frau, die gewillt ist, privat wie öffentlich die ganze Verantwortung für das, was geschehen ist, auf sich nehmen, um den Mann zu schonen, den sie liebt. Josephine fährt fort:

«Aber so schwach ich in meiner Liebe zu Victoire bin, so bin ich doch nicht schwach genug, ihr in dieser Großmutskomödie zu willen zu sein. Ich gehöre der Gesellschaft an, deren Bedingungen ich erfülle, deren Gesetzen ich mich unterwerfe; daraufhin bin ich erzogen, und ich habe nicht Lust, einer Opfermarotte meiner einzig geliebten Tochter zuliebe meine gesellschaftliche Stellung mit zum Opfer zu bringen. Mit anderen Worten, ich habe nicht Lust, ins Kloster zu gehen oder die dem Irdischen entrückte Säulenheilige zu spielen, auch nicht um Victoirens willen. Und so muß ich denn auf Legitimisierung des Geschehenen dringen. Dies, mein Herr Rittmeister, war es, was ich Ihnen zu sagen hatte.»

Schach bewahrt, wenn auch mit einiger Schwierigkeit, Haltung und antwortet, es sei ihm klar, daß alles im Leben seine natürlichen Folgen habe und er nicht den Wunsch habe, ihnen auszuweichen.

«Er habe den Wunsch gehabt, unverheiratet zu bleiben, und von einer solchen langgehegten Vorstellung Abschied zu nehmen, schaffe momentan eine gewisse Verwirrung. Aber er fühle mit nicht minderer Gewißheit, daß er sich zu dem Tage zu beglückwünschen habe, der binnen kurzem diesen Wechsel in sein Leben bringen werde. Victoire sei der Mutter Tochter, das sei die beste Gewähr seiner Zukunft, die Verheißung eines wirklichen Glücks.»

Josephine spürt die Kälte dieser Antwort und ist verletzt, weil darin weder Liebe noch ein Schuldgefühl zu erkennen sind. Sie antwortet sehr bestimmt, er selbst müsse spüren, daß seine Zusage herzlicher und natürlicher hätte sein können; sie sei dennoch annehmbar. Was sie jetzt wünsche, sei eine formelle Eheschließung im Dom und eine prächtige Hochzeit. Dann könnten die Ereignisse ihren Lauf nehmen.[31]

Nachdem er sie verlassen hat, beginnt Schach jedoch wieder daran zu zweifeln, ob es richtig sei, jetzt zu heiraten. Am wenigsten mag er an eine Ehe mit Victoire denken. Er sagt sich:

«Ich bin rettungslos dem Spott und Witz der Kameraden verfallen, und das Ridikül einer allerglücklichsten ‹Landehe›, die wie das Veilchen im Verborgenen blüht, liegt in einem wahren Musterexemplare vor mir. Ich sehe genau, wie's kommt: ich quittiere den Dienst, übernehme wieder Wuthenow, ackere, melioriere, ziehe Raps oder Rübsen, und befleißige mich einer allerehelichsten Treue. Welch Leben, welche Zukunft! An *einem* Sonntage Predigt, am *andern* Evangelium oder Epistel, und dazwischen Whist en trois, immer mit demselben Pastor. Und dann kommt einmal ein Prinz in die nächste Stadt, vielleicht Prinz Louis in Person, und wechselt die Pferde, während ich erschienen bin, um am Tor oder am Gasthof ihm aufzuwarten. Und er mustert mich und meinen altmodischen Rock und frägt mich: ‹wie mir's gehe?› Und dabei drückt jede seiner Mienen aus: ‹O Gott, was doch drei Jahre aus einem Menschen machen können›. Drei Jahre ... Und vielleicht werden es dreißig.»[32]

Immerhin trifft er mit den Carayons alle Vorbereitungen für die Hochzeit, sogar für Flitterwochen in Italien. Doch nun bewahrheiten sich seine schlimmsten Befürchtungen. Die Post bringt ihm eine Karikatur mit der Überschrift «Le choix du Schach». Sie zeigt ihn als persischen Schah zwischen zwei weiblichen Personen, die als Josephine und Victoire von Carayon zu erkennen sind. Andere Karikaturen folgen und werden auch in der Öffentlichkeit bekannt. Der gedemütigte Schach zieht sich auf sein Gut zurück, ohne seine Verlobte oder deren Mutter zu benachrichtigen.

Der Roman kommt nun rasch zu seinem Schluß. Da sie spürt, daß ihre Tochter betrogen worden ist, geht Frau von Carayon nach Paretz und sucht dort den König und die Königin auf. Sie bittet den König um Hilfe. Der König befiehlt Schach zu sich und verlangt von ihm, daß er sein Versprechen halte. Schach gehorcht. Die Hochzeit findet statt, aber unmittelbar im Anschluß an die Zeremonie erschießt er sich. Es ist Bülow, der in einem Brief an seinen Verleger in Königsberg das Schlußwort spricht. Er schreibt:

«Da haben Sie das Wesen der falschen Ehre. Sie macht uns abhängig von dem Schwankendsten und Willkürlichsten, was es gibt, von dem auf Triebsand aufgebauten Urteile der Gesellschaft, und veranlaßt uns, die heiligsten Gebote, die schönsten und natürlichsten Regungen eben diesem Gesellschaftsgötzen zum Opfer zu bringen. Und diesem Kultus einer falschen Ehre, die nichts ist als Eitelkeit und Verschrobenheit, ist denn auch Schach erlegen, und Größeres als er wird folgen. Erinnern Sie sich dieser Worte. Wir haben wie Vogel Strauß den Kopf in den Sand gesteckt, um nicht zu hören und nicht zu sehen. Aber diese Straußenvorsicht hat noch nie gerettet. Als es mit der Mingdynastie zur Neige ging und die siegreichen Mandschuheere schon in die Palastgärten in Peking eingedrungen waren, erschienen immer noch Boten und Abgesandte, die dem Kaiser von Siegen und wieder Siegen meldeten, weil es gegen ‹den Ton› der guten Gesellschaft und des Hofes war, von Niederlagen zu sprechen. Oh, dieser gute Ton! Eine Stunde später war ein Reich zertrümmert und ein Thron gestürzt. Und warum? Weil alles Geschraubte zur Lüge führt und alle Lüge zum Tod.»[33]

Schach von Wuthenow ist ein gründlicher durchgearbeitetes und disziplinierteres Buch als sein Vorläufer, für den Leser jedoch weniger beeindruckend und weniger lohnend. Ihm fehlt der Schwung, der Versuch, die Gesellschaft als ganze in den Blick zu bekommen, der Reichtum und die Vielfalt von *Vor dem Sturm*. Fontane hat die Zahl der handelnden Personen auf das Notwendigste beschränkt: drei adelige Frauen, ein Prinz, einige Offiziere des Heeres, ein Militärschriftsteller, der zuviel redet und zu wenig tut, und einige wenige bedeutende Persönlichkeiten, die nur Nebenrollen spielen (zum Beispiel König Friedrich Wilhelm III. und Königin Luise). Angehörige der niederen Klassen treten nicht auf, mit Ausnahme von Schachs Ordonnanz Baarsch und des Hauspersonals in Wuthenow, ebenso wenig einfache Bürger, einmal abgesehen von dem Musiker Dussek, dem Fontane eine Rolle in seinem Roman eingeräumt zu haben scheint, damit Bülow ihm gegenüber eine Bemerkung über ‹euer ganzes Bürgertum› machen kann, «das keinen neuen freien Gesellschaftszustand schaffen, sondern sich nur eitel und eifersüchtig in die bevorzugten alten Klassen einreihen will».[34]

Keine dieser Persönlichkeiten mit Ausnahme von Josephine von Carayon wird vom Verfasser voll ausgestaltet.

Man betrachte nur die Tante Marguerite, die jedes «i» wie «ü» (Kürche) ausspricht und den Hang hat, bekannte Tatsachen immer wieder auszusprechen («sieh, Victoire, das sind Binsen»).[35] Verglichen mit Tante Schorlemer in *Vor dem Sturm* ist sie nur ein blasser Schatten, so daß wir fast glauben, Fontane sei nicht mit ganzem Herzen bei der Sache gewesen. Schwerer aber wiegt der Mangel, daß es Fontane nicht gelingen will, die Persönlichkeit Schachs glaubhaft darzustellen, was gewiß viele Leser so empfinden werden. Seine Offizierskameraden erklären, selbst wenn sie ihn kritisieren, er dürfe nicht unterschätzt werden: «Er ist immerhin einer unserer Besten».[36] Aber Fontane gibt uns nichts an die Hand, das geeignet wäre, uns dies nachvollziehen zu lassen, und bleibt auch die Erklärung schuldig, warum zwei attraktive und intelligente Frauen von Schach fasziniert sein sollen. Gewiß, er sieht gut aus und hat Manieren, ist aber nur mäßig intelligent und mißtraut instinktiv allen neuen Ideen. Auch scheint er völlig humorlos. In dem Buch wird viel darüber spekuliert, nach welchen Gesichtspunkten er seine Wahl getroffen hat («le choix du Schach»), aber schließlich stellt sich heraus, daß er sich weder von Josephine noch von Victoire sexuell angezogen fühlt. Er will nur bei ihnen eingeladen werden und dabei keine Verpflichtungen übernehmen. Er ist in allem, was er tut, mehr Schein als Sein, und deshalb ist er auch kein tragischer Held, der den gewöhnlichen Leser wirklich interessiert.

Wenn das persönliche Drama, das im Mittelpunkt dieser Erzählung steht, an solchen Mängeln leidet, so fehlt es dem historischen Roman an historischen Beschreibungen. Die Tragödie des Schach von Wuthenow spielt offenbar in einer moralisch verfallenen Gesellschaft kurz vor ihrem Untergang, aber während wir das in den Monologen Bülows, die uns auf die Dauer etwas langweilen, mitgeteilt bekommen, sehen wir davon keine wirklichen Anzeichen – vielleicht mit Ausnahme der Travestie von Offizieren des Regiments Gensdarmes auf Ifflands Aufführung des Reformationsdramas *Weihe der Kraft*. Dieses Spektakel, das sich kurze Zeit nach der Verführung Victoires durch

Schach ereignet und sie so mit Ekel und Schmerz erfüllt, daß sie unter seinem Eindruck der Mutter alles gesteht, ist eine als Mummenschanz inszenierte Schlittenfahrt auf den salzbestreuten Straßen der Stadt und ist eine einzige

«Verhöhnung, gleichviel auf wen und was. Erst unzüchtige Nonnen, mit einer Hexe von Äbtissin an der Spitze, johlend, trinkend und Karte spielend, und in der Mitte des Zuges ein auf Rollen laufender und in der Fülle seiner Vergoldung augenscheinlich als Triumphwagen gedachter Hauptschlitten, in dem Luther samt Famulus und auf der Pritsche Katharina von Bora saß.»[37]

In seinem Aufsatz über das Buch *Ruhe ist die erste Bürgerpflicht* von Willibald Alexis übt Fontane strenge Kritik an diesem Autor, weil er den moralischen Verfall Berlins im Jahr 1806 so stark betont und von den häßlichen Aspekten dieser Zustände «länger und liebevoller» berichtet habe als notwendig.[38] Allein, bei all seinen Schwächen zeichnet Alexis' ausführliche Schilderung der Versuchungen, denen seine Heldin in den Salons der vornehmen Gesellschaft ausgesetzt ist, und der Schattensseite der Berliner Politik doch ein überzeugenderes Bild einer in Auflösung begriffenen Gesellschaft, als man es in *Schach von Wuthenow* findet. Vielleicht war es zum Teil Prüderie, die Fontane veranlaßte, sich auf symbolische Anspielungen und Analogien anstelle konkreter Beschreibungen zu beschränken.[39] Man sollte jedoch vom Leser nicht erwarten, daß er aus ein paar Hinweisen auf Mirabeau oder aus der Schilderung der Streiche einiger gelangweilter junger Offiziere weitreichende interpretatorische Schlüsse zieht.

Aber Fontane tastete sich auf seinem Weg voran, und die künstlerischen Techniken, mit denen er in *Schach von Wuthenow* experimentierte, wurden in seinen Gesellschaftsromanen wirkungsvoller eingesetzt.

GESELLSCHAFTSROMANE

Man hat oft gesagt, daß im Gegensatz zur Situation in Großbritannien und Frankreich die deutsche Literatur des 19. Jahrhunderts nicht sehr viele Werke des sozialen Realismus und auch nur wenige deutsche Autoren hervorgebracht habe, die Kraft zu künstlerischer Gestaltung mit dem Talent zu politischer und gesellschaftlicher Analyse verbanden. In den Jahrzehnten vor der Einigung gab es in Deutschland keine Prosaschriftsteller vom Range eines Thackeray, Stendhal, Flaubert oder Dickens. Die deutschen Schriftsteller, die vor 1870 den Versuch unternahmen, zeitgenössische und gesellschaftliche Themen zu behandeln – beispielsweise Jean Paul, E. T. A. Hoffmann, Karl Immermann, Gustav Freytag – wagten sich nur selten über den Bereich des Idyllischen, des Phantastischen oder Provinziellen hinaus. Ihre Werke lösen in nichtdeutschen Lesern nur selten einen Schock des Wiedererkennens aus und haben im allgemeinen einen altmodischen Zug, der charmant sein mag, aber gewöhnlich kaum etwas mit den Realitäten der modernen Welt zu tun hat.[1]

Man erklärt das oft damit, daß Deutschland in zweifacher Hinsicht rückständig gewesen sei. Lange nachdem die westlichen Länder sich zu mächtigen Nationalstaaten entwickelt hatten, war Deutschland in Dutzende einzelner politischer Einheiten zersplittert, und da ihm eine kulturelle Hauptstadt wie London oder Paris fehlte, wo Künstler zusammentreffen und Ideen austauschen konnten, hatte das notwendigerweise zu einer geistigen Enge, einer provinziellen Perspektive und einem Mangel jener Urbanität geführt, die charakteristisch für die Literatur des Westens war.[2] Die Auswirkungen der politischen Zersplitterung auf die wirtschaftliche Entwicklung, das relativ langsame industrielle Wachstum und das nur allmähliche Entstehen eines starken Mittelstandes sowie das späte Eintreffen von Begleiterscheinungen einer Industriegesellschaft wie Verstädterung, Proletarisierung der unteren Klassen und Auflösung überkommener gesellschaftlicher Kategorien und Werte nahmen darüber hinaus den Schriftstellern jene Themen, die für ihre Kollegen in den wirtschaftlich fortgeschritteneren Ländern eine Herausforderung darstellten.

Es ließe sich viel zugunsten dieser Erklärung sagen, aber sie ist doch nicht vollkommen zufriedenstellend, denn wie wollten wir die Tatsache begründen, daß selbst nach 1871, als das Entstehen des Deutschen Reiches die politische Zersplitterung Deutschlands beendete und das Land einen wirtschaftlichen Aufschwung erlebte, der es innerhalb einer Generation zu einem der führenden Industriestaaten in Europa machte, die deutschen Schriftsteller im großen und ganzen immer noch gesellschaftliche und politische Themen mieden? Erst in den 1880er Jahren, mit dem Aufkommen der naturalistischen Bewegung, haben Schriftsteller und Dramatiker erkennbares Interesse an Themen wie sozialer Gerechtigkeit, sexueller Diskriminierung und dem Elend der Armen gezeigt. Doch selbst dann blieb ihre Zuwendung zu solchen Themen unbeständig und war oft unaufrichtig, denn man neigte dazu, sich auf die Prostitution, die finsteren Aspekte der Kriminalität in den Städten und andere Gegenstände zu konzentrieren, die das voyeuristische Interesse der Leser aus dem Mittelstand reizten.[3] An den der Gesellschaft zugundeliegenden Wertvorstellungen hatten die Naturalisten nur geringes, an den politischen Verhältnissen gar kein Interesse; und als gegen Ende der 1890er Jahre die große Mode des Naturalismus vorüber war, beschäftigten sich die deutschen Schriftsteller kaum mehr mit wirklichen Problemen des gegenwärtigen Lebens, als sie es vor 1871 getan hatten. In den 1880er Jahren sprach man in Künstlerkreisen viel über die Notwendigkeit, Emile Zola nachzueifern und gesellschaftskritische Romane zu schreiben – das gehörte zum Repertoire von Michael Georg Conrad und der Münchener

Gruppe, die 1885 die Zeitschrift *Die Gesellschaft* herausgab[4] –, aber nur wenige deutsche Nachahmer tauchten auf.

Die Ursachen für diesen Mangel an gesellschaftlichem Engagement müssen daher auch nicht primär in der Langsamkeit der politischen und wirtschaftlichen Entwicklung des Landes gesucht werden, als vielmehr in den unter Deutschen verbreiteten Ansichten von der eigentlichen Aufgabe der Literatur. Es gab seit langem ein tiefverwurzeltes Vorurteil, daß Schriftsteller, die es wert waren, geachtet zu werden – eben *wahre Dichter* –, sich mit transzendenten Themen und geistigen Werten beschäftigen sollten, während die Probleme und die Politik der gegenwärtigen Gesellschaft sie nichts angingen; jeder aber, der daran festhielt, solche Fragen zu behandeln, verlor automatisch seinen Status als Künstler und war nur noch ein bloßer Schreiberling oder *Literat.*[5]

Erich Auerbach hat dargelegt, daß diese seltsame Unterscheidung viel der überragenden Gestalt Goethes verdankt, dessen Interesse für die gegenwärtigen Erscheinungsformen einer gesellschaftlichen Entwicklung gering war. Phänomene wie das Anwachsen der Industrie und die zunehmende soziale Mobilität «waren ihm unerfreulich»; seine eigenen Romane spielten in einem statischen gesellschaftlichen Umfeld, und die Wirklichkeit des zeitgenössischen Lebens gab nur den unbewegten Hintergrund ab, vor dem sich das Drama von Goethes eigenem geistigen Wachstum entfaltete. Der «sich bildenden modernen Struktur des Lebens» wandte Goethe kaum Aufmerksamkeit zu. Und da, wie Auerbach meint, sein Einfluß so beherrschend war, führte seine ausschließliche Konzentration auf Individualitäten und Ideen dazu, daß diese als Kriterien angesehen wurden, durch welche die Kunst von der bloßen Literatur zu unterscheiden wäre.[6]

Ob Goethe dafür verantwortlich war oder nicht, ist weniger wichtig als die Tatsache, daß sich diese Norm durchsetzte. Es ist bemerkenswert, daß Heinrich Heine, ein Schriftsteller, von dem man denken würde, jede Nation in der Welt müsse stolz auf ihn sein, in dem Land seiner Geburt niemals wirklich anerkannt worden ist – zum Teil gewiß deswegen, weil in allem, was er schrieb, eine Kritik an Politik und Gesellschaft deutlich zu spüren war.[7] Dieses unverrückbare Vorurteil gegenüber der Zeitbezogenheit literarischen Schaffens war zweifellos zahllosen Schriftstellern eine Warnung, die nach dauerhaftem Ruhm strebten. In unserem Jahrhundert hat Thomas Mann, der mit Sicherheit das Talent besaß, Gesellschaftsromane zu schreiben, dieses Genre nicht geschätzt und bei einer Gelegenheit eingeräumt:

«Daß das Soziale meine schwache Seite ist, – ich bin mir dessen voll bewußt und weiß auch, daß ich mich damit in einem gewissen Widerspruch zu meiner Kunstform, dem Roman, befinde, der das Soziale fordert und mit sich bringt. Aber der Reiz (...) des Individuellen, Metaphysischen ist für mich nun einmal unvergleichlich größer. (...) Ich bin deutsch (...) Das Zolaeske ist schwach in mir (...).»[8]

Die von dieser literarischen Tradition mitgeprägten Hemmungen wurden in ihrer Wirkung verstärkt durch die Sorge um das, was die Leser zu tolerieren bereit sein würden. Jeder Schriftsteller möchte gelesen werden, und die deutschen Schriftsteller in der Zeit nach 1871 konnten sich der Erkenntnis schwerlich verschließen, daß die Leser, die Heinrich von Treitschkes *Deutsche Geschichte im 19. Jahrhundert* zum Bestseller gemacht hatten, kaum Bücher begrüßen würden, die die gesellschaftlichen Grundlagen oder die politische Praxis des neuen Reichs kritisierten, auf das sie so stolz waren. Die gebildete Mittelschicht in der Ära Bismarcks und im Wilhelminischen Zeitalter war übermäßig besorgt um ihre eigene gesellschaftliche Stellung und ihr Prestige, die ihr als Surrogate für jene politische Macht dienten, welche sie nicht besaß. Wer so eifersüchtig über seine Position wachte, die, wie er glaubte, durch die neue Klasse der Techniker und Funktionäre bedroht wurde, wurde anfällig für eine ideologische Feudalisierung und verlor seine intellektuelle Unabhängigkeit.[9] Das Bildungsbürgertum, das zunehmend konservativer wurde, erwartete von seinen Roman- und Dramenautoren Unterhaltung oder moralische Erbauung. Es wollte nicht von ihnen hören, daß es Dinge in der Welt gab, die in Ordnung gebracht werden müßten, und daß es seine Pflicht sei, sie zu korrigieren, und es hatte die Macht, seine Ablehnung spüren zu lassen. Es bedurfte schon eines entschlossenen Schriftstellers, sich über diese Geisteshaltung hinwegzusetzen.

Unter jenen, die es wagten, war der – langfristig gesehen – erfolgreichste und wirkungsmächtigste Theodor Fontane.[10]

I

Als sich Fontane dem Gesellschaftsroman zuwandte, geschah dies nicht in der Absicht, seine Leser zu belehren. Neben seiner Bereitschaft, sich mit der gesellschaftlichen Situation in Preußen auseinanderzusetzen, war es vor allem sein historischer Instinkt, der ihn inspirierte, seine Reihe Berliner Romane zu beginnen. Ihn faszinierten die Veränderungen, die im Lauf seines Lebens in Berlin stattgefunden hatten, besonders aber die raschen Veränderungen der gesellschaftlichen Beziehungen und die Stimmung nach dem Krieg in Frankreich, die zur Vereinigung Deutschlands geführt und Berlin zur Hauptstadt gemacht hatten, ferner die Veränderungen in den Wertvorstellungen, da jetzt Macht und Geld eine größere Bedeutung im Denken der Deutschen gewannen als soziale Gerechtigkeit und bürgerliche Tugenden. Es interessierte ihn, über diese Dinge zu schreiben, nicht im abstrakten Sinne, sondern mit einer Hinwendung zum Konkreten und sicherlich ohne ideologische Voraussetzungen oder gar Absichten. In einem Gespräch mit Paul Lindau über das Entstehen von *L'Adultera*, dem ersten dieser Romane, sagte er, es «lag mir vorwiegend daran, ein Berliner Lebens- und Gesellschaftsbild zu geben, das Zuständliche, die Scenerie war mir Hauptsache».[11]

Dafür war er natürlich hervorragend geeignet, denn er war nicht nur ein erfahrener Schriftsteller, sondern auch ein Berliner aus innerer Überzeugung. Im hohen Alter hat er das allerdings manchmal bestritten. Als Maximilian Harden zu seinem siebzigsten Geburtstag einen Gedenkartikel über ihn in seiner Zeitschrift *Die Zukunft* schrieb, dankte er ihm dafür, daß er ihn als Grenadier des Alten Fritz bezeichnet hatte. Das, so schrieb er, war «sublim» und fügte hinzu, «Auch was Sie über meine Abstammung sagen; ich bin Märker, aber noch mehr Gascogner.»[12] Das war freilich stark übertrieben. Daß Fontanes Familie aus Frankreich stammte, machte kaum einen Gascogner aus ihm; er beherrschte passabel die französische Sprache, so daß er sich verständigen konnte, und das Französische an ihm schlug sich zum großen Teil in den Erinnerungsoden nieder, die er (in deutscher Sprache) für die jährlichen Zusammenkünfte der französischen Kolonie in Berlin verfaßte.[13]

Seine Identifikation mit der Mark Brandenburg war substantiellerer Natur – schließlich war er in Neuruppin geboren –, aber doch fast ebenso sentimental, ein Produkt seiner umfänglichen Forschungen, durch Lektüre von Urkunden und auf Wanderungen, die die Grundlagen seiner unvergleichlichen Reisebücher bildeten. Faktisch war Fontane, läßt man die Frage seiner Herkunft einmal beiseite, Berliner. Mit Ausnahme seines langen Aufenthalts in England in den 1850er Jahren verbrachte er fast sein ganzes Leben in Berlin, von den Tagen, da es eine verschlafene, von einer Mauer umschlossene Residenzstadt gewesen war, die man zu Fuß in vier Stunden umrunden konnte, bis zu der Zeit, als es eine Weltstadt geworden war, deren Gebiet – mit allen dörflichen Vororten und Vorstädten – sich über dreißig Meilen erstreckte.[14]

Es war das Berlin der 1840er Jahre, in dem Fontane zu schreiben begann, und das stürmische Wachstum der Stadt – die Bevölkerung stieg von 862 341 Einwohnern im Jahr 1871 in den folgenden fünfzehn Jahren auf 1 315 287 Einwohner an – trug zur Entwicklung und zum Reifen seiner schriftstellerischen Fähgkeiten bei, indem es seinen Blickwinkel veränderte, seine kritische Haltung schärfte und ihm fortwährend neue Themen und Aufgaben lieferte. Diese Abhängigkeit von der Stadt hatte er im Sinn, als er 1860 an Paul Heyse schrieb:

«Es ist mir im Laufe der Jahre besonders seit meinem Aufenthalte in London Bedürfniß geworden an einem großen Mittelpunkte zu leben, in einem Centrum wo entscheidende Dinge geschehn. Wie man auch über Berlin spötteln mag, wie gern ich zugebe daß es diesen Spott gelegentlich verdient, das Faktum ist doch schließlich nicht wegzuleugnen, daß das was hier geschieht und nicht geschieht direkt eingreift in die großen Weltbegebenheiten. Es ist mir Bedürfniß geworden, ein solches Schwungrad in nächster Nähe sausen zu hören, auf die Gefahr hin, daß es gelegentlich zu dem bekannten Mühlrad wird.»[15]

Dieses Gefühl änderte sich über die Jahre nicht, auch wenn er sich häufig über die Stadt und ihre Einwohner beklagte. Er war nämlich überzeugt, «diese nervöse, unaufhörlich zitternde Berliner Luft», über die der Romancier Conrad Alberti schrieb, sie wirke auf den Menschen «wie der Alkohol, das Morphium, das Kokain, erregend, belebend, abspannend, tötend: die Luft der Weltstadt»[16] schade seiner Gesundheit, und der Geruch des Landwehrkanals trage ihm ein malariaähnliches Fieber ein. Allerdings machte er sich stets Sorgen um seine Gesundheit, und entsprechende Befürchtungen boten ihm den Anlaß für lange Arbeitsferien in Kurorten wie Thale im Harz und Krummhübel im schlesischen Mittelgebirge.[17] Außerdem kritisierte er beständig die «Berliner Schnauze», die Provinzialität und Schlampigkeit der heimischen Mittelschicht, vor allem wenn er fern der Stadt war, und porträtierte sie als Witzfiguren (wie im Fall der beiden Berliner Touristen in seinem Roman *Cécile*)[18] oder weniger schmeichelhaft als «nicht geistreiche Berliner Schnoddergesellschaft», die sich nur durch «Ulk, Klatsch und Kleinmacherei» auszeichne.[19] War er schlechter aufgelegt, so konnte es passieren, daß er, obwohl sein eigenes Leben solche Verallgemeinerungen Lügen strafte, Überlegungen über die verderbliche Wirkung der Stadt auf die Schaffenskraft anstellte («Als Regel steht es mir fest, die große Stadt macht quick, flink, gewandt, aber sie verflacht und nimmt jedem der in Zurückgezogenheit in ihr lebt, jede höhere Produktivitätsfähigkeit.») oder auch in moralisierende Klagen über den alles beherrschenden Materialismus der Metropole verfiel:

«Die große Stadt hat nicht Zeit zum Denken, und was noch schlimmer ist, sie hat auch nicht Zeit zum Glück. Was sie hunderttausendfältig schafft, ist nur die ‹Jagd nach dem Glück›, die gleichbedeutend ist mit dem Unglück.»[20]

Vielleicht unterstreichen solche Passagen auch nur Fontanes Berlinischkeit, denn Selbstkritik war schon immer ein Zug der Berliner, wie er einmal gegenüber seinem Freund Friedländer äußerte:

«Je berlinischer man ist, je mehr schimpft man oder spöttelt man auf Berlin. Daß dem so ist, liegt nun aber nicht blos an dem Schimpfer und Spötter, es liegt leider wirklich auch an dem Gegenstande, also an unsrem guten Berlin selbst. Wie unsre Junker unausrottbar dieselben bleiben, kleine, ganz kleine Leute, die sich für historische Figuren halten, so bleibt der Berliner ein egoistischer, enger Kleinstädter. Die Stadt wächst und wächst, die Millionäre verzehnfachen sich, aber eine gewisse Schusterhaftigkeit bleibt, die sich vor allem in dem Glauben ausspricht: ‹Mutter's Klos sei der beste.› Dabei giebt es hier – denn man kann doch nicht immer auf Bismarck und Moltke recurriren, die nicht mal Berliner waren – überhaupt nichts Bestes, es gibt in Berlin nur Nachahmung, guten Durchschnitt, respektable Mittelmäßigkeit und das empfinden alle klugen Berliner, so wie sie aus Berlin heraus sind.»[21]

Trotzdem zog er nie aus Berlin fort und wich selbst in seinen düstersten Momenten nicht von den Gefühlen ab, denen er 1853 in einem beredten Brief an Theodor Storm Ausdruck verlieh, darin er den Sinn für Gleichheit rühmte, die gesunde Moral und die Opferbereitschaft des einfachen Berliners und daran erinnerte, daß die Stadt 1813 in den Befreiungskriegen nicht nur mehrere Regimenter der Linientruppen aufgeboten hatte, sondern – bei einer Bevölkerung von nur 180 000 Menschen – auch zehntausend Freiwillige. So schrieb er Storm:

«Das Volk hier hat eine echte und wahre Opferfreudigkeit; – auch die sogenannten ‹Gebildeten›, ja sogar die ‹*Berliner Kinder*› (was in vielen Stücken eine unleidliche Sorte ist) haben davon, vorausgesetzt, *daß es was gilt.*»[22]

Hierin steckt der Hinweis, der Berliner sei ein Vorbild für das übrige Deutschland; vor Gott – um eine Wendung aufzunehmen, die Fontane in anderem Zusammenhang gebrauchte[23] – sei eigentlich jedermann Berliner. Wie dem auch sei, Fontane empfand eine tiefe Zuneigung zu den einfachen Berlinern, zu ihrer Fähigkeit, sich jeder Situation zu stellen, ihrer Unbeirrbarkeit und ihrer umwerfenden Schlagfertigkeit, zum Gebrauch ihres unerschöpflichen Scharfsinns, um ihr nicht selten schwieriges Leben in den Griff zu bekommen, wie auch zu ihren Liedern, Witzen und Lieblingsvergnügungen. Als Mitglied einer Preisjury für neue Dichtung bestand er im März 1886 darauf, dem Verfasser eines Liedes, das Berlin im Sturm genommen hatte, einen Sonderpreis zuzuerkennen:

> Mutter, der Mann mit dem Koks ist da!
> Mädel, sei stille, ick seh et ja.
> Ick hab keen Jeld, du hast keen Jeld.
> Wer hat den Mann mit dem Koks bestellt![24]

Gassenhauer, so sagte er, verdienten mitunter mehr Achtung als die ausgereiften Formen der dichterischen Muse: «(...) aber es ist doch immer was, einer Millionenstadt auf vier Wochen hin ein bestimmtes Wort oder Lied in den Mund gelegt zu haben».[25]

Fontane liebte den Berliner Dialekt und entwickelte ein perfektes Gehör für die Kadenzen und Rhythmen der Sprachmelodie wie auch für die Übertreibung und die pfiffigen antithetischen Konstruktionen, die ihn kennzeichneten. Dies wird in seinen Briefen, vor allem aber auch in seinen Romanen deutlich, etwa im *Stechlin* – um nur ein Beispiel zu nennen –, als der im Sterben liegende «Versicherungssekretär» Schikaneder mit seiner Frau über die gemeinsam verbrachten Jahre und darüber spricht, wie sie ihr künftiges Leben ordnen solle; diese Szene ist so lebensnah gestaltet, daß sie vergleichbare literarische Texte weit hinter sich läßt.[26]

Zusammen mit seinem Talent, die Psychologie von Situationen und den darin gefangenen Menschen zu durchdringen, schafft Fontane mit seinem vollkommenen Ton kleine Wunder an Authentizität, wie zum Beispiel in der vorletzten Szene von *Stine*, in der Pauline Pittelkow die Heldin nach dem Tod ihres Geliebten aufzumuntern sucht:

«Weine man, Stinechen, weine man orntlich. Wenn's erst wieder drippelt, is es schon halb vorbei, grade wie bei's Gewitter. Un nu trink noch 'ne Tasse... Olga, wo bist du denn? Ich glaube, die Jöhre schnarcht schon wieder... Un nächsten Sonntag is Sedan, da machen wir auf nach'n Finkenkrug un fahren Karussell und würfeln. Un dann würfelst du wieder alle zwölfe.»[27]

Nicht weniger geschickt war Fontane bei der Wiedergabe der sprachlichen Manieriertheiten der aufsteigenden Mittelklasse, die den Witz und die Geschwätzigkeit des Berliner Dialekts mit Unmengen von Zitaten verband, die vielleicht aus Büchmanns *Geflügelten Worten* entlehnt waren, dem bemerkenswerten Werk, das erstmalig 1863 erschien und die Möglichkeit eröffnete, ohne große Mühen der gesprochenen Sprache Dekor, wenn nicht Distinktion zu verleihen.[28] Nicht, daß der Gebrauch von Zitaten zur Eröffnung eines Gesprächs oder als Bildungsornament ausschließlich ein Zug der Mittelschicht gewesen wäre. Van der Straaten etwa in *L'Adultera* und Kommerzienrat Treibel in *Frau Jenny Treibel* gebrauchen sie in Vollendung, nachgerade exzessiv, und in dem zweiten Roman gilt dies ebenso für Professor Schmidt. Kein früheres oder späteres Jahrhundert war so bildungsbesessen wie das neunzehnte; so war es in Deutschland, wo Bildung zum Inbegriff allumfassender Kultur wurde, vielleicht nur natürlich, daß sich das Zitat zu einem Mittel der Verständigung und Selbstcharakterisierung im täglichen Leben wie in literarischen Kreisen entwickelte. Unter den deutschen Romanciers war vor allem Wilhelm Raabe für seinen ausgiebigen Gebrauch von Zitaten bekannt, nicht weil er eitel war oder seine Belesenheit zur Schau stellen wollte, sondern um damit Erinnerungen, Erfahrungen, Offenbarungen, Bedeutungs- oder Wahrheitsgehalte zu betonen.[29]

Je mehr Fontane seinen Stil verfeinerte, desto weniger verließ er sich auf die Gestaltungsmittel Erzählung und Beschreibung, sondern immer mehr auf das Gespräch. Die gesprochene Sprache hielt er für den Schlüssel zum Charakter und zu den Fähigkeiten eines Menschen; beim Reden mit anderen enthüllten sich für ihn die Unterschiede zwischen den Menschen, ihr Anstand oder ihre Unzuverlässigkeit, ihre sittlichen Überzeugungen und gesellschaftlichen Vorurteile sowie ihre Art und Weise, auf die Zeitläufe zu reagieren.[30] Das Gespräch war das wirkungsmächtigste Mittel der Selbstenthüllung und ebenso die beste Verteidigung dagegen. In *Unwiederbringlich* wird dem Grafen Holk, der sich Sorgen macht, sein Privatleben könne ans Licht kommen, von einem Freund geraten, die beste Verteidigung sei «Freiheit und Unbefangenheit und viel sprechen. Viel sprechen ist überhaupt ein Glück und unter Umständen die wahre diplomatische Klugheit; es ist dann das Einzelne nicht mehr recht festzustellen oder noch besser, das eine hebt das andere wieder auf.»[31] Schließlich verläuft das Gespräch nur selten in geordneten Bahnen und beschränkt sich auch nicht auf bestimmte Gegenstände, sondern wendet sich bald diesem, bald jenem zu und bietet dabei eine Fülle von Einblicken unterschiedlichster Art in die Beteiligten und ihre Gesellschaft. Walther Killy bemerkte einmal zum siebten Kapitel von *Irrungen, Wirrungen*, wenn wir von dem Roman nichts als dieses eine Kapitel hätten, besäßen wir dennoch einige interessante geschichtliche Informationen sowie ein faszinierendes kulturhistorisches Dokument.

«Man könnte ihm entnehmen, daß Hummer und Chablis bei einem solchen Treffen auf der Speisekarte standen; daß der Pfarrer sich mit dem Gutsherrn um Äcker stritt und wie vor alters als Hauslehrer anfing, um zum pastor loci zu arrivieren; daß man ein brauchbares Gut so wie Bothos Vater durch Spiel und unkluge Wirtschaft herabbringen konnte; daß es im Landadel noch üblich war, frühe Absprachen über die Ehen der Kinder zu treffen; auch die scheinbare Bagatelle, daß charmante Damen von Stand nach Norderney ins Bad fuhren.»[32]

Während die meisten Leser sich von Witz und Charme der Gespräche bei Fontane bezaubern lassen, sind die Meinungen über deren Eignung als Mittel des sozialen Realismus geteilt. Neuerdings wird der Dialog als ein Mittel der Fontaneschen Multiperspektivität gesehen, durch die der Leser – vor allem durch die offenen Schlüsse in Dialogform – zum eigenen Urteil angeregt werde. Russell Berman vertritt die interessante Meinung, daß der Romancier mit dem, was Berman als Fontanes Auflösung der Realität im

Gespräch bezeichnet, zeigen wolle, es gebe keine objektive Wirklichkeit jenseits dessen, was die Leute darüber sagten, und daß sich gesellschaftliche Ordnung und Privilegien nur als sprachliche Gebilde willkürlicher Bedeutungen aufrechterhalten ließen.[33] Fontane, der stets an den Vorrang des Wortes im menschlichen Miteinander glaubte, dabei jedoch den Abstand zwischen Wort und Wahrheit nicht verhehlte, hätte die Dinge wohl nicht so extrem gesehen. Jedenfalls nahm er für seine Experimente mit dem Gesellschaftsroman nicht in Anspruch, daß sie politische oder philosophische Aussagen enthielten. Über den *Stechlin* schrieb er:

«Zum Schluß stirbt ein Alter und zwei Junge heiraten sich; – das ist so ziemlich alles, was auf 500 Seiten geschieht. Von Verwicklungen und Lösungen, von Herzenskonflikten oder Konflikten überhaupt, von Spannungen und Überraschungen findet sich nichts. Einerseits auf einem altmodischen märkischen Gut, andrerseits in einem neumodisch gräflichen Hause (Berlin) treffen sich verschiedene Personen und sprechen da Gott und die Welt durch. Alles Plauderei, Dialog, in dem sich die Charaktere geben, mit und in ihnen die Geschichte. Natürlich halte ich dies nicht nur für die richtige, sondern sogar für die gebotene Art, einen Zeitroman zu schreiben.»[34]

Wenn wir diese Art radikaler Verkürzung auf die übrigen Romane Fontanes übertragen, geschieht auch dort nicht viel mehr als im *Stechlin.* In *Irrungen, Wirrungen* (1888) wird einem jungen Adeligen, der heftig in ein Mädchen aus dem Volk verliebt ist, von seinem Onkel eröffnet, daß seine Familie ihr Gut verlieren werde, wenn er nicht eine wohlhabende junge Frau seines Standes heirate. Er tut, was er für seine Pflicht hält, und verläßt seine Liebste. In *Frau Jenny Treibel* (1892) hat es die Tochter eines Gymnasialprofessors auf den Sohn von Herrn und Frau Kommerzienrat Treibel abgesehen, wird jedoch von der Mutter des jungen Mannes aufgehalten, die aus gesellschaftlichem Ehrgeiz dessen Heirat mit der Tochter aus einer Hamburger Handelsfamilie arrangiert. Die Professorentochter heiratet einen jungen Gelehrten und fährt mit ihm Troja ausgraben. In *Die Poggenpuhls* (1896) lebt eine preußische Adelsfamilie in vornehmer Armut in Berlin und versucht verzweifelt, ihre gesellschaftliche Stellung und die zweier Söhne, die Offiziere sind, zu wahren. Am Ende erhält sie nach dem Tod eines Onkels in Schlesien ein Erbe, das ihr Einkommen in bescheidenem Maß erhöht. In *Mathilde Möhring* (entstanden 1891, veröffentlicht 1906) befördert eine junge Frau die erfolgreiche politische Karriere ihres Mannes, fällt aber nach seinem jähen Tod wieder auf ihre frühere Stellung zurück und muß ganz von vorn anfangen. Natürlich ist an diesen Geschichten mehr dran als diese kargen Szenarien, die wohl kaum Leser anziehen würden. Die wahren Geschichten liegen in den Gesprächspassagen.

Indessen ist festzuhalten, daß die Handlungen oft von kritischen Vorkommnissen beeinflußt sind, die gleichsam «hinter der Bühne» stattfinden. In *Quitt* (1890), einem sperrigen Roman, dessen Handlung teilweise im schlesischen Mittelgebirge und teilweise in einem Amerika spielt, das kein Amerikaner wiedererkennen würde, geschieht ein Mord. *Stine* (1890), *Cécile* (1887), *Schach von Wuthenow* (1883) und *Unwiederbringlich* (1891) enden mit einem Selbstmord. Und in *Cécile* und *Effi Briest* (1895) kommt es zu Duellen mit tödlichen Folgen. Auch in *Irrungen, Wirrungen* ist von einem Duell die Rede; dieses findet allerdings statt, ehe die Romanhandlung einsetzt. Als Leutnant Botho von Rienäcker sich der Notwendigkeit gegenübersieht, seine Liebesbeziehung mit Lene Nimptsch zu beenden und eine seiner gesellschaftlichen Stellung entsprechende Frau zu heiraten, unternimmt er einen einsamen Ritt durch den Tiergarten bis zu der Stelle, an der Friedrich Wilhelms IV. allmächtiger Polizeipräsident Carl Ludwig von Hinckeldey 1856 bei einem Duell ums Leben gekommen war – wegen einer Affäre, bei der die Ehre ihm anscheinend gebot, so zu handeln, wie er schließlich handelte. Botho scheint nach Bestätigung für die schwere Entscheidung zu suchen, die er anhand von Hinckeldeys Vorbild treffen muß.[35]

Die Bedeutung, die Fontane dem Duell beimißt, ist einer der Hinweise darauf, daß er sehr klar erkannte, in welchem Maße die Gewalt und «Hilfskonstructionen», deren die Menschen sich zu ihrer Rechtfertigung bedienten, wie eben der Ehrbegriff eine war, die Gesellschaft bestimmten und – bei aller Achtung vor Berman – die eigentliche Kraft bildeten, durch die die herrschende Ordnung mit ihren Privilegien aufrechterhalten wurde.[36]

II

Im Juni 1862 schrieb Fontane an seine Frau:

«Deine kleine Reprimande wegen der ‹Grafen und Exzellenzen› ist wohl ziemlich unverdient; ich dächte doch, daß ich mich in meinem Briefe selbst genugsam darüber ausgesprochen habe. Das ist zwar wahr, daß ich mehr mit Adel als Bürgertum in Berührung bin, aber das ist teils eine Folge meines Metiers (Poet und ‹Wanderungen›-Schreiber), teils eine Folge meiner politischen Richtung. Poeten und Künstler haben zu allen Zeiten fast ausschließlich Verkehr mit Fürsten, Adel und Patriziat gehabt; es ist ja auch ganz natürlich. Heutzutage freilich, wo der *Bürgerstand* (im weitesten Sinne) eine hervorragende Bedeutung hat und zum Teil gerade der Träger all der Vorzüge ist, die sonst dem Adel und der Geistlichkeit eigen waren, *braucht* es nicht mehr so zu sein, wer aber im Lager der ‹Feudalen› ficht, der muß sich noch mit den alten Elementen behelfen.»[37]

Als Fontane diese Zeilen schrieb, war er für die *Kreuzzeitung* tätig; darauf spielt er mit «meiner politischen Richtung» an. Die Ansichten dieses Blattes standen jedoch nicht für seine politische und gesellschaftliche Einstellung. Er war ein alter 1848er, und die liberaldemokratischen Auffassungen, die er damals vertreten hatte, waren durch seinen langjährigen Aufenthalt in England noch verstärkt worden.

Seine Briefe deuten stark darauf hin, daß er damals glaubte, die Zeit komme, in der die preußisch-deutsche Mittelschicht so beherrschend werden würde wie ihr Gegenstück in England; und dann werde sie die politische, soziale und kulturelle Rolle des Adels in der Gesellschaft übernehmen. In diesem Falle hätte er die gesellschaftlichen Vorlieben seiner Frau nicht so häufig zu mißachten brauchen.

1862 bestand aller Grund, auf diese Entwicklung zu vertrauen. Die Liberalen der Mittelschicht hatten sich offenkundig von ihrer Niederlage im Revolutionsjahr erholt und unternahmen einen neuen Angriff auf die Privilegien der Krone: Diesmal gingen sie gegen deren Kontrolle über das Militär vor. Ihre Bemühungen wurden jedoch von der politischen Entschlossenheit und dem taktischen Geschick Otto von Bismarcks zunichte gemacht, und ihr politischer Wille löste sich auf in der Welle des Nationalismus, die nach den Siegen über Österreich und Frankreich übers Land schwappte. In den 1870er Jahren versuchten die sogenannten Nationalliberalen sich einzureden, die Regierung brauche ihre Unterstützung; doch am Ende des Jahrzehnts war klar, daß dies eine Täuschung und das deutsche Bürgertum als unabhängige politische Kraft entschlafen war. Es widmete sich fortan ganz dem Geldverdienen, seinen Versuchen, mit der herrschenden Adelsschicht eine Symbiose einzugehen, und kulturellen Aktivitäten.

Fontane beobachtete diesen Prozeß mit wachsendem Befremden. In einer Zeit, als ein Bürger zu sein nach seinen Worten bedeutete, drei Dinge zu haben – «einen Besitz und ein Recht und drittens ein Gefühl der Freiheit, das erst aus beiden fließt»[38] –, setzte er große Hoffnungen aufs Bürgertum. Im Lauf der Jahre jedoch wurde er zu einem harten Kritiker der materialistischen Züge und des Parvenücharakters von Teilen der neuen deutschen Mittelschicht; er haßte «das Bourgeoishafte mit einer Leidenschaft», wie er einmal schrieb, als sei er ein «eingeschworener Socialdemokrat».[39] Dennoch gab er die eigenen bürgerlichen Glaubenssätze nicht auf. Noch in seinem letzten Lebensjahr schrieb er:

«Zunächst freue ich mich immer, wenn ich Namen lese, wie *Lisco, Lucä, Gropius, Persius, Hensel, Thaer, Körte, Diterici, Virchow, Siemens*, weil ich mir dabei bewußt werde, daß in diesen, nun in zweiter und dritter Generation blühenden Familien, ein neuer Adel, wenn auch ohne ‹von› heranwächst, von dem die Welt wirklich was hat, neuzeitliche *Vorbilder* (denn dies ist die eigentliche Adelsaufgabe), die, moralisch und intellektuell, die Welt fördern und ihre Lebensaufgabe nicht in egoistischer Einpöklung abgestorbener Dinge suchen.»[40]

Er war sich jedoch wohl bewußt, daß solche Namen nur eine winzige Minderheit des Bürgertums repräsentierten und daß der alte bürgerliche Geist im Gefolge des Sieges über Frankreich und in dem leicht zu gewinnenden Wohlstand der Gründerzeit gestorben war.

Doch damit der Veränderungen nicht genug. Den Adel, für den er immer eine Schwäche gehabt hatte – er schrieb seiner Frau, als er schon alt war: «(...) trotz ihrer enormen Fehler bleiben märkische Junker und Landpastoren meine Ideale, meine stille Liebe»[41] –, konnte man nicht mehr so einfach bewundern. Fontane war sich immer im klaren gewesen, daß das preußische Erbe für ein geeintes Deutschland seine zwei Seiten haben würde; und so hatte er gerade im Jahr der Reichsgründung in einer kurios verschlüsselten Passage eines seiner Kriegsbücher geschrieben, der Geist von Potsdam bestehe aus «einer unheilvollen Verquickung (...) von Absolutismus, Militarismus und Spießbürgertum» und festgestellt: «ein Zug von Unfreiheit, von Gemachtem und Geschraubtem (...) geht durch das Ganze und bedrückt jede Seele, die mehr das Bedürfnis hat, frei aufzuatmen als Front zu machen».[42] In den folgenden Jahren gelangte er immer stärker zu der Überzeugung, daß diese Art Preußentum das Land gefangen halte, das jetzt von einer Aristokratie und für eine Aristokratie regiert werde, die nicht länger die Eigenschaften besitze, die ein solches Machtmonopol gerechtfertigt hätten. Immer deutlicher wurde ihm:

«(...) der ‹Junker›, unser eigentlichster Adelstypus, ist ungenießbar geworden. (...) jeder Hochstapler ist novellistisch angesehn ein Gott. (...) Im Uebrigen ist er ein Greul. Und zu solchem Greul entwicklen sich auch die Junker. Je mehr sie überflügelt werden, je mehr sie sich überzeugen müssen, daß die Welt andren Potenzen gehört, desto unerträglicher werden sie in ihren Forderungen; ihre Vaterlandsliebe ist eine schändliche Phrase, sie haben davon weniger als andre, sie kennen nur sich und ihren Vortheil und je eher mit ihnen aufgeräumt wird, desto besser...[43] (...) Preußen – und mittelbar ganz Deutschland – krankt an unsren Ost-Elbiern. Ueber unsren Adel muß hinweggegangen werden; man kann ihn besuchen wie das aegyptische Museum und sich vor Ramses und Amenophis verneigen, aber das Land *ihm* zu Liebe regieren, in dem Wahn: *dieser Adel sei das Land,* – das ist unser Unglück und so lange dieser Zustand fortbesteht, ist an eine

Fortentwicklung deutscher Macht und deutschen Ansehns nach außen hin gar nicht zu denken. Worin unser Kaiser die *Säule* sieht, das sind nur *thönerne Füße.*»[44]

Als Künstler war Fontane sich bewußt, daß die Aristokratie für die Leser immer einen ästhetischen Reiz besaß. Seine Werke hatten von den Kontakten zum Landadel profitiert, die er in der Zeit seiner Wanderungen geknüpft hatte, und auch von seiner langen Freundschaft mit Mathilde von Rohr in Dobbertin. Diese nannte er «eine Prachtnummer (...) dies Musterstück einer märkischen alten adligen Dame»; sie versorgte ihn mit vielen Informationen und diente ihm in schwierigen Zeiten als Vertraute.[45] Fontane bewahrte sich eine verstohlene Bewunderung für den Junker, so ungenießbar sein Benehmen neuerdings auch geworden war, und schrieb: «Als Kunstfigur bleibt er interessant und Historiker und Dichter können sich freun, daß es solche Leute gab und giebt; sie haben einen Reiz wie alles Scharfausgeprägte.»[46] Fontane ließ seine Romane gern in adliger Umgebung spielen und führte Figuren ein wie Botho von Rienäckers Onkel vom Land, der einen Haß auf Berlin hat («Sie haben keine Luft hier. Verdammtes Nest.»)[47] und herauszufinden versucht, ob die Kollegen seines Neffen seine Wut darüber teilen, daß Bismarck den Botschafter Graf Harry Arnim aus dem diplomatischen Dienst gejagt hat. Ähnliches gilt für Effis Vater, den alten Briest, des weiteren für den General, der auf Besuch zu seinen Verwandten, den Poggenpuhls, nach Berlin kommt und eine Vorstellung der «Quitzows» sehen will, sowie in Fontanes vorletztem Roman für den Grafen Barby, die Tante Adelheid, die Domina von Kloster Wutz, und den alten Dubslav. Sie alle waren eher Relikte eines früheren Zeitalters als Vertreter des neuen Deutschland; Dubslav wird darüber hinaus derart idealisiert, daß man sich kaum vorstellen kann, er habe jemals existiert. Doch ohne diese Figuren wären die späten Romane schwächer, und Fontane verstößt durch ihre Einbeziehung nur geringfügig gegen den Realismus. Denn schließlich kann man nicht behaupten, er habe die Schattenseiten ausgespart.

Tatsächlich geht durch alle seine Berliner Romane ein steter Strom von Karrieristen, Abenteurern und rastlosen Ehrgeizlingen, angefangen bei Rittmeister von Schach in *Schach von Wuthenow* (1883) über den Oberst a.D. St. Arnaud in *Cécile* (1887), die Kommerzienräte van der Straaten in *L'Adultera* (1882), Treibel in *Frau Jenny Treibel* (1893) und den Landrat von Innstetten in seinem erfolgreichsten Gesellschaftsroman *Effi Briest* (1895) bis hin zu Ministerialassessor Rex im *Stechlin*. Diese Vertreter des neuen Preußen, sensibel nur für ihre eigenen Ziele, empfindungslos für die Gefühle anderer, nahmen rasch Zuflucht zur Gewalt, wenn sie meinten, ihr Ehrgefühl erfordere es – jener überkommene militärische Begriff war im zivilen Leben zu einem grausamen und widernatürlichen Teil des Verhaltenskodex geworden und hielt die Oberschicht wie in einer Zwangsjacke gefangen.

Von dieser Tyrannei der Ehre schrieb Fontane in zwei Romanen. In *Cécile* erzählte er die Geschichte eines jungen Zivilisten, des Ingenieurs Leslie-Gordon, der für die preußische Armee arbeitet und bei einem Aufenthalt in einem mondänen Hotel in Thale im Harz St. Arnaud, den Oberst a. D. eines Garderegiments, und dessen reizende, aber auf geheimnisvolle Weise melancholische Frau Cécile kennenlernt. Gordon fühlt sich mächtig zu ihr hingezogen, benimmt sich jedoch ihr gegenüber ohne Fehl und Tadel. Die Bekanntschaft findet ihre Fortsetzung, als man sich in Berlin wiederbegegnet, und dort entdeckt Gordon Céciles Geheimnis: Mit Duldung ihrer Mutter war sie einige Jahre lang die Geliebte eines alten Fürsten. Nach dem Tod ihres Beschützers kehrte sie in die Heimat ihrer Familie, eine kleine Garnisonstadt zurück, wo St. Arnaud sie kennenlernte und heiraten wollte. Am Vorabend ihrer Hochzeit erhielt er von den Offizieren seines Regiments einen Brief, in dem es hieß, die geplante Heirat sei ungehörig. Unverzüglich forderte er den Offizier, der als Sprecher der anderen gedient hatte, und tötete ihn im Duell, woraufhin er seinen Dienst quittieren mußte.

Diese Mitteilung erweckt zwar Gordons Mitleid für Cécile, entfacht aber auch sein Verlangen, und bei seinen

Bemühungen, sie zu treffen, wird er dreist. Dies erregt St. Arnauds Aufmerksamkeit, der Gordon sofort zum Duell fordert, weniger wegen des Affronts gegen seine Frau, als vielmehr wegen der Kränkung seiner eigenen Ehre. Fontane gibt die Seelenlage des Militärs wieder:

«Nicht das Liebesabenteuer als solches weckte seinen Groll gegen Gordon, sondern der Gedanke, daß die Furcht vor *ihm,* dem Manne der Determiniertheiten, nicht abschreckender gewirkt hatte. Gefürchtet zu sein, einzuschüchtern, die Superiorität, die den Mut gibt, in jedem Augenblicke fühlbar zu machen, das war recht eigentlich seine Passion. Und dieser Durchschnitts-Gordon, dieser verflossene preußische Pionierleutnant, dieser Kabelmann und internationale Drahtzieher, *der* hatte geglaubt, über ihn weg sein Spiel spielen zu können. Dieser Anmaßliche ...»[48]

Er tötet Gordon und reist an die Riviera, in der Erwartung, daß Cécile ihm folgt. Sie aber begeht Selbstmord.

In *Effi Briest* (1885) ist das Thema stärker durchdrungen und raffinierter dargestellt. Der preußische Beamte von Innstetten heiratet Effi, eine junge Frau aus adligem Haus, kaum mehr als ein Mädchen, und nimmt sie mit sich in eine Kleinstadt an der Ostseeküste, wo sie keine Freunde hat. Nur auf seine Karriere bedacht – er hat die wohlwollende Aufmerksamkeit Bismarcks erregt und hält sich über lange Zeit immer wieder auf Varzin, dem Gut des Reichskanzlers, auf –, vernachlässigt er seine junge Frau, nutzt aber zugleich ihre nächtlichen Ängste aus, um sie zu disziplinieren. Ihre Einsamkeit macht Effi für die Aufmerksamkeiten eines Majors von Crampas empfänglich, der in der Nähe lebt, und sie haben eine kurze Affäre miteinander. Sechseinhalb Jahre später erfährt Innstetten durch alte Briefe davon. Obwohl klar ist, daß Effi seitdem keine Verbindung mehr zu Crampas hatte und obwohl Innstetten sie herzlich liebt, fordert er den Major zum Duell und tötet ihn, dann treibt er Effi davon und nimmt ihr ihr Kind weg. Als intelligenter Mensch ist er sich durchaus bewußt, daß er sich nicht vernünftig verhält, doch um diese Zweifel zu zerstreuen, erzählt er einem engen Freund, Baron von Wüllersdorf, von der Affäre in der Absicht, sich so jeder Rückzugsmöglichkeit von seiner drastischen Vorgehensweise zu berauben. Bei dieser Unterredung, die man als «die größte Sprechszene des deutschen Romans» bezeichnet hat[49] und die sicherlich Fontanes tiefgründigste Analyse der Hohlheit in der deutschen Gesellschaft seiner Zeit darstellt, sagt Innstetten:

«Man ist nicht bloß ein einzelner Mensch, man gehört einem Ganzen an, und auf das Ganze haben wir beständig Rücksicht zu nehmen, wir sind durchaus abhängig von ihm. Ging es, in Einsamkeit zu leben, so könnt ich es gehen lassen; ich trüge dann die mir aufgepackte Last, das rechte Glück wäre hin, aber es müssen so viele leben ohne dies ‹rechte Glück›, und ich würde es auch müssen und – auch können. (...) Aber im Zusammenleben mit den Menschen hat sich ein Etwas ausgebildet, das nun mal da ist und nach dessen Paragraphen wir uns gewöhnt haben, alles zu beurteilen, die andern und uns selbst. Und dagegen zu verstoßen, geht nicht; die Gesellschaft verachtet uns, und zuletzt tun wir es selbst und können es nicht aushalten und jagen uns die Kugel durch den Kopf.»

Ohnehin, so fügt er hinzu, lasse sich das Geheimnis nun nicht mehr wahren. Er müsse handeln. Wenn er es nicht tue, dann werde er, wenn eines Tages jemand eine Kränkung erleide und er vorschlage, man solle sie durchgehen lassen, weil kein wirklicher Schade entstanden sei, ein Lächeln oder den Ansatz eines Lächelns über Wüllersdorfs Gesicht gleiten sehen und sich vorstellen, dieser denke: «(...) der gute Innstetten. Er ist noch nie an einer Sache erstickt (...)». Wüllersdorf, der versucht hat, ihm sein Vorgehen auszureden, kapituliert.

«Ich finde es furchtbar, daß Sie recht haben, aber Sie *haben* recht. (...) Die Welt ist einmal, wie sie ist, und die Dinge verlaufen nicht wie *wir* wollen, sondern wie die *andern* wollen. Das mit dem ‹Gottesgericht›, wie manche hochtrabend versichern, ist freilich ein Unsinn, nichts davon, umgekehrt, unser Ehrenkultus ist ein Götzendienst, aber wir müssen uns ihm unterwerfen, solange der Götze gilt.»[50]

Daß Fontane diesem Götzendienst ablehnend gegenüberstand, wird deutlich, wenn er das Schicksal Effies beschreibt, die an den überkommenen Konventionen zugrunde geht. Er vertrat die Ansicht, der Adel sei einer

Art Stammesbewußtsein unterworfen, und er war davon überzeugt, daß diese Schicht nun rasch ihre Originalität, Spontaneität und moralische Energie einbüßen und bald keine lebendige Kraft mehr im deutschen Leben darstellen werde – eine Überzeugung, der er in den *Poggenpuhls* (1896) Ausdruck verlieh, der Geschichte einer Adelsfamilie, die von den Erinnerungen an einstige Größe lebt. Aber der Adel hatte inzwischen andere Teile der Gesellschaft angesteckt, das Bildungsbürgertum und den Klerus, die seine Vorurteile wiederholten und guthießen, sowie die einst auf sich selbst bauende Mittelschicht. Die Porträts des Besitzbürgertums, die Fontane uns in seinen Romanen liefert, werden immer weniger schmeichelhaft, indem er ihm sowohl seine Geldgier als auch seine Parvenühaftigkeit vorwirft.

Mit seinen Mittelschichtfiguren war Fontane weniger Erfolg beschieden als mit seinen adeligen Gestalten, dies wohl auch zum Teil deshalb, wie Peter Demetz meint, weil er Menschen aus der Geschäftswelt oder Spezialisten auf irgendeinem Gebiet nicht wirklich für gesellschaftsfähig und imstande hielt, das Interesse und die Anteilnahme seiner Leser zu wecken.[51] Das versuchte er auf verschiedene Weise wettzumachen. Seine Gelehrten etwa – wie zum Beispiel Eginhard aus dem Grunde in *Cécile* und Professor Cujacius im *Stechlin* – werden als komische Figuren gestaltet, die sich seltsam kleiden und Theorien verkünden, die man nur phantastisch nennen kann. Sogar Professor Schmidt in *Frau Jenny Treibel* entgeht diesem Schicksal nicht ganz. In *The Prelude* unterschied der englische Romantiker Wordsworth zwischen den Professoren, die er in Cambridge kennengelernt hatte, einerseits

> ... old men –
> Old humorists ...[52]
> ... Men unscour'd, grotesque
> In character, trick'd out like trees
> Which, through the lapse of their infirmity,
> Give ready place to any random seed
> That chuses to be rear'd upon their trunks.[53]

ÜBER DIE VERFÜHRUNG VON ENGELN

Engel verführt man gar nicht oder schnell.
Verzieh ihn einfach in den Hauseingang
Steck ihm die Zunge in den Mund und lang
Ihm untern Rock, bis er sich naß macht, stell
Ihn, das Gesicht zur Wand, heb ihm den Rock
Und fick ihn. Stöhnt er irgendwie beklommen
Dann halt ihn fest und laß ihn zwei Mal kommen
Sonst hat er dir am Ende einen Schock.

Ermahn ihn, daß er gut den Hintern schwenkt
Heiß ihn dir ruhig an die Hoden fassen
Sag ihm, er darf sich furchtlos fallenlassen
Dieweil er zwischen Erd und Himmel hängt –

Doch schau ihm nicht beim Ficken ins Gesicht
Und seine Flügel, Mensch, zerdrück sie nicht. *(15,193.)*

An alte Männer – komische Figuren[54]
... ungepflegten Gestalten von groteskem Wesen, die
Wie alte Bäume ausstaffiert erscheinen,
Wenn im Verfall der eignen Wachstumskräfte
Sie jedem hergeflogenen Samen, der
Auf ihren grauen Strümpfen wachsen möchte,
Bereiten Willens Raum und Wohnstatt geben.[55]

und andererseits

... those with whom
By frame of academic discipline
Perforce we were connected, men whose sway
And whose authority of Office serv'd
To set our minds on edge[56]

... derer, die im Rahmen
Der akadem'schen Hierarchie mit uns
zwangsläufig in Berührung kamen: Männer,
Von deren anerkanntem Amtsgewicht
Und deren dienstlicher Autorität
Die Neugier in uns angestachelt ward[57]

Der Autodidakt Fontane wußte nichts von «akadem'scher Hierarchie», und wir können uns seinen Gymnasialprofessor Schmidt – der gewiß nicht ungepflegt ist, aber auf fast ermüdende Weise ein Humorist – in keiner akademischen Umgebung vorstellen. Künstler kommen in Fontanes Romanen für gewöhnlich besser weg. Die Sängerin Marietta Tripelli in *Effi Briest* ist bei aller Exzentrizität eine glaubwürdige Figur,[58] und das gleiche gilt für Pauline Pittelkows Freundin, die Schauspielerin Wanda in *Stine*, die ihre Gäste mit einem Minidrama unterhält, bei dem sie mit Kartoffeln die Geschichte von Judith und Holofernes nachspielt.[59] Fontane verstand etwas von der Welt des Theaters und glaubte, wie Pauline Pittelkow, stets: «alle von's Theater haben so was un kriegen einen Schick un können reden».[60] Bei seinen Porträts von Geschäftsleuten hingegen hatte er größere Schwierigkeiten.

Fontanes erster Versuch, das Leben des Besitzbürgertums darzustellen, war *L'Adultera* (1882), ein Roman, der in der Gründerzeit, den Jahren des wirtschaftlichen Aufstiegs nach dem Krieg gegen Frankreich spielt. Kommerzienrat van der

Straaten, Finanzier und höchst erfolgreicher Spekulant, ist mit Mélanie de Caparoux verheiratet, einer Frau nur halb so alt wie er selbst. Er ist ein selbstbewußter, überschäumender Berliner mit gewissen Bildungsallüren, aber auch einem Schuß Gewöhnlichkeit, die er nicht zu verbergen sucht. Das kratzt zusehends an den Nerven seiner Frau und bringt sie einem jungen Geschäftsmann namens Ebenezer Rubehn näher, den van der Straaten mit nach Hause gebracht hat, vielleicht um seine Frau auf die Probe zu stellen. Sie verliebt sich in Rubehn und läuft mit ihm davon; am Ende kehrt sie mit ihrem neuen Gatten nach Berlin zurück und lernt, ohne die Gesellschaft glücklich zu sein, von der sie jetzt geschnitten wird. Während das Geschehen seinen Lauf nimmt, bleibt van der Straaten großherzig und nachsichtig, offenbar bereit, Mélanie wieder aufzunehmen – ein Umstand, der ihre ursprüngliche Überzeugung, nicht länger bei ihm bleiben zu können, nur bestätigt.

Diese Geschichte, die im besten Fall peinlich ist, wurde noch dadurch verschlimmert, daß Fontane sich entschied, aus van der Straaten und Rubehn konvertierte Juden zu machen. Der Schriftsteller tat sich mit der Judenfrage immer schwer. Obwohl er viele enge Freunde und Briefpartner hatte, die Juden waren (zum Beispiel Georg Friedländer, den Intimus seiner späten Jahre), und obwohl er oft behauptete, die jüdische Mittelschicht sei unendlich gebildeter und geistig anregender als die nicht-jüdische, machte er sich Sorgen um die langfristigen kulturellen Auswirkungen des Anwachsens der jüdischen Bevölkerung und äußerte sich in seinen Briefen immer pessimistischer über die Erfolgsaussichten der Assimilation.[61] Warum er das Thema hier zur Sprache brachte, bleibt rätselhaft, es sei denn, er glaubte nicht, daß eine Dreiecksbeziehung in der angestammten Gesellschaft funktionieren würde, und versuchte, das Problem zu umgehen, indem er seine Charaktere an den Rand der Gesellschaft drängte, wie Peter Demetz meint. Aber dies schwächte natürlich den Roman als Gesellschaftskritik an Deutschland, was Fontane mehr oder weniger anerkannte, indem er sich in dessen letztem Kapitel in Sentimentalität flüchtete.[62]

Zehn Jahre später schrieb Fontane mit *Frau Jenny Treibel* wieder eine Lebensgeschichte aus dem Milieu des Besitzbürgertums. Ihr Reiz, so schrieb er in einem Brief an seinen Sohn Theodor, liege darin, «das Hohle, Phrasenhafte, Lügnerische, Hochmütige, Hartherzige des Bourgeoisstandpunkts zu zeigen, der von Schiller spricht und Gerson [Bleichröder, den berühmten Berliner Bankier] meint».[63] In diesem Roman ahmt Kommerzienrat Treibel, der ein Vermögen mit der Herstellung von Preußischblau verdient hat, der Farbe, die für die Uniformen verwendet wurde, eifrig das politische Verhalten des Adels nach und beschließt, sich um einen Sitz der Konservativen in einem ländlichen Wahlkreis zu bewerben; dabei umschmeichelt er heruntergekommene Adelsdamen in der Hoffnung, daß sie seine Kandidatur unterstützen. Eine von ihnen ist über seinen Ehrgeiz erstaunt und hält ihm eine Vorlesung über die Politik der Gesellschaftsschichten:

«Rittergutsbesitzer sind agrarisch, Professoren sind nationale Mittelpartei, und Industrielle sind fortschrittlich. Seien Sie doch Fortschrittler! Was wollen Sie mit dem Kronenorden? Ich, wenn ich an Ihrer Stelle wäre, lancierte mich ins Städtische hinein und ränge nach der Bürgerkrone.»

Derlei Ratschläge will Treibel nicht hören und erwidert, daß ihm die konservative Haltung besser passe, vor allem, seit er Kommerzienrat sei, «ein Titel von fragmentischem Charakter», der nach mehr verlange.

«Fabriken im allgemeinen neigen der Bürgerkrone zu, Fabriken im besonderen aber – und dahin gehört ausgesprochenermaßen die meine – konstatieren den Ausnahmefall. Ihr Blick fordert Beweise. Nun denn, ich will es versuchen. Ich frage Sie, können Sie sich einen Handelsgärtner denken, der, sagen wir auf der Lichtenberger oder Rummelsburger Gemarkung, Kornblumen im großen zieht, Kornblumen, dies Symbol königlich preußischer Gesinnung, und der zugleich Petroleur und Dynamitarde ist? Sie schütteln den Kopf und bestätigen dadurch mein ‹nein›. Und nun frage ich Sie weiter, was sind alle Kornblumen der Welt gegen eine Berliner Blaufabrik? Im Berliner Blau haben Sie das symbolisch Preußische sozusagen in höchster Potenz, und je sicherer und unanfechtbarer das ist, desto unerläßlicher ist auch mein Verbleiben auf dem Boden des Konservatismus. Der Ausbau des Kommerzienrätlichen bedeutet in meinem Spezialfalle das natürlich Gegebene ... jedenfalls mehr als die Bürgerkrone.»[64]

Das alles sagt Treibel in jovialem Ton, meint es aber todernst und glaubt an das, was er sagt. Das gleiche gilt für seine Gattin Jenny, eine so rücksichtslose gesellschaftliche Aufsteigerin wie Prousts Madame Verdurin. Ein Freund sagt von ihr, daß sie «sich aufrichtig einbildet, ein gefühlvolles Herz und vor allem ein Herz ‹für das Höhere› zu haben. Aber sie hat nur ein Herz für das Ponderable, für alles, was ins Gewicht fällt und Zins trägt, (...).»[65]

Aus Treibels Wahl wird nichts, weil er sich als Werber einen Reserveleutnant namens Vogelsang aussucht, dessen reaktionäre Äußerungen die Presse, die Zeitungen und den Vorstand der konservativen Partei befremden. Fontane attackiert hier einen wesentlichen Zug der Militarisierung der deutschen Mittelschicht nach 1871. Der anwachsenden Armee war es nicht länger möglich, das Monopol des Adels auf das Offizierskorps aufrechtzuerhalten, und sie mußte junge Männer aus der Mittelschicht als Reserveoffiziere zulassen. Vor einem bedeutenden ideologischen Wandel bewahrte sie sich dadurch, daß sie die neuen Offiziere einer Art Feudalisierung unterzog, bei der diesen die Gebräuche, Gedanken und Laster der bestehenden Herrschaftsschicht eingetrichtert wurden. Das war nicht schwierig. Im kaiserlichen Deutschland war der Besitz eines Postens ein wichtiges Zeichen gesellschaftlicher Anerkennung und somit heiß begehrt. In Zuckmayers *Hauptmann von Köpenick* läßt sich ein neuer Reserveoffizier über den Wert der Uniform aus und hört sich zustimmend an, was sein Schneider sagt:

«Na, zum Reserveleutnant hamse's ja schon gebracht, das is die Hauptsache, das muß man sein heutzutage – gesellschaftlich – beruflich – in jeder Beziehung! Der Doktor ist die Visitenkarte, der Reserveoffizier ist die offene Tür, das sin die Grundlagen, das is mal so!»[66]

Bei Einladungen der Mittelschicht wimmelte es dermaßen von Uniformen, daß Mélanie van der Straaten, als sie die Visitenkarte eines Besuchers liest, seufzt: «Leutnant in der

Reserve des 5. Dragonerregiments. (...) Mir widerwärtig dieser ewige Leutnant. Es gibt gar keine Menschen mehr.»[67] Vogelsangs Uniform beeindruckte Treibel sicherlich, kostete ihn am Ende aber die Wahl.

Schließlich zeigt uns Fontane in seinem Bilderreigen bürgerlicher Charaktere im *Stechlin* mit der Gestalt des Mühlenbesitzers Gundermann einen Menschen, der soviel von sich selbst aufgegeben hat, um einen Adelstitel zu ergattern, daß er sämtlichen Respekt verspielt hat und der Allgemeinheit als niederträchtiger Intrigant und Sykophant gilt. «(...) Gundermann ist ein Bourgeois und ein Parvenu (...) also so ziemlich das Schlechteste, was einer sein kann.»[68]

III

Was Fontane am meisten beunruhigte, waren die Auswirkungen einer zusehends von Innstettens und Gundermanns beherrschten Gesellschaft auf das Verhältnis der Klassen untereinander. Schon im Januar 1878 schrieb er in einem Brief an Mathilde von Rohr:

> «Wenn ich Umschau halte, so begegne ich in der Oberschicht unsres Volks, unter Adel, Beamten, Honoratioren, Künstlern und Gelehrten einer nur sehr mäßigen Anständigkeit. Sie sind eng, geizig, neidisch, rechthaberisch, ohne Sinn für Form und Billigkeit, wollen nehmen und nicht geben, huldigen mehr der Schein-Ehre als der wirklichen und entbehren in einem unglaublichen Grade der Hochherzigkeit, des Edelmuths und der Gabe zu verzeihn und Opfer zu bringen. Sie sind selbstsüchtig, hart, unliebenswürdig.»[69]

Eine Gesellschaft mit einer solchen Oberschicht hatte wohl kaum viel Verständnis oder Sympathie für ihre schwächsten Glieder.

Man hat oft festgestellt, Fontanes Blick auf die Gesellschaft sei begrenzt gewesen und er habe beispielsweise nicht über die Probleme der Armen geschrieben. Dies trifft allerdings zu, aber mehr als die meisten seiner Zeitgenossen schenkte er einer anderen, größeren Gruppe von Opfern seine Aufmerksamkeit: den Frauen, die in seinen Romanen – außer in seinem ersten und seinem letzten – stets die Hauptfiguren sind.[70] Dies lag nicht daran, daß er theoretische oder doktrinäre Ansichten zur Frauenrechtsfrage vertreten hätte, obschon er natürlich wußte, daß man dieses Thema immer lebhafter diskutierte, und er auch August Bebels 1883 erschienene, vielgelesene Schrift *Die Frau und der Sozialismus* kannte. Für seine Zeit nahm Fontane eine einzigartig aufgeschlossene Haltung gegenüber Frauen ein, denn er mochte sie und gestand ihnen Eigenschaften zu wie Intelligenz, Mut und geistige Unabhängigkeit, die andere Männer nicht wahrnahmen. Vielleicht muß man gar noch einen Schritt weitergehen und mit Edda Ziegler annehmen, daß er Frauen sogar als eine Art von emotionalem alter ego seiner selbst wahrnahm, sie in seinen Augen den gefühlsmäßig unterdrückten Teil der autoritären preußischen Gesellschaft repräsentierten und sich deshalb als Protagonistinnen seiner Zeitkritik ganz besonders eigneten.[71] Seine engsten Ratgeber und Freunde waren Frauen, vor allem seine Frau, mit der er zwar zahlreiche Probleme hatte, die er aber stets ins Vertrauen zog, wie einige seiner interessantesten und aufschlußreichsten Briefe beweisen, außerdem seine Tochter Martha (die ihm als Vorbild für die Figur der Corinna Schmidt in *Frau Jenny Treibel* diente) und Mathilde von Rohr. Auch die Launen und die Wechselhaftigkeit der Frauen zogen ihn an, so daß er dazu einmal schrieb:

«Wenn es einen Menschen gibt, der für Frauen schwärmt und sie beinah doppelt liebt, wenn er ihren Schwächen und Verirrungen, dem ganzen Zauber des Evatums, bis zum infernal Angeflogenen hin, begegnet, so bin ich es; (...).»[72]

Dem verdanken sich sowohl die Sorgfalt, die er den Frauen in seinen Geschichten angedeihen ließ, als auch ihre Vielfalt: Man denke nur an Frau Kapitän Hansen in *Unwiederbringlich* («eine merkwürdige Mischung von Frou-frou und Lady Macbeth»)[73] oder an die bezaubernde Verbindung von Anmut und fortschrittlichen politischen Ansichten, die Melusine im *Stechlin* darstellt. Fontanes Beobachtungen des Lebens in Deutschland brachten ihn zu der Überzeugung, daß die damaligen Lebensbedingungen der Frauen ein niederschmetternder Kommentar zum moralischen Zustand des Landes seien.

Wie er mit dem Problem umging, zeigt sich an seiner Reaktion auf die Proteste gegen den fortsetzungsweise erfolgten Abdruck seines Romans *Irrungen, Wirrungen* in der *Vossischen Zeitung*, bei denen in Briefen die Rücknahme «dieser gräßlichen Hurengeschichte» gefordert wurde. Seinem Sohn schrieb er dazu:

«Wir stecken ja bis über die Ohren in allerhand konventioneller Lüge und sollten uns schämen über die Heuchelei, die wir treiben, über das falsche Spiel, das wir spielen. Gibt es denn, außer ein paar Nachmittagspredigern, in deren Seelen ich auch nicht hineinkucken mag, gibt es denn außer ein paar solchen fragwürdigen Ausnahmen noch irgendeinen gebildeten und herzensanständigen Menschen, der sich über eine Schneidermamsell mit einem freien Liebesverhältnis *wirklich* moralisch entrüstet? *Ich* kenne keinen und setze hinzu, Gott sei Dank, daß ich keinen kenne. Jedenfalls würde ich ihm aus dem Wege gehn und mich vor ihm als vor einem gefährlichen Menschen hüten. (...) Empörend ist die Haltung einiger Zeitungen, deren illegitimer Kinderbestand weit über ein Dutzend hinausgeht (der Chefredakteur immer mit dem Löwenanteil) und die sich nun darin gefallen, mir ‹gute Sitten› beizubringen. Arme Schächer! Aber es finden sich immer Geheimräte, sogar unsubalterne, die solcher Heuchelei zustimmen.»[74]

Diese Heucheleien versuchte er in seinen Romanen anzugreifen und die Doppelmoral anzuprangern, die Untreue und sexuelle Freizügigkeit männlicherseits duldete (etwa in *Stine*), aber Frauen, die sich ähnlich verhielten, ächtete (etwa in *L'Adultera* und *Effi Briest*). In *Quitt* und *Cécile*, zwei seiner interessantesten, aber am wenigsten gelesenen Werke, sowie noch einmal in *Effi Briest* handelte er von der Neigung der Oberschicht, die Frauen nur zu Dingen zu erziehen, die sie in den Augen der Männer begehrenswert erscheinen ließen, und ihnen gute Partien zu sichern. Diese Einstellung fand er beschämend und herabwürdigend, da sie Frauen der Möglichkeit beraubte, ihre Talente voll zu entwickeln, sie entmenschlichte und verdinglichte, indem sie sie zu Waren auf dem Markt für Männer machte oder im Falle von *Cécile* zu Odalisken.

Typisch für die männliche Haltung gegenüber den Frauen im 19. Jahrhundert war Adelbert von Chamissos neun Gedichte umfassender Zyklus «Frauen-Liebe und -Leben», der 1830 erschien. Diese anmutigen Verse schildern ein Frauenleben von der ersten Liebe über Heirat und Mutterschaft bis zur Witwenschaft und wurden oft vertont, zuvörderst von Robert Schumann, ein Umstand, der Henry und Mary Garland zu der bissigen Bemerkung veranlaßte: «Die Zartheit von Schumanns Musik täuscht über den männlichen Egoismus hinweg, der hinter dem Zyklus steckt.»[75]

Dem würde heutzutage kaum jemand mehr widersprechen, denn Chamissos Heldin legt eine Verehrung ihres Gatten und eine willfährige Unterordnung an den Tag, die heutigem Empfinden Hohn sprechen:

Du Ring an meinem Finger
Da hast du mich erst belehrt,
Hast meinem Blick erschlossen
Des Lebens unendlichen Wert.

Ich werd ihm dienen, ihm leben,
Ihm angehören ganz,
Hin selber mich geben und finden
Verklärt mich in seinem Glanz.

Du Ring an meinem Finger,
Mein goldnes Ringelein,
Ich drücke dich fromm an die Lippen,
Dich fromm an das Herze mein.[76]

Im 19. Jahrhundert hätte man die hier geäußerten Gefühle als empfehlenswert betrachtet. Die Gesellschaft war darauf bedacht, die Frauen in Abhängigkeit zu halten, teils aus Eigennutz (der Philosoph Arthur Schopenhauer hatte behauptet, sie seien schließlich minderwertige Wesen und hätten nicht die geistigen Gaben, um sich selbst zu erhalten) und teils weil die öffentliche Moral davon abhing. Sobald die Frauen verheiratet waren, hatten sie keine Herrschaft mehr über ihre finanziellen Mittel, die jetzt der Kontrolle ihres Gatten unterlagen, und wenn sich die beiden nicht vertrugen, war eine Scheidung schwierig, wenn nicht gar ausgeschlossen. Die Möglichkeiten, weg von Heim und Herd in andere Tätigkeiten zu flüchten, waren streng begrenzt. Wohltätiges Tun mit kirchlichem Hintergrund war stets erlaubt, aber nichts, was darüber hinausging, denn man enthielt den Frauen grundlegende Bürgerrechte vor (das Wahlrecht und das Recht auf Zugehörigkeit zu politischen Vereinigungen und Gewerkschaften); sie waren von jeglicher Teilnahme an der politischen Herrschaft ausgeschlossen, sowohl auf staatlicher wie auf Gemeindeebene. Ihre Teilhabe am kulturellen Leben der Nation war im Vergleich etwa zu Frankreich durch veraltete gesellschaftliche Regeln und Tabus beschränkt. Und bis hin zum Ende des Ersten Weltkriegs verweigerte man ihnen die Bildungschancen, die ihnen neue Möglichkeiten eröffnet hätten.

Da um die natürliche Abhängigkeit der Frau vom Mann im 19. Jahrhundert soviel Aufheben gemacht wurde, ist es um so interessanter festzustellen, wie scharf Fontanes Romanheldinnen dieser Auffassung widerstrebten. Bei der Beziehung zwischen Mélanie und Rubehn in *L'Adultera*, zwischen Stine und Woldemar in *Stine*, zwischen Lene und Botho in *Irrungen, Wirrungen* sowie zwischen Mathilde und Hugo in *Mathilde Möhring* ist jeweils die Frau der stärkere Teil, die zähere in Notzeiten und in jedem Sinn die Erzieherin des Mannes. Dennoch vermag ihre Stärke nichts gegen das vereinte Gewicht gesellschaftlicher Sitten und moralischer Heuchelei. Stine und Lene verlieren ihre Geliebten, weil die Gesellschaft ihre Verbindung untersagt; Mélanie verwirkt ihre gesellschaftliche Stellung, als sie ihren Gatten verläßt, und Mathilde die ihre, als ihr Ehemann stirbt. Den grausamsten Fall dieser Art von Liebesentzug erleidet die Titelheldin von *Effi Briest*, einem Roman, der sich in der Schärfe seiner Gesellschaftsanalyse und in seinen psychologischen Einsichten mit *Madame Bovary* und *Anna Karenina* messen kann.[77] Nachdem ihr Ehemann sie wegen eines Jahre zurückliegenden Seitensprungs verstoßen hat, bekommt Effi einen Brief von ihrer Mutter, die genausosehr in gesellschaftlichen Konventionen gefangen ist wie Innstetten. Dort heißt es:

«(...) Und nun Deine Zukunft, meine liebe Effi. Du wirst Dich auf Dich selbst stellen müssen und darfst dabei, soweit äußere Mittel mitsprechen, unserer Unterstützung sicher sein. Du wirst am besten in Berlin leben (in einer großen Stadt vertut sich dergleichen am besten) und wirst da zu den vielen gehören, die sich um freie Luft und lichte Sonne gebracht haben. Du wirst einsam leben, und wenn Du das nicht willst, wahrscheinlich aus Deiner Sphäre hinabsteigen müssen. Die Welt, in der Du gelebt hast, wird Dir verschlossen sein. Und was das Traurigste für uns und für Dich ist (auch für Dich, wie wir Dich zu kennen vermeinen) – auch das elterliche Haus wird Dir verschlossen sein; wir können Dir keinen stillen Platz in Hohen-Cremmen anbieten, keine Zuflucht in unserem Hause, denn es hieße das, dies Haus von aller Welt abschließen, und das zu tun, sind wir entschieden nicht geneigt. Nicht weil wir zu sehr an der Welt hingen und ein Abschiednehmen von dem, was sich ‹Gesellschaft› nennt, uns als etwas unbedingt Unerträgliches erschiene; nein, *nicht* deshalb, sondern einfach, weil wir Farbe bekennen und vor aller Welt, ich kann Dir das Wort nicht ersparen, unsere Verurteilung Deines Tuns, des Tuns unseres einzigen und von uns so sehr geliebten Kindes, aussprechen wollen ...».[78]

Die Gesellschaft, die die arme Effi für einen Fehler bestraft, den sie begangen hatte, als sie ihrer Kindheit kaum entwachsen war – der sich aber doch bei näherem Hinsehen vor allem als eine Folge ihrer Erziehung und der Verheiratung durch ihre Eltern darstellt –, fand sich durchaus imstande, über Formen sexueller Ausbeutung der verletzlicheren Teile der Gesellschaft hinwegzusehen. Zu Fontanes brillantesten Geschöpfen gehört Pauline Pittelkow in *Stine*. Als gut aussehende, schlagfertige Frau hat sie sich entschlossen, um ihre Tochter anständig erziehen zu können, die Geliebte eines Beschützers aus der Oberschicht zu werden, anstatt in der Fabrik arbeiten zu gehen. Sie erzählt Stine, daß sie darauf nicht stolz sei, aber keinen anderen Ausweg sehe:

« ‹Das is nu mal so, sie taugen alle nichts un is auch recht gut so; wenigstens für unsereins (mit *dir* is es was anders) und für alle, die so tief drin sitzen un nich aus noch ein wissen. Denn wovon soll man denn am Ende leben?›
‹Von Arbeit.›

‹Ach Jott, Arbeit. Bist du jung, Stine. Gewiß, Arbeiten is gut, un wenn ich mir so die Ärmel aufkremple, is mir eigentlich immer am wohlsten. Aber, du weißt ja, denn is man mal krank un elend, un Olga muß in die Schule. Wo soll man's denn hernehmen? Ach, das is ein langes Kapitel, (...)› ».[79]

Und so muß die Witwe Pittelkow tun, was sie für nötig hält, aber nicht auf Kosten ihrer Selbstachtung. Und als ihr Beschützer ihre Würde beleidigt, indem er sie auf einer Feier als «meine Königin der Nacht» hochleben läßt, erwidert sie flink: «Na, Graf, bloß nich so, bloß nich übermütig. Das lieb ich nich. Un so vor alle! (...) Königin der Nacht. Is nich zu glauben.»[80]

IV

In einem Brief an seine Tochter schrieb Fontane 1883, er hätte ein Zola oder ein Turgenjew werden können, hätte ihm nicht weniger daran gelegen, die Gesellschaft als Ganzes abzubilden, als es ihn vielmehr interessierte, Einzelmenschen und deren Reaktionen auf den Druck der Gesellschaft darzustellen. Über sein eigenes Werk meint er dort, daß es

«von zwei Dingen völlig frei ist: von Uebertreibungen überhaupt und vor allem von Uebertreibungen nach der Seite des Häßlichen hin. Ich bin kein Pessimist, gehe dem Traurigen nicht nach, befleißige mich vielmehr alles in jenen Verhältnissen und Prozentsätzen zu belassen, die das Leben selbst seinen Erscheinungen giebt.»[81]

Der typische Fontane-Roman war keine breit angelegte Analyse des gesellschaftlichen Lebens in einer bestimmten Epoche, sondern handelte davon, wie eine bestimmte Gruppe von Individuen in der Gesellschaft auf die Verhältnisse reagierte, unter denen sie leben mußte. Der Titel des englischen Romanciers Trollope *How We Live Now* (Wie wir heute leben) würde auf alle Romane Fontanes wunderbar passen, ob sie nun die traurige Geschichte Bothos und Lenes erzählen oder das tragische Ende der Liebe zwischen Stine und Waldemar schildern. Im übrigen hielt

Fontane sich nicht mit der Behauptung auf, daß die Dinge anders sein sollten, oder mit dem Ruf nach grundlegenden Reformen, die Ungerechtigkeit und Ungleichheit mildern sollten. Seine Kritik drückte sich in Distanz und Ironie aus.

Das Ergebnis dieser persönlichen Zurückhaltung war natürlich, daß die Aussage seiner Romane manchmal zweideutig war. Was sollen wir etwa von *Mathilde Möhring* halten? Sollen wir mit der Heldin sympathisieren, weil ihre ehrgeizigen Ziele an einer von Männern beherrschten Gesellschaft scheitern, oder sie als eine leicht besessene Vertreterin der damaligen Leidenschaft betrachten, mit der man nach gesellschaftlichem Aufstieg strebte? Sollen wir ihren Gatten als Schwächling auffassen oder in ihm einen Liebhaber der Kultur sehen, für die seine Frau keinen Sinn hat?[82] Die Beantwortung dieser Fragen überläßt Fontane dem Leser.

Dies erklärt, warum die Kultur- und Bildungselite zu Fontanes Zeit gegenüber seiner Kritik fast völlig unempfindlich war. In dem Mann, der die *Wanderungen* verfaßt hatte, vermochte sie wohl nichts anderes zu sehen als den treuen Untertan, der loyal zu König, Adel und bestehender gesellschaftlicher Ordnung hielt.

Erst nach der Veröffentlichung seiner Briefe wurde klar, daß dies durchaus nicht der Fall war, und dadurch wurde in der Germanistik eine kleine Revolution ausgelöst.[83] Daß die zeitgenössischen Leser seiner Romane bei deren Lektüre keine tiefere Beunruhigung als gelegentlich ein Aufflackern moralischer Entrüstung empfanden, wenn er so offen über die Beziehungen zwischen den Geschlechtern schrieb, verleiht den Vorwürfen von Kritikern einige Berechtigung, die wie Georg Lukács anmerkten, daß Fontane trotz seiner Empfänglichkeit für gesellschaftliche Fragen nie die zugrundeliegenden Ursachen für die Übel, auf die er hinwies, zu erklären versuchte noch Vorschläge zu ihrer Beseitigung unterbreitete. In Romanen wie Effi Briest habe Fontane, so Lukács, eigentlich vorhergesagt, daß das Bismarcksche-Wilhelminische Reich auf ein zweites Jena zusteuere. Aber «es ist freilich eine passive, eine skeptisch-pessimistische Prophezeiung. Die Kräfte der deutschen Erneuerung liegen völlig außerhalb seines dichterischen Horizontes.»[84]

Dieser letzte Satz ist vielleicht nicht ganz gerecht. Fontanes Schwäche, wenn man es so bezeichnen kann, lag weniger in einem Mangel an analytischer Tiefe als vielmehr in einer Entscheidung, die er traf. Er sah den Auftrag des Romanciers nicht darin, den Leuten zu sagen, was sie tun sollten, sondern darin, ihnen zu zeigen, wie die Dinge stünden. «Die Aufgabe des modernen Romans», stellte er einmal fest, «scheint mir darin zu bestehen, ein Leben, eine Gesellschaft, einen Kreis von Menschen abzubilden, die ein unverzerrtes Spiegelbild des Lebens sind, das wir führen.» Wenn man dies mit der Klarheit, der Scharfsicht, dem Verständnis und dem Gefühl tue, die dem Künstler abverlangt würden, dann sollten die Leser in der Lage sein, ihre Gesellschaft und ihr Leben besser zu begreifen. Ob sie diese dann ändern wollten, bleibe ihnen überlassen.

Wir wissen heute, daß die Menschen, für die Fontane schrieb, ihr Leben und ihre Gesellschaft nicht ändern wollten und daß dies zum Teil der Grund dafür war, daß das Bismarcksche-Wilhelminische Reich seinem Verhängnis entgegenging. Fontanes Romane dauern jedoch fort, und er hat heutzutage sowohl im eigenen Land als auch im Ausland mehr Leser als jemals zuvor. Der Schriftsteller, der als kleiner Junge davon träumte, Historiker zu werden, erreichte dieses Ziel in den Jahren, die seit seinem Tod vergangen sind, denn seine Romane sind Primärquellen für die Studenten, die sich mit Deutschland im 19. Jahrhundert beschäftigen, wie für die Deutschen, die ihn aus Nostalgie und aus dem Wunsch heraus lesen zu erfahren, wie ihr Land war, ehe 1914 die große Zeit der Wirren anbrach. Doch ist dies gewiß nicht der einzige Grund für seine fortdauernde Beliebtheit. Die Mehrzahl seiner neuen Leser setzt sich, so möchte man glauben, aus denjenigen zusammen, die von selbst entdeckt haben, daß Fontane eindeutig der größte deutsche Romancier vor Thomas Mann ist, ein Meister des Aufbaus, ein unvergleichlicher Stilist und der Schöpfer unvergeßlicher Porträts, vor allem von Frauen, die persönliche Lauterkeit und Zivilcourage mit Schönheit, Witz und Verstand verbinden.

ANHANG

ANMERKUNGEN

Vorwort

1 William Hazlitt, *The Spirit of the Age, or Contemporary Portraits* (1825), (Chelsea House Edition, New York 1963), S. 285 f.

2 Hans-Heinrich Reuter, *Fontane,* (2 Bde., Berlin 1968).

3 Ernst Kohn-Bramstedt, *Aristocracy and the Middle Classes in Germany: Social Types in German Literature,* 1830–1890, (London 1937).

4 *Ebd.,* S. 1 f.

5 Theodor Fontane, *Tage- und Reisetagbücher,* hrsg. von Gottfried Erler, (2. neu durchgesehene Auflage, Berlin 1995), Bd. I, *Tagebücher 1852, 1855–58,* hrsg. v. Charlotte Jolles in Zusammenarbeit mit Rudolf Muhs, S. 151 f. Fontane las zu dieser Zeit das Ende des 6. Kapitels von Macaulays *History of England from the Accession of Jamey the Second.*

Geschichte

1 «Geschwisterliebe», in: *Der junge Fontane. Dichtung, Briefe, Publizistik,* hrsg. von Helmut Richter, (Berlin und Weimar 1969), S. 23–56.

2 Theodor Fontane, *Sämtliche Werke,* Nymphenburger Ausgabe, (München 1959 ff.), XV, S. 11. (*Von Zwanzig bis Dreißig).* Fontane hatte ein schlechtes Gedächtnis, wie Charlotte Jolles zeigt. Seine Erzählung war nicht am Tag seines Examens, sondern schon vorher am 14. Dezember 1839 veröffentlicht worden; Charlotte Jolles, *Fontane und die Politik,* (Berlin 1983), S. 229. Im übrigen wurden die hier erwähnten Gedichte erst

in der Zeit zwischen Januar und März 1840 veröffentlicht; *Sämtliche Werke*, XV, S. 460.

3 Helmut Richter, *Der junge Fontane*, S. 56.

4 *Ebd.*, «Nachwort», S. 643.

5 *Ebd.*, S. 247 f. («Kleinigkeiten aus Berlin»).

6 Ein guter Überblick über Fontanes politisches Engagement in den ersten Jahren findet sich bei Charlotte Jolles, *Fontane und die Politik*.

7 *Sämtliche Werke*, XIV, S. 124 f. (*Meine Kinderjahre*).

8 Theodor Fontane, *Werke, Schriften und Briefe*, hrsg. v. Walter Keitel und Helmuth Nürnberger, (München 1976 ff.), Bd. I (Briefe), S. 375. (an Theodor Storm, 14. Februar 1854).

9 *Achim und Bettina in ihren Briefen. Briefwechsel. Achim von Arnim und Bettina Brentano*, hrsg. v. Werner Vordtriede mit einer Einleitung von Rudolf Alexander Schröder, (2 Bde., Frankfurt am Main 1981), II, S. 661 u. 665.

10 Theodor Fontane, Mein Erstling: «Das Schlachtfeld von Groß-Beeren», in: *Sämtliche Werke*, XIV, S. 191. (*Meine Kinderjahre*).

11 *Ebd.*, XIV, S. 216 ff. (*Christian Friedrich Scherenberg und das literarische Berlin von 1840–1860*), XV, S. 149 ff. (*Von Zwanzig bis Dreißig*).

12 *Ebd.*, XIV, S. 292. (*Scherenberg und das literarische Berlin*).

13 *Ebd.*, I, S. 112 ff. (*Vor dem Sturm*, 17. Kapitel).

14 *Ebd.*, XX, S. 447. (*Balladen und Gedichte*).

15 *Ebd.*, XV, S. 163. (*Von Zwanzig bis Dreißig*).

16 *Der ewige Brunnen*. Ein Hausbuch deutscher Dichtung, hrsg. v. Ludwig Reiners, (München 1958).

17 *Sämtliche Werke*, XX, S. 81. (*Balladen und Gedichte*).

18 *Briefe*, I, S. 117. (an Gustav Schwab, 18. April 1850).

19 *Ebd.*, III, S. 538. (an Pol de Mont, 24. Mai 1887).

20 Fontane war ein großer Bewunderer von Derfflinger. Siehe seine anerkennenden Worte über die Rolle von Derfflinger bei der Trockenlegung des Oderbruchs nach dem Dreißigjährigen Krieg in dem Kapitel über das Schloß in seinem Roman «Vor dem Sturm», *Sämtliche Werke*, I, S. 116 f.

21 *Sämtliche Werke*, XX, S. 204 f. (*Balladen und Gedichte*).

22 *Ebd.*, XX, S. 214 ff.

23 *Briefe*, III, S. 538. (an Pol de Mont, 24. Mai 1887). Siehe auch *ebd.*, S. 579 f. (an Pol de Mont, 13. Januar 1888).

24 *Ebd.,* III, S. 60. (an Mathilde von Rohr, 5. Januar 1880).
25 *Ebd.,* I, S. 327. (an Friedrich Witte, 4. Dezember 1852) und S. 324. (an Lepel, 6. November 1852).
26 *Sämtliche Werke*, XIV, S. 298. (*Scherenberg und das literarische Berlin*).
27 *Ebd.,* S. 311.
28 *Briefe*, I, S. 50f. (an Bernhard von Lepel, 17. November 1848).
29 *Sämtliche Werke*, XIX, S. 53–124. (*Politik und Geschichte*).
30 Wie ernst Fontane diese Entwicklung nahm, zeigt sich in seinem Artikel in der Dresdner Zeitung vom 19. März 1850. *Ebd.,* S. 110.
31 *Briefe*, I, S. 193f. (an Ryno Quehl, 24. Oktober 1851).
32 *Ebd.*, S. 194. (an Bernhard von Lepel, 30. Oktober 1851).
33 Reuter, *Fontane,* I, S. 262.
34 *Ebd.,* I, S. 300–308.
35 Jolles, *Fontane und die Politik*, S. 123ff.
36 Siehe *Sämtliche Werke,* XIX, S. 129–148. (*Politik und Geschichte*).
37 Theodor Fontane, *Tagebücher,* I, 9. April 1956, S. 104–108.
38 *Ebd.,* 19. August 1856, S. 161.
39 *Ebd.,* 4. Juni 1857, S. 251.
40 Jolles, *Fontane und die Politik*, S. 139.
41 *Briefe*, I, S. 654f. (an Paul Heyse, 15. Februar 1859), S. 657f. (an Wilhelm von Merckel, 5. März 1859).
42 *Ebd.,* S. 660ff. (an Emilie Fontane, 15. und 18. März 1859) und S. 663f. (an Wilhelm von Merckel, 19. und 25. März 1859) sowie S. 669. (an Paul Heyse, 2. Mai 1859).
43 *Ebd.*, S. 708f. (an Paul Heyse, 28. Juni 1860).
44 Siehe Theodor Fontane, *Unechte Korrespondenzen 1866–1870,* hrsg. v. Heide Streiter-Buscher (Schriften der Fontane Gesellschaft, Bd. 1.1.), (Berlin 1996), besonders S. 10ff., 55ff.
45 *Briefe,* II, S. 21ff. (an Wilhelm Hertz, 11. Januar und 22. Februar 1861).
46 Theodor Fontane, «Vaterländische Reiterbilder aus drei Jahrhunderten», (1879), in: *Sämtliche Werke*, XIX, S. 619ff. *(Politik und Geschichte).*
47 Ders., «Die Märker und die Berliner und wie sich das Berlinertum entwickelte», (1889), *ebd.,* S. 739ff.
48 *Ebd.*, VIII, S. 174. (*Der Stechlin*).
49 Werner Kaegi, *Jakob Burckhardt. Eine Biographie.* 1947–1977, (4 Bde., Basel und Stuttgart 1956), III, S. 137.

50 *Briefe*, II, S. 59. (an Wilhelm Hertz, 12. Februar 1862).
51 Siehe *Tagebücher,* I.
52 Pierre-Paul Sagave, *Theodor Fontane. Schach von Wuthenow. Text und Dokumentation,* (Frankfurt am Main 1966).

Schottland

1 J. D. Mackie, *A History of Scotland,* (Harmondsworth, Middlesex ²1976), S. 20 ff.
2 Der Begriff der Caledonischen Antysyzygy wurde von C. Gregory Smith verwendet, um die Kombination der Gegensätze im schottischen Charakter zu kennzeichnen; Scottish Literature, (London 1919), S. 4 u. 35. Wenn Goethe seinen Faust sagen läßt: «zwei Seelen wohnen, ach! in meiner Brust», sprach er von etwas Ähnlichem.
3 Die Rolle, die dieses Thema im deutschen Leben und der deutschen Literatur spielte, ist so gut bekannt, daß wir uns dazu nicht näher äußern müssen. Es kennzeichnet die schottische Politik seit der Zeit der Union bis zur Gründung der Scottish National Party und zeigt sich zudem immer wieder in der modernen schottischen Literatur. Siehe z.B. MacDiarmid's «The Parrot Cry» und «A Drunk Man Looks at the Thistle», in: *The Complete Poems of Hugh MacDiarmid,* (2 Bde., London 1985), I, S. 81 ff. u. 192 ff. und Tom Scotts «Fergus», in: *The Penguin Book of Scottish Verse*, (London 1970), S. 490 ff.
4 *Goethes Werke*, Hamburger Ausgabe in 14 Bänden, hrsg. v. Erich Trunz, (München ¹⁰1982), Bd. IX. (*Autobiographische Schriften*), S. 582.
5 Von dieser Pflanze heißt es in einem Lied, das deutsche Soldaten im Zweiten Weltkrieg gesungen haben: «Auf der Heide blüht ein kleines Blümelein / Und das heißt Erika!»
6 Johann Peter Eckermann, *Gespräche mit Goethe in den letzten Jahren seines Lebens*, (München 1984), S. 407.
7 *Ebd.*, S. 252.
8 Rudolf Schenda, *Volk ohne Buch. Studien zur Sozialgeschichte der populären Lesestoffe 1770–1910,* (Frankfurt am Main ³1988), S. 205, 208.
9 *Briefe*, II, 203 f. (an Emilie Fontane, 20. Mai 1868).

10 *Sämtliche Werke*, XV, S. 138. (*Von Zwanzig bis Dreißig*).
11 *Ebd.*, XXI/1, S. 419. (*Literarische Essays und Studien).*
12 *Ebd.*, XX, S. 737. (*Balladen und Gedichte*).
13 Über Friedrich Wilhelm IV. siehe das glänzende Buch von Walter Bußmann, *Zwischen Preußen und Deutschland. Friedrich Wilhelm IV. Eine Biographie*, (Berlin 1990) und, aus jüngerer Zeit, die Studie von David E. Barclay, *Anarchie und guter Wille. Friedrich Wilhelm IV. und die preußische Monarchie*, (Berlin 1995), die einen sehr originellen Ansatz und viel neues Material präsentiert.
14 *Sämtliche Werke*, XX, S. 465f.
15 Zu diesen Vorgängen siehe Mackie, *History of Scotland*, S. 159–165.
16 *Sämtliche Werke*, XX, S. 135f.
17 Siehe Antonia Fraser, *Maria, Königin der Schotten*, (Hamburg und Düsseldorf 1971), S. 289.
18 *Sämtliche Werke*, XX, S. 133.
19 Fraser, *Maria, Königin der Schotten,* S. 129, 207–210.
20 *Sämtliche Werke*, XX, S. 463f. In Wirklichkeit scheint er in einem dänischen Gefängnis gestorben zu sein.
21 *Ebd.*, S. 129f.
22 Friedrich Schiller, *Maria Stuart,* 3. Akt, 4. Szene, in: *Schillers Werke,* Nationalausgabe, 9. Band, hrsg. Benno von Wiese und Lieselotte Blumenthal, (Weimar 1948), S. 92.
23 *Sämtliche Werke,* XX, S. 133.
24 *Ebd.*, S. 737.
25 Siehe z.B. Fraser, *Maria, Königin der Schotten*, S. 216–221.
26 *Sämtliche Werke,* XXI/1, S. 497ff. (*Literarische Essays und Studien*).
27 *Ebd.*, I, S. 329f. (*Vor dem Sturm*).
28 *Ebd.*, XX, S. 119. (*Balladen und Gedichte*).
29 The Poems of Robert Burns, (World Classics, Oxford University Press, London 1935), S. 488.
30 *Sämtliche Werke*, XX, S. 357. (*Balladen und Gedichte*).
31 *Ebd.*, XV, S. 163. (*Von Zwanzig bis Dreißig*).
32 *Briefe* I, S. 59 u. 61. (an Lepel, 22. November 1848).
33 *Ebd.*, S. 75 u. 81. (an Lepel, 16. Juli, 16. August 1849).
34 *Ebd.*, S. 92. (an Lepel, 24. Oktober 1849).
35 Siehe oben, 1. Kapitel.

36 *Briefe,* I, S. 188. (an Lepel, 29. August 1851).
37 *Sämtliche Werke*, XVII, (*Aus England und Schottland*), S. 261f. (*Jenseit des Tweed:* «Ein Gang nach St. Anthony's Chapel»).
38 *Ebd.*, S. 198. (*Jenseit des Tweed*: «Johnston's Hotel. Erster Gang in die Stadt»).
39 *Ebd.*, S. 389. (*Jenseit des Tweed:* «Von Oban bis Loch Lomond»).
40 *Briefe*, IV, S. 451. (an Georg Friedländer, 6. Mai 1895).
41 *Sämtliche Werke*, XVII, S. 229. (*Jenseit des Tweed*: «High-Street und Canongate»).
42 *Ebd.*, S. 523. (*Englische Tagebücher*).
43 *Ebd.*, S. 356. (*Jenseit des Tweed*: «Der Kaledonische Kanal»).
44 *Ebd.*, S. 206. (*Jenseit des Tweed*: «Holyrood Palace»).
45 *Ebd.*, S. 235. (*Jenseit des Tweed*: «City-Cross und Old-Tolbooth»).
46 *Ebd.*, S. 280.
47 The Oxford Book of Scottish Verse. Ausgewählt von John MacQueen und Tom Scott, (Oxford 1966), S. 337.
48 *Sämtliche Werke,* XVII, S. 282. (*Jenseit des Tweed*: «Floddenfield»).
49 *Ebd.*, S. 347. (*Jenseit des Tweed*: «Culloden-Moor»).
50 *Ebd.*, S. 284ff. (*Jenseit des Tweed*: «Von Edinburgh bis Stirling»).
51 *Ebd.*, S. 418–427. (*Waltham-Abbey, Lochleven Castle, Oxford*).
52 *Ebd.*, IX, S. 5. (*Wanderungen durch die Mark Brandenburg, I, Die Grafschaft Ruppin*).
53 *Ebd.*, XIX, S. 472 u. 868f. (*Politik und Geschichte*).
54 *Ebd.*, XXII/1, S. 233. (*Causerien über Theater).*
55 Siehe Hugh Trevor-Ropper, «The Highland Tradition of Scotland», in: *The Invention of Tradition*, hrsg. v. Eric Hobsbawm und Terence Ranger, (Cambridge, England 1983).
56 *Sämtliche Werke,* IV, S. 178f., 214, 219. (*Cécile*).
57 Siehe Walter Müller-Seidel, *Theodor Fontane. Soziale Romankunst in Deutschland,* (Stuttgart 1975), S. 108.
58 *Sämtliche Werke,* XXI/1, S. 208. (*Literarische Essays und Studien).*
59 Siehe Reuter, *Fontane*, II, S. 534 u. 565ff. Siehe auch Peter Demetz, *Formen des Realismus. Theodor Fontane*, (München 1964), S. 60f.
60 *Ebd.*, S. 31.
61 Müller-Seidel, *Fontane,* S. 137.
62 Zitiert nach Georg Lukács, *Studies in the European Realism*, (New York 1964), S. 70.

63 Georg Lukács, *Deutsche Realisten des 19. Jahrhunderts*, (Berlin 1959), S. 279.
64 *Briefe,* II, S. 211. (an Emilie Fontane, 2. September 1868).

Wanderungen

1 James Boswell, *The Life of Samuel Johnson,* (London 1969), S. 955 ff. Zit. nach: *Das Leben Samuel Johnsons,* (München 1985), S. 349.
2 *Briefe*, II, S. 25. (an Wilhelm Hertz, 26. Februar 1861).
3 *Ebd.*, S. 98. (an Wilhelm Hertz, 21. Mai 1863).
4 *Ebd.*, S. 110. (an Heinrich von Mueller, 2. Dezember 1863).
5 *Ebd.*, S. 115. (an Ernst von Pfuel, 18. Januar 1864).
6 Wolf Jobst Siedler, *Wanderungen zwischen Oder und Nirgendwo. Das Land der Vorfahren mit der Seele suchend,* (Berlin 1988), S. 73 f.
7 *Ebd.*, S. 64.
8 Theodor Fontane, *Wanderungen durch die Mark Brandenburg*, hrsg. v. Martin Hürlimann, (Zürich und Freiburg im Br. 1960).
9 *Sämtliche Werke*, XIII, S. 385 ff. (*Fünf Schlösser*).
10 Kleist, *Prinz Friedrich von Homburg,* 5. Akt, 10. Auftritt, in: *Sämtliche Werke und Briefe*, hrsg. v. Helmut Sembdner, (2 Bde., München 1961), 1. Bd., S. 707.
11 *Sämtliche Werke,* XI, S. 165. (*Havelland*).
12 Zur Vorgeschichte siehe Wolf Jobst Siedler, *Auf der Pfaueninsel. Spaziergänge in Preußens Arkadien,* (Berlin 1987).
13 Über die Zusammenarbeit von Karl Friedrich Schinkel und Lenné siehe Gordon A. Craig, «The Master Builder», in: *New York Review of Books*, 11. Juni 1992, S. 40.
14 *Sämtliche Werke,* XI, S. 187.
15 *Briefe*, I, S. 286. (an Emilie Fontane, London, 20. Juli 1852). Über sein gutes Gedächtnis siehe *Tagebücher*, I, S. 108.
16 *Sämtliche Werke,* XI, S. 193–196. (*Havelland*).
17 *Sämtliche Werke,* XX, S. 401. (*Balladen und Gedichte*).
18 Eva von Freeden und Jürgen Fischer.
19 *Sämtliche Werke*, X, (*Das Oderland*), S. 359. («Der Blumenthal»).
20 *Ebd.*, S. 287. («Küstrin: Die Katte-Tragödie»).

21 *Ebd.*, XI. *(Havelland),* S. 314ff. («Paretz»).
22 *Ebd.*, S. 324.
23 *Ebd.*, S. 309.
24 «Die moderne Historie weist kein ähnliches Beispiel von Reinheit, Glanz und schuldlosem Dulden auf, und wir müssen bis in die Tage des früheren Mittelalters zurückgehen, um Erscheinungen von gleicher Lieblichkeit (und dann immer nur innerhalb der Kirche) zu begegnen. Königin Luise dagegen stand inmitten des Lebens, ohne daß das Leben einen Schatten auf sie geworfen hätte.»; *Ebd.*, IX. (*Die Grafschaft Ruppin*), S. 479. («Gransee»).
25 Erwin Strittmatter, *Ole Bienkopp. Roman*, (Berlin 1963), S. 213.
26 *Sämtliche Werke,* IX. *(Die Grafschaft Ruppin),* S. 252. («Rheinsberg»).
27 *Ebd.*, VIII, S. 5. (*Der Stechlin*).
28 *Ebd.*, XI. *(Havelland)*, S. 43. («Kloster Lehnin»). Siehe auch *Ebd.*, X. *(Das Oderland)*, S. 141. («Friedland»).
29 *Ebd.*, XI. *(Havelland)*, S. 35ff. («Die Zisterzienser in der Mark»).
30 *Ebd.*, S. 95ff. («Kloster Chorin»).
31 *Ebd.*, S. 42–71. («Kloster Lehnin»).
32 *Ebd.*, I, S 409ff. (*Vor dem Sturm*, Kapitel 51).
33 Siehe Gisela Heller, *Unterwegs mit Fontane in Berlin und der Mark Brandenburg*, (Berlin 1992), S. 175ff. u. 216–219.
34 Siedler, *Wanderungen zwischen Oder und Nirgendwo*, S. 78.
35 *Sämtliche Werke,* XI. (*Havelland*), S. 378. («Kaputh»).
36 Eva von Freeden, Bernd Fischer und Paul Badde vom Magazin der *Frankfurter Allgemeinen Zeitung*.
37 *Briefe,* III, S. 319. (an Emilie Fontane, 14. Mai 1884).
38 *Sämtliche Werke,* III, S. 144ff. (*Irrungen, Wirrungen*, 11. und 12. Kapitel).
39 *Ebd.*, XX. *(Balladen und Gedichte),* S. 249. («Herr von Ribbeck auf Ribbeck im Havelland»).
40 *Ebd.*, XII. (*Spreewald*), S. 151ff. («Buch»).
41 *Sämtliche Werke*, IX, S. 361f. (*Wanderungen. Die Grafschaft Ruppin*)
42 *Ebd.*, XII. (*In den Spreewald*), S. 12f. («Lehde»).
43 *Ebd.*, S. 13.
44 *Ebd.*, S. 15.

45 *Ebd.*, X, S. 22 f. (*Das Oderland*).
46 *Ebd.*, XII, S. 401 ff. (*Spreewald*).

Krieg

1 Charles Oman, *On the Writing of History*, (New York), S. 159 f.
2 Herbert Roch, *Fontane, Berlin und das 19. Jahrhundert*, (Berlin 1962; letzte Auflage Düsseldorf 1985), S. 149 f.
3 *Sämtliche Werke*, XIX, S. 281–560. (*Politik und Geschichte*).
4 Theodor Fontane, *Der Krieg gegen Frankreich 1870–1871*, (2 Bde., Berlin 1873; Neudruck in 4 Bdn., Zürich 1985).
5 *Briefe*, II, S. 169. (an Wilhelm Hertz, Berlin, den 11. August 1866).
6 Siehe Clausewitz's berühmtes Kapitel über «Friktion im Kriege», in: Carl von Clausewitz, *Vom Kriege*. Hrsg. und übersetzt von Michael Howard und Peter Paret, Princeton 1976, S. 119 ff.
7 Siehe zum Beispiel *Briefe*, II, S. 192 ff. (an Franz von Zychlinski, 22. November 1867).
8 Reuter, *Fontane*, I, S. 386.
9 Theodor Fontane, *Reisebriefe vom Kriegsschauplatz Böhmen 1866*, hrsg. v. Christian Andree, (Frankfurt am Main 1973).
10 Siehe Gordon A. Craig, *Königgrätz*, (Wien und Hamburg 1966), S. 101 f.
11 Fontane, *Reisebriefe*, S. 52. Vergleiche diesen letzten Bericht über das Gefecht in Theodor Fontane, *Der Deutsche Krieg von 1866*, (2 Bde., Berlin 1871), I, S. 154–163.
12 *Sämtliche Werke*, XIV, S. 119. (*Meine Kinderjahre*).
13 Theodor Fontane, *Der Schleswig-Holsteinische Krieg im Jahre 1864*, (Berlin 1866), S. 84 f.
14 Fontane, *Der Deutsche Krieg*, I, S. 610–626, bes. 621.
15 Hans Scholz, *Theodor Fontane*, (München 1978), S. 204.
16 Siehe Karl Heinrich Höfele, *Geist und Gesellschaft der Bismarckzeit 1870–1890*, (Göttingen 1967), S. 449; und *The Wagner Companion*, hrsg. v. Peter Burbidge und Richard Sutton, (New York 1979), S. 28.
17 Fontane, *Der Schleswig-Holsteinische Krieg*, S. 348.
18 *Briefe*, II, S. 325. (an Karl Zöllner, Warnemünde, 23. Juli 1870).
19 *Ebd.*, S. 326. (an Emilie Fontane, Dobbertin, 5. August 1870).

20 *Ebd.*, S. 326 f.
21 *Sämtliche Werke*, XX, S. 265. (*Balladen und Gedichte*).
22 *Ebd.*, S. 266.
23 Fontane, *Der Schleswig-Holsteinische Krieg*, S. 52.
24 *Ebd.*, S. 160, 162, 199 f.
25 *Ebd.*, S. 183 f.
26 Der Film hatte den Titel «Why Worry?» (1923).
27 Fontane, *Der Schleswig-Holsteinische Krieg*, S. 198 f.
28 *Ebd.*, S. 252.
29 *Ebd.*, S. 203 f.
30 *Ebd.*, S. 217.
31 *Ebd.*, S. 310 ff.
32 *Ebd.*, 265 ff.
33 Fontane, *Der Deutsche Krieg*, I, S. 110.
34 *Ebd.*, S. 316.
35 *Ebd.*, S. 338 f.
36 *Ebd.*, S. 62 ff.
37 *Ebd.*, S. 448. Zitiert von Christian Andree im Nachwort von Fontane, *Reisebriefe*, S. 94.
38 Fontane, *Der Deutsche Krieg*, I, S. 247 f.
39 Fontane, *Reisebriefe*, S. 62.
40 Fontane, *Der Deutsche Krieg*, I, S. 563.
41 *Ebd.*, I, S. 241 ff.
42 *Ebd.*, S. 335.
43 Friedrich Nietzsche, Unzeitgemäße Betrachtungen (1873), in: *Werke, Kritische Gesamtausgabe*, hrsg. v. Giorgio Colli und Mazzino Montinari, 3. Abteilung, 1. Band, (Berlin und New York 1972), S. 155.
44 *Sämtliche Werke*, XVI, S. 7–158. (*Kriegsgefangen*); Reuter, *Fontane*, I, S. 450.
45 *Sämtliche Werke*, XVI, S. 485 f. (*Aus den Tagen der Okkupation*).
46 *Ebd.*, S. 69.
47 Fontane, *Der Krieg gegen Frankreich*, I, S. 340.
48 *Ebd.*, I, S. 287.
49 Reuter, *Fontane*, I, S. 456.
50 *Briefe*, II, S. 549 f. (an Mathilde von Rohr, Berlin, 30. November 1876).
51 *Ebd.*, S. 550.
52 Reuter, *Fontane*, I, S. 456.

Bismarck

1 In diesem Sinne können wir auch nicht wirklich die formelle Einführung Fontanes bei dem ehemaligen Reichskanzler zählen, als er ihm durch den Chefredakteur der Norddeutschen Allgemeinen Zeitung am 24. Februar 1891 vorgestellt wurde, zumal Fontane darüber nicht mehr sagt, als daß dieses Treffen «interessant» gewesen sei. *Briefe,* IV, S. 101. (an Emil Friedrich Pindter, 26. Februar 1891).

2 Otto von Bismarck, *Briefe an seine Frau und Gattin,* hrsg. v. Fürst Herbert Bismarck, (Stuttgart 1900), S. 27.

3 *Sämtliche Werke,* XVI, (*Aus den Tagen der Okkupation*), S. 7–158. (*Kriegsgefangen*).

4 *Briefe,* IV, S. 350. (an August von Heyden, 6. Mai 1894).

5 Reuter, *Fontane,* I, S. 448 ff.

6 Siehe dazu Otto Pflanze, *Bismarck,* Bd. 1: Der Reichsgründer, (München 1997, im Druck), (3 Bde., Princeton, New Jersey 1963 ff.), II, S. 38 ff.

7 *Briefe,* II, S. 282. (an Emilie Fontane, 3. Dezember 1869).

8 Thomas Mann, «Der alte Fontane», in: *Gesammelte Werke* in 12 Bdn., Bd.IX, *(Reden und Aufsätze)*, (Frankfurt am Main 1983), S. 23.

9 *Bismarck-Briefe,* ausgewählt und eingeleitet von Hans Rothfels, (Göttingen 1955), S. 13.

10 *Briefe,* IV, S. 41. (an Georg Friedländer, 1. Mai 1890).

11 Mann, «Der alte Fontane», I, S. 9.

12 Otto von Bismarck, *Die gesammelten Werke,* (Berlin 1924 ff.), IX, S. 148. (Gespräch mit Sidney Whitman, Varzin, Oktober 1891).

13 *Ebd.*, XIV (1), S. 4. (an Gustav Scharlach, Kniephof, 7. April 1834).

14 *Ebd.*, S. 415. (Frankfurt, an Leopold von Gerlach, 15. September 1855).

15 *Ebd.*, XIV (2), S. 672. (an die Gattin, Karlsbad, 20. Juli 1864).

16 *Ebd.*, XIV (2), S. 845. (an Albert von Roon, Varzin, 13. Dezember 1872).

17 *Ebd.*, S. 709. (an Alexander Andrae-Roman, Varzin, 26. Dezember 1865).

18 Mann, «Der alte Fontane», S. 23 f.

19 *Briefe*, I, S. 609. (an Wilhelm von Merckel, London, 18. Februar 1858).

20 *Ebd.*, III, S. 447. (an Mathilde von Rohr, Berlin, 9. Januar 1886).
21 *Ebd.*, III, S. 457. (an Georg Friedländer, Berlin, 2. März 1886).
22 *Ebd.*, S. 461 f. (an Moritz Lazarus, Berlin, 29. März 1886).
23 *Ebd.*, IV, S. 159. (an Georg Friedländer, Berlin, 4. Oktober 1891).
24 *Ebd.*, III, S. 706 f. (an Emilie Fontane, Bayreuth, 28. Juli 1889).
25 *Ebd.*, II, S. 520. (an die Norddeutsche Allgemeine Zeitung [Entwurf], Mitte März 1896).
26 *Sämtliche Werke,* XX, S. 245. (*Balladen und Gedichte*).
27 *Ebd.*, S. 271 f.
28 Reuter, *Fontane*, I, S. 470.
29 *Sämtliche Werke*, XX, S. 246. (*Balladen und Gedichte*).
30 *Ebd.*, S. 53 f.
31 *Ebd.*, XVI, S. 170. (*Aus den Tagen der Okkupation*).
32 *Briefe*, IV, S. 336. (an Maximilian Harden, 4. März 1894).
33 *Sämtliche Werke*, IV, S. 25 ff. (*L'Adultera*).
34 *Ebd.,* S. 242 f. (*Cécile*).
35 *Ebd.*, III, S. 121–125. (*Irrungen, Wirrungen*).
36 *Ebd.*, IV, S. 319. (*Die Poggenpuhls*).
37 *Ebd.*, VIII, S. 284 f. (*Der Stechlin*).
38 Siehe dazu die Arbeiten von Kenneth Attwood, *Fontane und das Preußentum*, (Berlin 1970), und W. P. Guenther, *Preußischer Gehorsam: Theodor Fontanes Novelle Schach von Wuthenow; Text und Deutung*, (München 1981).
39 Bismarck, *Die gesammelten Werke*, XI, S. 289.
40 *Briefe*, II, S. 405. (an Mathilde von Rohr, Berlin, 17. März 1872).
41 *Ebd.*, S. 581 f. (an Emilie Fontane, Berlin, 5. Juni 1878).
42 *Ebd.*, III, S. 25. (an Emilie Fontane, Berlin, 8. Juni 1879).
43 *Ebd.*, S. 125. (an Philipp zu Eulenburg, Berlin, 12. März 1881).
44 *Ebd.*, S. 303. (an Martha Fontane, Berlin, 16. März 1884).
45 *Ebd.*, S. 131. (an Philipp zu Eulenburg, Potsdam, 23. April 1881).
46 *Ebd.*, S. 516. (an Georg Friedländer, Berlin, 26. Januar 1887).
47 *Ebd.*, S. 592 f. (an Martha Fontane, Berlin, 14. März 1888).
48 *Ebd.*, S. 674. (an Georg Friedländer, Berlin, 7. Januar 1889).
49 *Ebd.*, S. 710. (an Guido Weiß, Berlin, 14. August 1889).
50 *Ebd.*, IV, S. 41. (an Georg Friedländer, Berlin, 1. Mai 1890).
51 Jacob Burckhardt, *Über das Studium der Geschichte: Der Text der ‹Weltgeschichtlichen Betrachtungen›*. Auf Grund der Vorarbeiten

von Ernst Ziegler nach den Handschriften hrsg. v. Peter Ganz, (München 1982), S. 378.

52 *Briefe*, IV, S. 82. (an Friedrich Witte, Berlin, 4. Januar 1891).

53 *Ebd.*, S. 41. (an Georg Friedländer, Berlin, 1. Mai 1890).

54 *Ebd.*, S. 328. (an Georg Friedländer, Berlin, 1. Februar 1894).

55 *Ebd.*, S. 440. (an Martha Fontane, 1. April 1895).

56 *Ebd.*

57 *Ebd., S. 644. (an Georg Friedländer, Berlin, 5. April 1897).*

58 *Ebd.*, S. 386. (an Otto Brahm, Berlin, 27. September 1894).

59 Heinrich Mann, «Theodor Fontane», in: *Fontane und Berlin*, hrsg. v. Hans-Dietrich Loock, (Berlin 1970), S. 85.

Theater

1 *Briefe*, II, S. 284f. (an Emilie Fontane, Berlin, 4. Dezember 1869).

2 Heinz Ohff, *Theodor Fontane: Leben und Werk,* (München und Zürich 1995), S. 227f.

3 *Sämtliche Werke*, XV, S. 400. (*Kritische Jahre – Kritiker-Jahre*).

4 Siehe *Tagebücher*, I, S. 104ff. (London, 9. April 1856)

5 Siehe Gerhard Wahnrau, *Berlin: Stadt der Theater*, (Berlin 1957), S. 268f.

6 *Briefe*, II, S. 431f. (an Maximilian Ludwig, Berlin, 2. Mai 1873).

7 Marcel Reich-Ranicki, *Die Anwälte der Literatur*, (Stuttgart 1994), S. 122.

8 Herbert Roch, *Fontane, Berlin und das 19. Jahrhundert*, S. 182.

9 *Sämtliche Werke*, XV, S. 390. (*Kritische Jahre – Kritiker-Jahre*).

10 Gottfried Riemann, «Schinkel's Buildings and Plans for Berlin», in: *Karl Friedrich Schinkel. A Universal Man*, hrsg. v. Michael Snodin, (New Haven 1991), S. 20.

11 Walter Bußmann, *Zwischen Preußen und Deutschland*, (Berlin 1990), S. 322.

12 Georg Brandes, *Berlin als deutsche Reichshauptstadt. Erinnerungen aus den Jahren 1877–1883,* hrsg. v. Erik M. Christensen und Hans-Dietrich Look, (Berlin 1989), S. 52.

13 *Sämtliche Werke,* XXII/2, S. 509ff. (*Causerien über Theater*).

14 *Ebd.*, XXII/1, S. 7f. (*Causerien über Theater, Erster Teil*).

15 *Ebd.*, XXII/2, S. 527. (*Causerien über Theater, Zweiter Teil*).

16 Gordon A. Craig, *Geld und Geist. Zürich im Zeitalter des Liberalismus 1830–1869*, (München 1988), S. 164.
17 *Sämtliche Werke*, XXII/2, S. 90 f. (*Causerien über Theater, Zweiter Teil*).
18 Russel A. Berman, *The Rise of The German Novel. Crisis and Charisma*, (Cambridge, Mass. 1986), S. 142.
19 *Sämtliche Werke*, XXII/2, S. 37 f. (*Causerien über Theater, Zweiter Teil*), zitiert in Berman.
20 Wahnrau, *Berlin, Stadt der Theater*, S. 472.
21 *Sämtliche Werke*, XXII/1, S. 353 f. (*Causerien über Theater, Erster Teil*).
22 *Ebd.*, XXII/2, S. 601–604. (*Causerien über Theater, Zweiter Teil*).
23 *Ebd.*, S. 605 ff.
24 *Ebd.*, S. 850 f.
25 *Ebd.*, XII/2, S. 467.
26 *Ebd.*, S. 287.
27 *Ebd.*, S. 11, 42, 288, 292.
28 *Ebd.*, XXII/1, S. 887. (*Causerien über Theater, Erster Teil*).
29 *Ebd.*, S. 686, 688.
30 *Ebd.*, S. 829 f.
31 *Ebd.*, S. 764.
32 *Ebd.*, S. 302 f.
33 *Ebd.*, XXII/2, S. 220 f. (*Causerien über Theater, Zweiter Teil*).
34 *Ebd.*, XXII/1, S. 805. (*Causerien über Theater, Erster Teil*).
35 *Ebd.*, S. 270.
36 *Ebd.*, S. 846.
37 *Ebd.*, S. 9–12.
38 *Ebd.*, S. 238.
39 *Ebd.*, S. 240 f.
40 *Ebd.*, S. 722 f.
41 *Ebd.*, S. 747 ff.
42 *Sämtliche Werke*, XXII/2, S. 264. (*Causerien über Theater, Zweiter Teil*).
43 *Ebd.*, S. 578–584.
44 *Essays by William Hazlitt*, ausgewählt und herausgegeben von Percy Van Dyke Shelly, (New York 1924), S. 189.
45 *Sämtliche Werke*, XXII/1, S. 636. (*Causerien über Theater, Erster Teil*).
46 *Ebd.*, XXII/2, S. 708. (*Causerien über Theater, Zweiter Teil*).

47 *Briefe*, IV, S. 707. (an Friedrich Stephany, Berlin, 22. März 1898).
48 *Sämtliche Werke*, XXII/2, S. 713 f. (*Causerien über Theater, Zweiter Teil)*.
49 *Briefe*, III, S. 729. (an Friedrich Stephany, Berlin, 10. Oktober 1889).
50 *Ebd.*, S. 732. (an Friedrich Stephany, Berlin, 22. Oktober 1889).
51 *Sämtliche Werke*, XXII/2, S. 742 f. (*Causerien über Theater, Zweiter Teil)*.
52 Reuter, *Fontane*, II, S. 719 f.
53 *Lessings Werke*, kritisch durchgesehene und erläuterte Ausgabe, 7 Bde., hrsg. von Georg Witkowski, (Leipzig und Wien 1882), V, S. 243–274 (Stücke 73–79); Fontane, *Sämtliche Werke*, XXII/1, S. 283 ff., 616 ff., 808 ff.
54 *Briefe*, IV, S. 98 f. (an Marthe Fontane, Berlin, 21. Februar 1891).

Historische Romane

1 Ohff, *Theodor Fontane*, S. 285 u. 291.
2 *Briefe*, II, S. 163. (an Wilhelm Hertz, 17. Januar 1866).
3 *Ebd.*, S. 162.
4 2. Kapitel («Schottland») a. a. O.
5 Die beste Kritik über dieses Werk hat Peter Paret in seinem Buch *Art as History. Episodes in the Culture and Politics of Nineteenth Century Germany* (Princeton 1988) geschrieben.
6 *Sämtliche Werke*, XXI/1, S. 181. (*Literarische Essays und Studien*).
7 *Ebd.*, S. 200 f. (*Literarische Essays und Studien)*.
8 *Ebd.*, S. 212.
9 Dazu siehe Fontanes resignierte Notiz, «Wie sich meine Frau einen Beamten denkt». Vermutlich schrieb er dies 1876, auch wenn es nicht zu belegen ist. *Sämtliche Werke*, XV, S. 445 u. 681. (*Von Zwanzig bis Dreißig*).
10 Siehe *Briefe*, II, S. 517 ff.,, 520 ff., 525, 530 ff., 536 ff., 540, 543.
11 *Ebd.*, S. 547. (an Mathilde von Rohr, Berlin, 1. November 1876).
12 *Briefe*, II, S. 637. (an Wilhelm Hertz, Berlin, 24. November 1878).
13 *Sämtliche Werke*, I, S. 29.

14 Dies ist die dritte Strophe der dritten von drei Seydlitz-Balladen von Fontane. Siehe *Sämtliche Werke,* XX, S. 212, 747. (*Balladen und Gedichte*).
15 *Sämtliche Werke,* I, S. 191. (*Vor dem Sturm*).
16 *Ebd.*, S. 193.
17 *Ebd.*, S. 195.
18 *Ebd.*, S. 581 f.
19 *Ebd.*, S. 633.
20 Siehe die Kritik in Reuter, *Fontane,* II, S. 559 f.
21 Zitiert in J. I. M. Stewarts Einleitung zu William Thackeray, *Vanity Fair,* (Harmondsworth, Middlesex 1968), S. 23.
22 *Sämtliche Werke,* I, S. 324.
23 *Ebd.,* S. 423 f.
24 *Ebd.*, S. 551 f.
25 *Ebd.*, II, S. 274. (*Schach von Wuthenow*).
26 Siehe den kurzen Bericht über sein Leben von R. R. Palmer in *Makers of Modern Strategy: Military Thought from Machiavelli to Hitler,* hrsg. v. Edward Mead Earle in Zusammenarbeit mit Gordon A. Craig und Felix Gilbert, (Princeton 1943), S. 68–74.
27 *Sämtliche Werke,* II, S. 276 f.
28 *Ebd.*, S. 288.
29 *Ebd.*, S. 320.
30 *Ebd.*, S. 326.
31 *Ebd.*, S. 340 ff.
32 *Ebd.*, S. 344.
33 *Ebd.*, S. 384.
34 *Ebd.*, S. 316.
35 *Ebd.*, S. 299.
36 *Ebd.*, S. 288.
37 *Ebd.*, S. 337.
38 *Ebd.,* XXI/1, S. 200 f.
39 Zur Rolle des Symbols in Schach von Wuthenow siehe Reuter, *Fontane,* II, S. 602 ff.

Gesellschaftsromane

1 Die ersten Absätze dieses Kapitels wiederholen die Einführung zu meinem Aufsatz «Irony and Rage in the German Social

Novel», in: *Essays on Culture and Society in Modern Germany,* hrsg. v. Gary D. Stark und Bede Karl Lackner, (College Station, Texas 1982), S. 98 ff.

2 Siehe Goethes Kommentar dazu in: *Sämtliche Werke, Jubiläumsausgabe in vierzig Bänden,* hrsg. v. Eduard von der Hellen, (Stuttgart 1902–1907) XXXVI, S. 139. Dieser Mangel wird ausgeglichen dadurch, daß eine kulturelle Rivalität unter den deutschen Herrschern entstand, und so hatte diese Uneinigkeit auch ihre positive Seite. Siehe *Gespräche mit Eckermann,* 23. Oktober 1828.

3 Siehe Richard Hamann und Jost Hermand, *Naturalismus,* (Berlin, ^{2}1968), S. 284.

4 *Ebd.*, S. 278–282.

5 Dazu siehe besonders Robert Minder, «Deutsche und französische Literatur – inneres Reich und Einbürgerung des Dichters», in: ders., *Kultur und Literatur in Deutschland und Frankreich,* (Frankfurt am Main 1977), S. 7–45 sowie Wolf Lepenies, *Die drei Kulturen: Soziologie zwischen Literatur und Wissenschaft,* (München 1985), S. 265 ff.

6 Erich Auerbach, *Mimesis. Dargestellte Wirklichkeit in der abendländischen Literatur,* (Bern 1946), S. 397 ff.

7 Siehe Gordon A. Craig, *Die Politik der Unpolitischen. Deutsche Schriftsteller und die Macht, 1770–1871,* (München 1993), S. 169–190.

8 Thomas Mann, *Briefe 1889–1936,* (Frankfurt am Main 1962), S. 238. (an Julius Bab, 23. 4. 1925).

9 Siehe *Das wilhelminische Bildungsbürgertum. Zur Sozialgeschichte seiner Ideen,* hrsg. v. Klaus Vondung, (Göttingen 1976), S. 30–33.

10 Die bedeutendsten unter ihnen waren Friedrich Spielhagen in Romanen wie *In Reih und Glied* (1866), *Hammer und Amboß* (1869) und *Sturmflut* (1876) und Wilhelm Raabe in seinen späten Romanen *Pfisters Mühle* (1884) und *Die Akten des Vogelsang* (1896)... Die Wirkung des ersteren wurde stets abgeschwächt durch die Flachheit der Charakterdarstellung und den schrillen Ton, und heute fällt es einem schwer, ihn zu lesen. Raabe, ein glänzender Schriftsteller, interessierte sich mehr für psychologische Probleme als für gesellschaftliche, aber er hatte ein gutes Gefühl für die Zukunft, das vielen seiner Zeitgenossen

fehlte. Siehe das aufschlußreiche Buch von Barker Fairley, *Wilhelm Raabe: Eine Deutung seiner Romane,* (München 1961).

11 *Briefe,* III, S. 503. (an Paul Lindau, 28. November 1886).

12 *Ebd.,* III, S. 742.

13 Siehe zum Beispiel *Sämtliche Werke,* XX, S. 272f. *(Balladen und Gedichte).*

14 *Geschichte Berlins*, hrsg. v. Wolfgang Ribbe, (2 Bde., München 1987), I., S. 407.

15 *Briefe,* I, S. 709. (an Paul Heyse, 38. Juni 1860).

16 Conrad Alberti, *Die Alten und die Jungen* (1889), Kapitel 1., in: Gordon A. Craig, *Über die Deutschen,* (München 1991), S. 30. In den 1960er Jahren gab es beim Zeitungsstand an der Ecke von Kurfürstendamm und Joachimsthaler Straße kleine Dosen zu kaufen, die angeblich mit *Berliner Luft* gefüllt waren und die man seinen Freunden als bestes Heilmittel mit der Post schicken konnte.

17 *Briefe,* III, S. 389. (an Emilie Fontane, 1. Juni 1885) und andernorts.

18 *Sämtliche Werke,* IV, S. 148 u. 153. (*Cécile*).

19 *Briefe,* III, S. 654. (an Friedrich Haase, 8. November 1888), S. 704. (an Moritz Lazarus, 8. Juli 1889).

20 *Ebd.*, S. 369f. (an Georg Friedländer, 21. Dezember 1884).

21 *Ebd.*, IV, S. 353. (an Georg Friedländer, 14. Mai 1894).

22 *Ebd.*, I, S. 343. (an Theodor Storm, 2. Mai 1853).

23 *Sämtliche Werke*, XVIII, (*Unterwegs und wieder daheim*), im Abschnitt über den «Berliner Ton» (ca. 1876–1882). Siehe auch Dieter Hildebrandt, «Vor Gott ist jeder ein Berliner», in: *Die Zeit*, Nr. 15, 3. April 1987, S. 57.

24 *Der richtige Berliner in Wörtern und Redensarten*, verfaßt von Hans Mayer und Siegfried Mauermann, bearbeitet und ergänzt von Walther Kiaulehn, (München 1996), S. 254.

25 *Briefe,* III, S. 462. (an Moritz Lazarus, 29. März 1886).

26 *Sämtliche Werke,* VIII, S. 110ff. (*Der Stechlin*).

27 *Ebd.*, III, S. 313. (*Stine*).

28 Hermann Meyer, Theodor Fontane, ‹L'Adultera› und ‹Der Stechlin›, in: *Theodor Fontane*, hrsg. v. Wolfgang Preisendanz, (Darmstadt 1985), S. 218f.

29 Georg Büchmann, *Geflügelte Worte*, (Neue Ausgabe, München 1979), S. 3.

30 Siehe Demetz, *Formen des Realismus,* S. 130f.
31 *Sämtliche Werke*, V, S. 67. (*Unwiederbringlich*).
32 Walther Killy, Abschied vom Jahrhundert: Fontane, ‹Irrungen, Wirrungen›, in: W. Preisendanz (Hrsg.), *Theodor Fontane,* S. 270.
33 Berman, *The Rise of the Modern German Novel,* S. 152.
34 Paul Böckmann, «Der Zeitroman Fontanes», in: Preisendanz (Hrsg.), *Theodor Fontane,* S. 100.
35 Ute Frevert, *Ehrenmänner: Das Duell in der bürgerlichen Gesellschaft,* (München 1991), S. 194 u. 324; Barclay, *Anarchie und guter Wille*, S. 384.
36 Siehe Kevin McAleer, *Dueling: The Cult of Honor in Fin de Siècle Germany,* (Princeton 1994).
37 *Briefe*, II, S. 69f. (10. Juni 1862, an Emilie Fontane).
38 Reuter, *Fontane,* I, S. 92.
39 *Briefe*, IV, S. 148. (an Martha Fontane, Wyk, 25. August 1891).
40 Attwood, *Fontane und das Preußentum,* S. 221.
41 *Briefe*, III, S. 325. (an Emilie Fontane, Thale, 10. Juni 1884).
42 *Sämtliche Werke*, XVI, S. 496. (*Aus den Tagen der Okkupation*).
43 *Briefe*, IV, S. 352. (an Georg Friedländer, 14. Mai 1894).
44 Ebd., S. 643. (an Georg Friedländer, 5. April 1897).
45 Ebd., III, S. 727. (an Wilhelm Hertz, 18. September 1889). Zum Beweis ihrer engen Freundschaft siehe auch ebd., II, S. 533ff. (an Mathilde von Rohr, 1. Juli 1876), wo er ihr die Gründe für seinen Rücktritt als Sekretär der Akademie der Künste darlegt und die daraus resultierenden Schwierigkeiten mit seiner Frau schildert.
46 *Ebd.*, IV, S. 352. (an Georg Friedländer, 14. Mai 1894). Siehe auch Böckmann, «Der Zeitroman Fontanes», in: Preisendanz (Hrsg.), *Theodor Fontane*, S. 92f.
47 *Sämtliche Werke*, III, S. 126. (Irrungen, Wirrungen).
48 *Ebd.*, IV, S. 278. (*Cécile*).
49 K. Wandrey, *Theodor Fontane,* (München 1914), S. 285.
50 *Sämtliche Werke*, VII, S. 373ff. (*Effi Briest*).
51 Demetz, *Formen des Realismus,* S. 126.
52 William Wordsworth, *The Prelude or Growth of a Poet's Mind,* hrsg. v. Ernest de Selincourt, (London [9]1961), S. 51, Zeile 609f.
53 *Ebd.*, S. 50, Zeile 574–579.

54 William Wordsworth, *Präludium oder Das Reifen eines Dichtergeistes. Ein autobiographisches Gedicht*, hrsg. v. Hermann Fischer, (Stuttgart 1974), S. 91, Zeile 726.
55 *Ebd.*, S. 90, Zeile 685–691.
56 Wordsworth,*Präludium*, S. 50, Zeile 567–571.
57 Wordsworth, *Präludium*, S. 90, Zeile 667–681.
58 *Sämtliche Werke*, VII, S. 244–248. (*Effi Briest*).
59 *Ebd.*, III, S. 254–257. (*Stine*).
60 *Ebd.*, S. 245.
61 Siehe *Briefe*, IV, S. 49, 473, 672, 706 und vor allem S. 714. Auch Reuter, *Fontane*, II, S. 753 ff.
62 Demetz, *Formen des Realismus*, S. 154.
63 *Briefe*, III, S. 601. (an Theodor Fontane, Sohn, 9. Mai 1888).
64 *Sämtliche Werke*, VII, S. 28. (*Frau Jenny Treibel*).
65 *Ebd.*, S. 71.
66 Carl Zuckmayer, *Der Hauptmann von Köpenick. Ein deutsches Märchen in drei Akten*, 1. Akt/7. Szene, in: *Gesammelte Werke*, III, (Frankfurt am Main 1960), S. 341.
67 *Sämtliche Werke*, IV, S. 41. (*L'Adultera*).
68 *Ebd.*, VIII, S. 162. (*Der Stechlin*).
69 *Briefe*, II, S. 563 f. (an Mathilde von Rohr, Januar 1878).
70 Reuter, *Fontane*, II, S. 643.
71 Edda Ziegler/Gotthard Erler, *Theodor Fontane. Lebensraum und Phantasiewelt. Eine Biographie.* (Berlin 1996), S. 211 ff.
72 *Briefe*, IV, S. 405 f. (an Paul und Paula Schlenther, 6. Dezember 1894).
73 *Sämtliche Werke*, V, S. 68. (*Unwiederbringlich*). Siehe auch Demetz, *Formen des Realismus*, S. 168.
74 *Briefe*, III, S. 559 f. (an Theodor Fontane, Sohn, 8. September 1887).
75 Henry und Mary Garland, *The Oxford Companion to German Literature*, (Oxford 1976), S. 239.
76 Adelbert von Chamisso, Frauen-Liebe, in: *Sämtliche Werke in zwei Bänden*, hrsg. v. Werner Feudel und Christel Laufer, (München 1982), I, S. 12.
77 Dee J. P. Sterns Vergleich der drei Romane in: *Re-Interpretations: Seven Studies in Nineteenth Century German Literature*, (London 1964), S. 315 ff.
78 *Sämtliche Werke*, VII, S. 391. (*Effi Briest*).

79 *Ebd.*, III, S. 241. (*Stine*).

80 *Ebd.*, S. 252.

81 *Briefe*, III, S. 243. (an Martha Fontane, 5. Mai 1883). Siehe auch S. 503. (an Paul Lindau, 28. November 1886).

82 Zu möglichen Lesarten des Romans siehe Müller-Seidel, *Theodor Fontane*, S. 324ff.

83 Robert Minder, *Dichter in der Gesellschaft: Erfahrungen mit deutscher und französischer Literatur,* (Frankfurt am Main 1966), S. 151.

84 Lukács, *Deutsche Realisten des 19. Jahrhunderts,* S. 306.

LITERATUR

Attwood, Kenneth: Fontane und das Preußentum, Berlin 1970.

Auerbach, Erich: Mimesis. Dargestellte Wirklichkeit in der abendländischen Literatur, Bern 1946.

Barclay, David E.: Anarchie und guter Wille: Friedrich Wilhelm IV. und die preußische Monarchie, Berlin 1995.

Berman, Russel A.: The Rise of The German Novel. Crisis and Charisma, Cambridge, Mass. 1986.

Bismarck, Otto von: Briefe an seine Frau und Gattin, hrsg. v. Fürst Herbert Bismarck, Stuttgart 1900.

Bismarck, Otto von: Die gesammelten Werke, Berlin 1924 ff.

Boswell, James: Das Leben Samuel Johnsons, München 1985. (Engl.: The Life of Samuel Johnson, London 1969).

Brandes, Georg: Berlin als deutsche Reichshauptstadt. Erinnerungen aus den Jahren 1877–1883, hrsg. v. Erik M. Christensen und Hans-Dietrich Look, Berlin 1989.

Büchmann, Georg: Geflügelte Worte, Neue Ausgabe, München 1979.

Burbidge, Peter/Sutton, Richard (Hrsg.): The Wagner Companion, New York 1979.

Burckhardt, Jacob: Über das Studium der Geschichte: Der Text der «Weltgeschichtlichen Betrachtungen». Auf Grund der Vorarbeiten von Ernst Ziegler nach den Handschriften hrsg. v. Peter Ganz, München 1982.

Burns, Robert: The Poems of R. B., World Classics, Oxford University Press, London 1935.

Bußmann, Walter: Zwischen Preußen und Deutschland. Friedrich Wilhelm IV. Eine Biographie, Berlin 1990.

Chamisso, Adelbert von: Sämtliche Werke in zwei Bänden, hrsg. v. Werner Feudel und Christel Laufer, München 1982.

Clausewitz, Carl von: Vom Kriege. Auswahl, hrsg. v. Ulrich Marwedel, Stuttgart 1980.

Craig, Gordon A.: «The Master Builder», in: The New York Review of Books, 11. Juni 1992.

Craig, Gordon A.: Die Politik der Unpolitischen. Deutsche Schriftsteller und die Macht, 1770–1871, München 1993.

Craig, Gordon A.: Geld und Geist. Zürich im Zeitalter des Liberalismus 1830–1869, München 1988.

Craig, Gordon A.: Königgrätz, Wien und Hamburg 1966.

Craig, Gordon A.: Über die Deutschen, München 1991.

Demetz, Peter: Formen des Realismus. Theodor Fontane, München 1964.

Earle, Edward Mead u. a. (Hrsg.): Makers of Modern Strategy: Military Thought from Machiavelli to Hitler, Princeton 1943.

Eckermann, Johann Peter: Gespräche mit Goethe in den letzten Jahren seines Lebens, München 1984.

Fairley, Barker: Wilhelm Raabe: Eine Deutung seiner Romane, München 1961.

Fontane, Theodor: Der Deutsche Krieg von 1866, 2 Bde., Berlin 1871.

Fontane, Theodor: Der Krieg gegen Frankreich 1870–1871, 2 Bde., Berlin 1873; Neudruck in 4 Bdn., Zürich 1985.

Fontane, Theodor: Der Schleswig-Holsteinische Krieg im Jahre 1864, Berlin 1866.

Fontane, Theodor: Reisebriefe vom Kriegsschauplatz Böhmen 1866, hrsg. v. Christian Andree, Frankfurt am Main 1973.

Fontane, Theodor: Sämtliche Werke, Nymphenburger Ausgabe, München 1959 ff.

Fontane, Theodor: Tage- und Reisetagebücher, Große Brandenburger Ausgabe, hrsg. v. Gotthard Erler, 2., neu durchgesehene Auflage, Berlin 1995.

Fontane, Theodor: Wanderungen durch die Mark Brandenburg, hrsg. v. Martin Hürlimann, Zürich und Freiburg i. Br. 1960.

Fontane, Theodor: Werke, Schriften und Briefe, hrsg. v. Walter Keitel und Helmuth Nürnberger, München 1976 ff.

Fraser, Antonia: Maria. Königin der Schotten, Hamburg und Düsseldorf 1971.

Frevert, Ute: Ehrenmänner: Das Duell in der bürgerlichen Gesellschaft, München 1991.

Garland, Henry u. Mary: The Oxford Companion to German Literature, Oxford 1976.

Goethe, Johann Wolfgang von: Sämtliche Werke, Jubiläumsausgabe in vierzig Bänden, hrsg. v. Eduard von der Hellen, Stuttgart 1902–1907.
Goethe, Johann Wolfgang, von: Werke, Hamburger Ausgabe in 14 Bänden, hrsg. v. Erich Trunz, München [10]1982.
Guenther, W. P.: Preußischer Gehorsam: Theodor Fontanes Novelle Schach von Wuthenow; Text und Deutung, München 1981.
Hamann, Richard/Hermand, Jost: Naturalismus, Berlin [2]1968.
Hazlitt, William: Essays, hrsg. v. Percy Van Dyke Shelly, New York 1924.
Hazlitt, William: The Spirit of the Age, or Contemporary Portraits (1825), Chelsea House Edition, New York 1963.
Heller, Gisela: Unterwegs mit Fontane in Berlin und der Mark Brandenburg, Berlin 1992.
Hildebrandt, Dieter: «Vor Gott ist jeder ein Berliner», in: Die Zeit, Nr. 15, 3. April 1987.
Hobsbawm, Eric/Ranger, Terence (Hrsg.): The Invention of Tradition, Cambridge, England 1983.
Höfele, Karl Heinrich: Geist und Gesellschaft der Bismarckzeit 1870–1890, Göttingen 1967.
Jolles, Charlotte: Fontane und die Politik, Berlin 1983.
Kaegi, Werner: Jakob Burckhardt. Eine Biographie. 1947–1977, 4 Bde., Basel und Stuttgart 1956.
Kleist, Heinrich von: Sämtliche Werke, hrsg. v. Helmut Sembdner, 2 Bde., München 1961.
Kohn-Bramstedt, Ernst: Aristocracy and the Middle Classes in Germany: Social Types in German Literature, 1830–1890, London 1937.
Lepenies, Wolf: Die drei Kulturen: Soziologie zwischen Literatur und Wissenschaft, München 1985.
Lessing, Gotthold Ephraim: Hamburgische Dramaturgie, in: Werke, 7 Bde., hrsg. v. Georg Witkowski, Leipzig und Wien 1882.
Look, Hans-Dietrich (Hrsg.): Fontane und Berlin, Berlin 1970.
Lukács, Georg: Deutsche Realisten des 19. Jahrhunderts, Berlin 1959.
Lukács, Georg: Studies in the European Realism, New York 1964.
MacDiarmid, Hugh: The Complete Poems of H. M., 2 Bde., London 1985.

Mackie, J. D.: A History of Scotland, Harmondsworth, Middlesex ²1976.
MacQueen, John/Scott, Tom (Hrsg.): The Oxford Book of Scottish Verse, Oxford 1966.
Mann, Thomas: Briefe 1889–1936, Frankfurt am Main 1962.
Mann, Thomas: Gesammelte Werke in 12 Bdn., Frankfurt am Main 1960ff.
Mayer, Hans/Mauermann, Siegfried: Der richtige Berliner in Wörtern und Redensarten, München 1996.
McAleer, Kevin: Dueling: The Cult of Honor in Fin de Siècle Germany, Princeton 1994.
Minder, Robert: Dichter in der Gesellschaft: Erfahrungen mit deutscher und französischer Literatur, Frankfurt am Main 1966.
Minder, Robert: Kultur und Literatur in Deutschland und Frankreich, Frankfurt am Main 1977.
Müller-Seidel, Walter: Theodor Fontane. Soziale Romankunst in Deutschland, Stuttgart 1975.
Nietzsche, Friedrich: Werke, Kritische Gesamtausgabe, hrsg. v. Giorgio Colli und Mazzino Montinari, Berlin und New York 1967ff.
Ohff, Heinz: Theodor Fontane: Leben und Werk, München und Zürich 1995.
Oman, Charles: On the Writing of History, New York.
Paret, Peter: Art as History: Episodes in the Culture and Politics of Nineteenth Century Germany, Princeton 1988.
Pflanze, Otto: Bismarck, München 1997. (Engl.: 3 Bde., Princeton, New Jersey 1963ff.).
Preisendanz, Wolfgang (Hrsg.): Theodor Fontane, Darmstadt 1985.
Reich-Ranicki, Marcel: Die Anwälte der Literatur, Stuttgart 1994.
Reiners, Ludwig (Hrsg.): Der ewige Brunnen. Ein Hausbuch deutscher Dichtung, München 1958.
Reuter, Hans-Heinrich: Fontane, 2 Bde., Berlin 1968.
Ribbe, Wolfgang (Hrsg.): Geschichte Berlins, 2 Bde., München 1987.
Richter, Helmut (Hrsg.): Der junge Fontane. Dichtung, Briefe, Publizistik, Berlin und Weimar 1969.
Roch, Herbert: Fontane, Berlin und das 19. Jahrhundert, Berlin 1962; letzte Auflage Düsseldorf 1985.

Rothfels, Hans (Hrsg.): Bismarck-Briefe, Göttingen 1955.

Sagave, Pierre-Paul: Theodor Fontane. Schach von Wuthenow. Text und Dokumentation, Frankfurt am Main 1966.

Schenda, Rudolf: Volk ohne Buch. Studien zur Sozialgeschichte der populären Lesestoffe 1770–1910, Frankfurt am Main ³1988.

Schiller, Friedrich: Werke, Nationalausgabe, hrsg. v. J. Petersen, G. Fricke u. a., Weimar 1943 ff.

Scholz, Hans: Theodor Fontane, München 1978.

Siedler, Wolf Jobst: Auf der Pfaueninsel. Spaziergänge in Preußens Arkadien, Berlin 1987.

Siedler, Wolf Jobst: Wanderungen zwischen Oder und Nirgendwo. Das Land der Vorfahren mit der Seele suchend, Berlin 1988.

Snodin, Michael (Hrsg.): Karl Friedrich Schinkel. A Universal Man, New Haven 1991.

Stark, Gary D./Lackner, Bede K. (Hrsg.): Essays on Culture and Society in Modern Germany, College Station, Texas 1982.

Stern, J. P.: Re-Interpretations: Seven Studies in Nineteenth Century German Literature, London 1964.

Strittmatter, Erwin: Ole Bienkopp. Roman, Berlin 1963.

Thackeray, William: Vanity Fair, Harmondsworth, Middlesex 1968.

Vondung, Klaus (Hrsg.): Das wilhelminische Bildungsbürgertum. Zur Sozialgeschichte seiner Ideen, Göttingen 1976.

Vordtriede, Werner (Hrsg.): Achim und Bettina in ihren Briefen. Briefwechsel. Achim von Arnim und Bettina Brentano, 2 Bde., Frankfurt am Main 1981.

Wahnrau, Gerhard: Berlin: Stadt der Theater, Berlin 1957.

Wordsworth, William: Präludium oder Das Reifen eines Dichtergeistes. Ein autobiographisches Gedicht, hrsg. v. Hermann Fischer, Stuttgart 1974. (Engl.: The Prelude or Growth of a Poet's Mind, hrsg. v. Ernest de Selincourt, London ⁹1961).

Ziegler, Edda/Erler, Gotthard: Theodor Fontane. Lebensraum und Phantasiewelt. Eine Biographie, Berlin 1996.

Zuckmayer, Carl: Gesammelte Werke, 4 Bde., Frankfurt am Main 1960.

ORTS- UND NAMENREGISTER

Abercromby, Sir Ralph 62
Abukir 62
Actium 211
Afinger, Bernhard 81, 83
Albert, Prinz 108
Alberti, Conrad 226
Albrecht der Bär 88 f., 93
Alexis, Willibald (Häring, Georg Wilhelm) 66, 193–198, 219
Algier 19
Alsen 102, 113, 115
Alsensund 112, 141
Altmark 171
Amenophis 235
Amerika, Vereinigte Staaten von 59, 99, 232
Amiens 103
Antwerpen 28
Anzengruber, Ludwig 185
Apiano, Generalmajor von 122
Aristoteles 186
Argyle, Graf von 58
Arnim, Achim von 20
– Bettina von 20
– Harry Graf von 146 f., 236
Arnis 112
August Wilhelm, Prinz von Preußen 36
Austerlitz 210 f.
Babylon 134
Bad Ems 64, 125
Balzac, Honoré de 67
Bannockburn 43
Bannockburn, Fam. 52, 62
Baumgart, Wolfgang 77
Bayern 35, 179
Bayreuth 138
Bazaine, François Achille 126
Bebel, August 246
Benedek, August Ludwig von 118, 120 ff.
Benedix, Roderich 162, 173
Bentschen 82
Beresina 201
Berlichingen, Götz von 43
Berlin 17 f., 20 f., 30, 32 f., 35, 38, 40, 72 f., 75, 80, 82, 90 ff., 101, 117, 129 f., 138, 144, 147, 149, 152, 155 ff., 159, 161, 169, 178–182, 185, 188 f., 194 ff., 200 ff., 209, 219, 224–229, 231 f., 236 f., 242 f., 250
– Bismarckstraße 75
– Deutscher Dom 159
– Finkenkrug 175, 229
– Französischer Dom 159
– Freie Universität 72, 77
– Gendarmenmarkt 21, 159

– Hauptstraße 72
– Heiligensee 79
– Innsbrucker Platz 72
– Jungfernsee 78
– Königliches Schauspielhaus 158–163, 167, 185
– Königstraße 82
– Köpenick 179
– Landwehrkanal 226
– Langhans-Theater 159
– Marienkirche 195
– Neu-Glienicke 75
– Nikolskoe 78, 82
– Opernhaus 178
– Pfaueninsel 72f., 78–82
– Podsdamer Chaussee 82
– Reinickendorf 76
– Schloß Tegel 73, 76ff.
– Spandauer Straße 21
– St. Nikolaikirche 21
– Tegel 76f.
– Tempelhof 213
– Tempelhofer Feld 214
– Unter den Linden 21
– Wannsee 75
– Wannsee, Großer 78
– Wannsee, Kleiner 74
– Zehlendorf 82
Berlioz, Hector 44
Berman, Russell 230
Bernau 34
Berndal, Gustav Karl 167
Bernstorff, Graf 12
Besançon 131
Birch-Pfeiffer, Charlotte 162, 173, 181
Bismarck, Otto Fürst von 13, 36, 68, 74, 82, 129–136, 139–154, 223, 227, 234, 236
Bistritz 110, 121f.
Bittenfeld, Herwarth von 121
Björnson, Björnstjerne 185
Bleichröder, Gerson 151, 243
Blücher, Gebhard Leberecht 147
Bodensee 65
Böhmen 103, 117f., 128
Bolsenasee 65
Boltcourt 69
Bonin 120
Bora, Katharina von 219
Borck, Sidonie von 34
Bormann, Karl 94
Börne, Ludwig 182
Borodino 203
Boswell, James 69
Bothwell, James Hepburn Earl of 47, 49f., 66
Bötzow 179
Bourbaki 125
Bourmont 19
Boyd, Mark Alexander 51
Brabant 77
Brachvogel, Ernst 164
Brahm, Otto 182, 185, 187
Brandenburg, Mark 36, 69, 71, 82, 88, 91f., 96, 129, 163, 178, 189f., 194, 225
Brandes, Georg 159f.
Braunschweig 171
Bremen 44
Brentano, Clemens von 24
Breslau 117, 194
Bruce, Robert 43, 52, 62
Buch 92
Bucher, Lothar 32
Büchmann, Georg 229
Buckow 85
Buffalo 59

Bülow, Dietrich Freiherr von 20, 211
Burckhardt, Jacob 38, 152, 163
Bürger, Gottfried 24
Burke, Edmund 9
Burns, Robert 52, 55

Caledoniankanal 59
Carberry Hill 49, 63
Carwesee 93
Chamisso, Adelbert von 21, 24, 132, 248
Chanzy 125
Chicago 90
Chlum 122
Chopin, Frédéric 172
Chorin, Kloster 89f.
Christian IX., König 108f.
Clam Gallas, Eduard Graf von 103, 118
Clarendon, Lord 14
Clausewitz, Carl von 100, 265
Comyn, der Rote 43
Conrad, Michael Georg 221
Cooke, A. C. 101
Corneille, Pierre 80
Crayn, Fräulein von 67
Crécy 20
Cromwell, Oliver 30, 46, 53, 67, 156
Culloden 43
Culloden, Fam. 52, 57, 60ff.

Dahn, Felix 22, 191
Dänemark 108–111, 120, 128
Danewerk 111f.
Danzig 79
Darnley, Lord Henry Stuart 43, 47–50
DDR 73, 88, 91
Decker, Rudolf 103
Den Haag 114
Derfflinger, Georg Freiherr von 26, 29, 34, 140, 258
Dessoir 161
Deutschland 13, 16ff., 24, 34f., 38, 44, 53, 102, 105, 124, 141, 143, 148, 151, 160, 163, 168, 179, 181, 199, 220f., 224, 227, 235, 253
Devrient, Ludwig 159
Dickens, Charles 11, 220
Diterici 234
Dobbertin 236
Doebbelin, Karl Theophil 158
Domrémy 124
Döring, Theodor 156, 160f., 163, 171
Dosse-Bruch 92
Douglas 43, 56, 58, 64
– Archibald («Bell-the-Cat»), Herzog von Angus 25, 28, 56, 60
– George 48
– Willy 48, 63, 65
Douglas, Gawin 51
Dragomirow 101
Dresden 18, 117f.
Dromore 23
Droysen, Johann Gustav 38, 40, 115, 163
Dschingis Khan 146, 148
Dumas, Alexandre 163
Dumfries 43
Dunbar, William 51
Duncan 43
Dundas 62

Dundee 29
Duperré 19
Düppel 110, 112, 116, 141
Düppeler Schanzen 101 f., 105, 112 f., 115 f.

Eckermann, Johann Peter 44
Eckernförde 111
Edinburgh 54–58, 62 f., 65
– Auld Reekie 56
– Calton Hill 55
– Canongate 56, 58
– Edinburgh Castle (Burg) 56, 58, 66
– High Street 56
– Holyrood Castle 58
– Leith (Hafen) 62
– Moray House 58
– New Town 56
– Princess Street 56, 65
– Salisbury Crags 56
– Scott-Denkmal 56
Edwards, Mr. 69 f.
Eichendorff, Joseph Freiherr von 24
Eider 111
Elbe 118
Elgin (Bruce) 62
Eliot, George 132
Elisabeth I., Königin 46, 164
Elliot, Jean 61
Elsaß-Lothringen 125, 142, 175
England 32–35, 40, 42, 45 ff., 54, 63, 77, 102, 130, 156, 164, 225, 233
Erdmannsdorf 68
Erhartt, Luise 159, 167 f.
Eulenburg, Botho Graf zu 151
Europa 116, 221
Faidherbe 125
Falk, Adalbert 146
Fehrbellin 26, 63, 73, 92, 147
Ferdinand, Prinz von Preußen 202
Fichte, Johann Gottlieb 202 f.
Firth of Forth 62 f.
Fitger, Arthur 186
Flandern 77
Flaubert, Gustave 220
Flensburg 102, 112
Flodden 43, 60
Flodden, Fam. 43
Floddenfield 57
Fontane
– George 124, 199
– Martha 152, 187, 246
– Theodor jr. 243, 247
Forster, Georg 77
Fort Augustus 59
Fotheringhay 48
Frankfurt am Main 130, 162
Frankfurt an der Oder 199, 201, 203–206, 209
Frankreich 11, 44, 47 f., 77, 102, 105 f., 124 f., 128, 130 f., 142–145, 160 f., 163, 175, 208, 220, 224 f., 234 f., 241, 249
Franz Joseph I., Kaiser 119
Frazer 61
Fredericia 102, 116
Freytag, Gustav 12, 67, 106, 132, 191, 220
Frieb-Blumauer, Minona 159, 163
Friedländer, Georg 133, 152 f., 227, 242
Friedrich II., der Große 11, 26, 28, 38, 40, 63, 71 ff., 86,

88, 92f., 137, 158, 194, 196, 200, 202f., 225
Friedrich III., Kaiser 148f., 152
Friedrich Karl, Prinz 101, 110, 114f., 117, 122
Friedrich Wilhelm I. 36, 40, 175
Friedrich Wilhelm II. 78, 92
Friedrich Wilhelm III. 68, 79, 86f., 216f.
Friedrich Wilhelm IV. 18, 46, 80, 82, 159, 232, 261
Friedrich Wilhelm, der Große Kurfürst 76
Friedrichsruh 129

Gablenz, General Ludwig von der 110, 120
Galloway 42
Garland, Henry und Mary 248
Gellert, Christian Fürchtegott 131
Gerlach, Leopold von 134
Gerstäcker, Friedrich 86
Gervinus, Georg Gottfried 37
Gitschin 103, 118–121, 123f.
Glasgow 56f.
Gleim, Johann Wilhelm Ludwig 137
Glenmore, Lord 62
Goethe, Johann Wolfgang von 9f., 24, 43f., 64, 68, 77, 84, 131, 161, 173, 182, 222, 260
Goncourt, Edmond und Jules 185
Gondrecourts, Leon Graf 111
Görlitz 117
Gottschall, Rudolf 164, 174ff.
Gransee 72, 87
Gravelotte 103, 174
Gravenstein 101, 114
Graystone, Adam 62
Gregorovius, Ferdinand 37
Grillparzer, Franz 162
Grönland 200f.
Gropius 234
Großbeeren 20, 73
Großbritannien 11, 33, 62, 108, 130, 145, 220
Grosse, Julius 164
Gubitz, Friedrich Wilhelm 155
Guse 200, 205f.
Gutzkow, Karl 16, 156, 163f., 176f.

Hahn, Werner 30
Hamburg 91, 129
Hamilton 43, 56
Hampton Court 45f., 66
Hankels Ablage 91
Hannover 118, 210
Harden, Maximilian 144, 182, 225
Hardenberg, Karl August Fürst 202
Häring, Georg Wilhelm -› Alexis, Willibald
Hart, Heinrich und Julius 182
Hauff, Wilhelm 44
Haugwitz, Graf von 210f.
Hauptmann, Gerhart 183–186
Havel 62f., 78ff., 82, 90, 178
Havelland 78, 84, 86f.
Hayn, A. W. 30
Hazlitt, William 9, 180f.
Heine, Heinrich 9, 132, 182, 222
Heinrich IV. 65f.

Heinrich, Prinz von Preußen 72, 200
Henikstein, Alfred Freiherr von 120
Henrysoun, Robert 51
Hensel 234
Hentze, Frau von 78
Herder, Johann Gottfried 24
Herrig, Hans 163
Hertz, Wilhelm 39, 69 f., 99, 189 f., 192
Herwegh, Georg 19
Hesekiel 133
Hessen 118
Hessen Homburg, Prinz von 34
Heyse, Paul 22, 35, 50, 133, 163, 174, 178, 225
Hinckeldey, Carl Ludwig von 232
Hirschberg 117
Hitler, Adolf 79, 188
Hochkirch 28
Hoffmann, E. T. A. 220
Hohen-Vietz 199 f., 203, 207
Hohenzollern 63, 163, 194
– Friedrich von 163, 178
Hohenzollernkanal 90
Hoher Barnim 85
Holland 77
Holstein, Herzogtum 42, 108 f., 171
Holz, Arno 185
Horaz 131
Hosemann, Theodor 22
Hozier, Hauptmann 101
Hülsen, Helene von 160
Humboldt, von 63, 73, 75 f.
– Wilhelm 76 ff.
– Alexander 76 f.
– Bertrand 78
Hürlimann, Martin 72 f.

Ibsen, Henrik 179, 182 f., 185
Idstedt 110
Iffland, A. W. 156, 158 f., 181, 218
Immermann, Karl 220
Inverness 52, 57, 170
Iona 57
Irland 14
Iser 103, 118 f., 121
Italien 120, 137, 216

Jähns, Max 22
James III., König 43
James IV., König 60
Jena 156, 189, 195, 200, 252
Joachim I., Kurfürst von Brandenburg 196
Joachim II., Kurfürst von Brandenburg 76
Johanna von Orléans 131
Johnson, Dr. Samuel 69
Jüterbog 92
Jütland 102, 112
Juvenal 9

Kahle 29
Kalifornien 137
Kamadiro, Enemotto 114
Kant, Immanuel 175
Kaputh 90
Karl der Große 144
Kaschau 110
Katte, Hans Hermann von 11, 72, 86
Keith, Jacob 26 ff., 62, 140
Killy, Walther 230

Kinross 63
Kirk o'Field 43
Kleist, Heinrich von 73 ff., 162
Knesebeck 63
Knox, John 59
Koberstein, Karl 163
Köln 162
Königgrätz 10, 13, 101, 103, 105, 107, 123, 141
Königinhof 120
Königsberg 111, 216
Konrad von Hohenstaufen 163
Kopenhagen 108, 110, 160, 162
Kordilleren 23
Körte 234
Kotzebue, August von 159
Krismanic, Gideon von 120
Krummhübel 226
Kugler, Franz 22, 38
Kunersdorf 205
Küßnacht 173
Küstrin 11, 86, 199, 206 f.

Landsberg 82
Langensalza 103, 123
Langhans, Carl Gotthard 158
Langside 47 f., 63
Lannes, Marschall 19
Latour d'Auverne 19
Laube, Heinrich 164, 181
Leavis, F. R. 207
Lecky 40
Legouvé 80
Lehde 93 ff.
Lehnin, Kloster 73, 89 f., 203
Leipzig 18, 162
Lenné, Peter Joseph 79
Lepel, Bernhard von 21 f., 31, 53 f., 56 f., 62, 89
Lessing, Gotthold Ephraim 161, 186 f.
Leuthen 147, 200
Lichtenau, Gräfin Wilhelmine 79, 81
Liebermann, Max 92
Liedke, Harry 163
Ligny 25
Lindau, Paul 140, 151, 224
Lindner, Albert 164
Linlithgow 43, 57, 63
Lipa 122, 141
Lisco 234
Lloyd, Harold 115
Loch Katrine 57
Loch Kinross 65
Loch Lomond 57
Lochleven 47, 49
London 14, 31 f., 34, 101, 114, 130 137, 155, 169, 220, 226
Louis Ferdinand, Prinz von Preußen 213, 216
Löwenbruch 20
Löwenstein, Rudolf 22
Lübbenau 93 ff.
Lübke, Wilhelm 94
Lucä 234
Lucae, Richard 89
Luise, Königin 72, 86 f., 216 f., 264
Luther, Martin 156, 169, 219

Macaulay, Thomas Babington Lord 14, 40
Macbeth, König 43
MacDonald 61
MacIntosh 61
MacPherson 61
Magenta 110

Magnus, Albertus 165
Mähren 117f.
Main 123
Mann, Heinrich 154
– Thomas 10, 132f., 136, 223, 253
Manteuffel, von
– Edwin 147
– Otto 32, 130
Maximilian II., König von Bayern 35
Mecklenburg 91
Meier, Clara 159
Memel -› Njemen
Mendelssohn-Bartholdy, Felix 43
Menzel, Adolph 22, 27, 150
Merckel, Wilhelm von 22
Metternich, Fürst von 44
Metz 175
Meza, General Christian Julius de 105, 110, 112
Midlothian 42
Milwaukee 59
Mirabeau, Octave 210, 214, 219
Missunde 111f., 123, 141
Moltke, Helmuth von 117f., 125, 227
Mommsen, Theodor 38, 132, 163
Mont, Pol de 28, 40
Montrose 58
Moore, Thomas 131
Moray 43, 62
– Graf von 58
Morton 62
Moulins 125
Müggelsee 72
Müncheberg 84
München 35, 71, 162
Münchengrätz 101, 103
Musky-Berg 121

Nachod 119f.
Napoleon Bonaparte 19f., 67, 107, 125, 163, 174, 188, 190, 201ff., 208, 210f., 213
Natorp 15
Nauen 92
Neapel 56, 163
Neiße 117
Neukölln 15, 194
Neumark 82
Neuruppin 45, 72, 82, 85, 129, 225
New York 64
Ney, Marschall 19
Niebuhr, Barthold Georg 37
Nietzsche, Friedrich 11, 124
Nikolaus I., Zar 80ff., 167
Nikolsburg 118, 120
Njemen (Memel) 63, 202
Norderney 230

Oban 55, 57
Ober-Selk 111
Oder 86, 95, 202
Oderbruch 73, 86, 95, 188, 199, 204, 258
Oderland 84
Oeversee 112
Old Tolbooth 59f.
Olmütz 117f., 120
Oman, Sir Charles 97
Orelli, Max 22
Orléans 125, 131
Ossian 43

Österreich 110, 117, 121, 124, 130, 210, 234
Ostrolenka 19
Otto der Große 144
Oudinot 20, 205
Oxford 12, 69

Palermo 56
Palmerston, Henry John 108
Paretz 72, 86 f., 90, 216
Paris 18, 81, 106, 125, 134, 141, 146, 159, 185, 220
Paul, Jean 220
Peking 217
Percy, Thomas 23, 25, 50, 53
Persius 234
Perth 57
Peter I., Zar 164
Philippe le Bel 213
Pizarro 21
Playfair, Professor 55
Podol 103, 121
Poitiers 20
Polen 19, 86, 200
Pommern 129, 178 f.
Pompadour, Madame de 164, 167
Portugal 110
Poschacher, General von 103
Potsdam 80 f., 90, 235
– Sanssouci 80
– Neues Palais 80
Preuß, J. A. E. 39
Preußen 17 f., 31, 63 f., 71 f., 82, 102, 109, 116 ff., 125, 130, 147, 163, 179, 188 f., 195, 197, 205, 208 ff., 213, 224, 235, 237
Princeton 12
Problus 121
Proust, Marcel 13, 244
Putlitz, Gustav von 163, 165 f.
Puttkamer, Johanna von 134

Quilitz 73, 95
Quitzövel 148
Quitzow 43, 63, 148 f., 163, 178 f.

Raabe, Wilhelm 12, 229, 273
Rabou 125
Rachel (Elisabeth Rachel Félix) 79–83
Racine, Jean 80
Radetzky, Joseph Graf 110
Ramses 235
Ranke, Leopold von 37, 40, 132, 163
Rathenow, Hauptmann von 93
Ratibor 151
Raumer, Friedrich von 50
Raven, Generalmajor 116
Reich-Ranicki, Marcel 157
Rendsburg 111
Reppin 82
Reuter, Fritz 132
Rhein 63, 71
Rheinsberg 34, 36, 63, 71 f., 87 f.
Ribbeck 92
Richelieu, Kardinal 163
Riga 211
Ristori, Adelaide 173
Rizzio, David 47 ff.
Rochester, Lord 14
Rodenberg, Julius 188, 193, 195, 197, 201

Rohr, Mathilde von 29, 127, 198, 210, 236, 245 f.
Rom 146
Roon, Albrecht von 135
Roquette, Otto 94
Roßbach 28
Rossi, Ernesto 161
Rouanet, Emilie (Fontane) 12, 23, 31, 54, 68, 80, 106, 150, 152, 155, 198, 235, 246
Rousseau, Jean Jacques 214
Rückert, Friedrich 132
Ruge, Arnold 177
Ruppin, Grafschaft 84, 92
Rußland 11, 80, 108, 145, 167, 210
Ruthven, Earl of 48 f.

Saalfeld 213
Saalow 39
Sachsen 118, 179
Sagave, Pierre-Paul 40
Sand, George 162
Saphir, M. G. 21
Sauchieburn 43
Saudi-Arabien 65
Schach 40, 67
Schadow, Johann Christoph 39, 63
Scharlach 133
Scharnhorst, Gerhard J. D. von 116
Scheerau 44
Scheffel, Viktor 131, 195
Scherenberg, Christian Friedrich 22, 25
Schiller, Friedrich 49 f., 98, 131, 156, 159, 161, 164, 172 f., 182, 243
Schinkel, Friedrich Wilhelm 63, 72 f., 76, 78 f., 81, 87, 159
Schlaf, Johannes 185
Schlegel, August-Wilhelm von 161
Schlei 111 f.
Schlenther, Paul 182f., 185
Schlesien 117, 232
Schleswig, Herzogtum 108 f., 111
Schleswig, Stadt 112
Schleswig-Holstein 30, 99, 102, 108 f., 118, 123
Schlosser, Friedrich Christoph 37
Schmidt von Werneuchen 87
Schneider, Louis 22, 25, 29, 80
Schönhausen 129, 134, 148
Schopenhauer, Arthur 9, 248
Schottland 13, 34 f., 42 f., 45 ff., 52–59, 61 f., 64 ff., 71, 171
Schumann, Robert 248
Schweinschädel 119
Schweiz 71, 80, 99
Schwerin 91
Schwerin, Curt Christoph Graf von 23
Schwiebus 82
Schwielowsee 90 f.
Scott, Walter 23, 44 f., 46, 50, 53, 57, 59, 66 ff., 191 f., 194, 197 f., 204, 207
Scribe, Eugène 80, 162
Sedan 103, 125, 127, 141

Seelenhorst 92
Seelower Höhen 86, 91
Senegal 65
Seydelmann, Karl 159, 161
Seydlitz, Friedrich Wilhelm von 23, 203
Shakespeare, William 9, 50, 68, 131, 156, 161, 169, 172, 186
Sibold, Abt 89
Siemens 234
Skalitz 119 f.
Skandinavien 171
Slaveczki, Oberst 122
Sontag, Raymond James 12
Soor 119
Spanien 203
Spielhagen, Friedrich 12, 132, 273
Spitzemberg, Baronin von 132
Spree 82, 90 f., 95, 178
Spreewald 72 f., 93 ff.
St. Petersburg 80 f., 137
St. Privat 103, 126, 175
St. Quentin 103
Staffa 57
Stafford, Earl of 53
Stechliner See 88
Stendhal 220
Stephany, Friedrich 183
Stewart, Dugald 55
Stirling 57, 62
Stockholm 137
Storm, Theodor 19, 22, 98, 227
Strachwitz, Moritz Graf von 22
Straßburg 143, 175
Stresetitz 105
Strindberg, Johan August 182
Strittmatter, Erwin 87
Stuart 26, 58, 62
– Maria, Königin 43, 45–50, 56, 59, 63, 65 f.
– Charles I., König 46 f., 50, 53, 156
– Lord Henry -› Darnley
Swanwick, Anna 64
Swinemünde 19
Sydow, Caroline von 78

Taine, Hippolyte Adolphe 132
Taki, Fiune 114
Talleyrand, Charles Maurice de 173
Tauroggen 202, 209
Tay 29
Thackeray, William Makepeace 208, 220
Thaer 234
Thale 65, 226, 237
Thukydides 98
Tiberius 164
Tieck, Ludwig 44, 161
Titicaca 23
Tolstoi, Leo 185, 189
Torgau 117
Trautenau 119 f.
Treitschke, Heinrich von 106, 163, 179, 223
Troja 231
Trollope, Anthony 13, 251
Tübingen 143
Turgenjew, Iwan Sergejewitsch 132, 251

Uckermark 89
Uetz 87, 90
Uhland, Ludwig 24, 131 f.

Ungarn 110
Ungern-Sternberg, Alexander von 22

Varzin 238
Venedig 94f.
Versailles 140
Victoria, Königin 108
Vionville 126
Virchow 234
Vischer, Friedrich Theodor 143f.
Voltaire, François Marie 186
Voss, Richard 164
– Sophie von 92

Wagner, Richard 9, 35, 106
Waldemar, Markgraf von Brandenburg 34, 194
Wallace, William 52
Wallenstein, Albrecht Fürst von 123, 149, 153
Washburne, Elihu B. 131
Waterloo 25, 55, 116, 194
Weißenburg 107
Wendische Spree 91
Wenningbund 112, 116
Werder 90
Werner, Zacharias 156
Westfalen 171
Wichert, Ernst 174
Widukind 142
Wien 18, 120, 159
Wildenbruch, Ernst von 148, 163f., 178ff., 187
Wilhelm I., Kaiser 64, 127f., 160, 198
Wilhelm II., Kaiser 152f.
Willisen 101
Winckelmann, Johann Joachim 63
Wolf, Julius 191
– Witlie 64
Wordsworth, William 240
Wörth 141
Wrietzen 95

Yorck von Wartenburg, Hans Graf 147, 202

Zabern 143
Zielenzig 82
Zieten, von 63
– Hans Joachim 73, 206
Zinna 92
Zola, Emile 221, 223, 251
Zöllner, Karl 106
Zuckmayer, Carl 244
Zürich 143
Zychlinski, Franz von 101

ABBILDUNGSNACHWEIS

Frontispiz und S. 83 – entnommen aus: „Wanderungen durch die Mark Brandenburg", gekürzt und illustriert von Martin Hürlimann. Atlantis Verlag, Zürich 1960; S. 27 – Archiv für Kunst und Geschichte, Berlin; S. 113 – Museet på Sønderborg Slot, Sonderburg; S. 184 – Stiftung Stadtmuseum Berlin

GORDON A. CRAIG BEI C. H. BECK

Deutsche Geschichte 1866-1945
Vom Norddeutschen Bund
bis zum Ende des Dritten Reiches
Aus dem Englischen von Karl Heinz Siber
77. Tausend. 1993. 806 Seiten. Leinen
Beck's Historische Bibliothek

Geschichte Europas 1815-1980
Vom Wiener Kongreß bis zur Gegenwart
Aus dem Englischen von Marianne Hopmann
41. Tausend. 1996.
706 Seiten mit 101 Abbildungen. Leinen
Beck's Historische Bibliothek

Über die Deutschen
aus dem Englischen von Hermann Stiehl
85. Tausend. 1991. 392 Seiten. Leinen

Die Politik der Unpolitischen
Deutsche Schriftsteller und die Macht 1770-1871
Aus dem Englischen von Karl Heinz Siber
1993. 247 Seiten mit 10 Porträts. Leinen

Geld und Geist
Zürich im Zeitalter des Liberalismus 1830-1869
1988. 303 Seiten. Leinen

Das Ende Preußens
Acht Porträts
Aus dem Englischen von Karl Heinz Siber
21. Tausend. 1988
140 Seiten mit 8 Porträtabbildungen.
Gebunden

VERLAG C. H. BECK MÜNCHEN